U0874166

新编21世纪政治学系列教材

新政治传播学

荆学民 著

Political Communication:
A New Perspective

中国人民大学出版社
· 北京 ·

图书在版编目（CIP）数据

新政治传播学/荆学民著．--北京：中国人民大学出版社，2023.11
新编 21 世纪政治学系列教材
ISBN 978-7-300-31086-2

Ⅰ.①新… Ⅱ.①荆… Ⅲ.①政治传播学-高等学校-教材 Ⅳ.①D0-05

中国版本图书馆 CIP 数据核字（2022）第 186866 号

新编 21 世纪政治学系列教材
新政治传播学
荆学民　著
Xin Zhengzhi Chuanboxue

出版发行	中国人民大学出版社		
社　　址	北京中关村大街 31 号	**邮政编码**	100080
电　　话	010－62511242（总编室）		010－62511770（质管部）
	010－82501766（邮购部）		010－62514148（门市部）
	010－62515195（发行公司）		010－62515275（盗版举报）
网　　址	http://www.crup.com.cn		
经　　销	新华书店		
印　　刷	固安县铭成印刷有限公司		
开　　本	787 mm×1092 mm　1/16	**版　　次**	2023 年 11 月第 1 版
印　　张	14 插页 1	**印　　次**	2024 年 12 月第 2 次印刷
字　　数	319 000	**定　　价**	48.00 元

版权所有　侵权必究　印装差错　负责调换

内容简介

本书建基于对中外学术理论界关于政治传播研究的观察和思考，立足于作者近年来对中国特色政治传播的系统理论研究，从新时代中国特色社会主义政治文明对人类政治文明的贡献的视角，遵循“从政治传播到政治传播学”的学术思路，建构了“新政治传播学”。

本书从学科学理的视角，不仅系统阐释了政治传播学范畴等相关基础理论，而且深入探讨了政治传播的主体、内容、渠道、话语、受众、效应、形态、运行以及微观政治传播等主要内容，扇形铺展了新政治传播学的知识框架，详尽展示了“活动论的政治传播学”的基本原理。

作者简介

荆学民 教授、博士生导师。中国传媒大学政治传播研究所所长、政府与公共事务学院学术委员会主任、国家治理研究院学术委员会主任、国家传播创新研究中心特聘研究员，中国政治学会常务理事，中国世界政治研究会理事，清华大学国家形象传播研究中心智库特聘专家。主持并完成国家社科基金重大项目、重点项目、一般项目以及教育部、北京市项目等多个；出版学术著作《政治传播活动论》《政治传播简明原理》《中国政治传播策论》等多部；主编学术辑刊《中国政治传播研究》，主编学术丛书“当代中国政治传播研究丛书”（8部）、“政治传播研究前沿书系”（7部）。在《中国社会科学》《求是》《政治学研究》《光明日报》《现代传播》《国际新闻界》《新闻大学》等学术刊物发表论文250余篇。其中，刊发在CSSCI期刊上的180余篇，《新华文摘》全文转载7篇、论点摘要20余篇，中国人民大学复印报刊资料转载100余篇。

总序

改革开放是新中国成立以来的又一次革命，给中国带来了革命性变化。这种革命性变化不仅体现在经济、政治等层面的现实生活上，而且还体现在因现实的变迁而带来的理论上的创新和发展以及由此带来的政治学学科建设上的成就方面。

在我国，计划经济体制已经让位于社会主义市场经济体制，同时由经济变革带来的政治体制上的变化也是有目共睹的。首先，在民主法治建设上，政治的制度化正在加强。其次，在国家结构上，过去在计划经济时期的简单的单一制已经转变为更加复杂的国家结构关系。中央与地方、地方政府与地方政府之间的关系有了更多的市场经济特征。再次，在国家与社会之间的关系上，也发生了方向性变化。最后，在意识形态上，过去那种对待马克思主义、毛泽东思想的封闭、激进而又教条的态度已经转变为开放、理性而又灵活的态度。所有这些变革，都是我们以前所无法想象的。当然，在政治进步的同时，存在的问题也不容回避。那就是迫切需要建立一套约束政府权力、使人民群众的真实意愿和利益诉求能够得到顺畅表达的机制，以便从根本上保证社会的稳定与和谐。这些问题的解决，不仅需要实际工作者在体制创新方面的实践，更需要政治学学科的发展和政治学专业人才的智慧与理论贡献。

我国的政治变革既是对政治学研究工作的挑战，又是促使政治学发展的良好机遇。我国的政治学在这种压力与机遇并存的环境中正在快步前进。首先，在学科分类上，政治学已经从法学中独立出来而成为一级学科。其次，在学科分支上，政治学从马克思主义政治理论、制度史、思想史发展成为学科门类更加丰富、更加有特色的一门学科，诸如新政治经济学、政治社会学、政治心理学、政治文化、政治学方法论等。再次，在研究方法上，从单一的阶级分析法发展成为以历史唯物主义为基础的多元化方法论，诸如行为主义、理性选择主义以及方兴未艾的新制度主义。最后，在问题研究上，无论是深度还是广度，我国政治学界都取得了可喜的成就，为中国的政治发展和政治变革做出了自己应有的贡献。当然，在看到成绩的同时，也不能无视发展中的不足。作为中国政治学学科建设和发展的见证人，我们不能不为政治学发展中的结构性缺失而忧心忡忡。比如，就专业刊物而言，不要说与经济学、法学和历史学比较，就是和政治学的二级学科国际关系比较，政治学专业刊物的数量也是少之又少。这种现象严重制约了我国政治学的发展，很多优秀的研究成果只能散见于综合性学术刊物和大学学报。

中国政治学学科发展的基础是高校政治学专业建设。自 1980 年恢复政治学专业以来，政治学系或政治与行政管理学系已经成为很多高校的普遍性建制。而且在各高校政治学专业竞相发展的过程中，我们很高兴地看到各个高校的政治学学科建设，无不生机勃勃，成就斐然。其中特别值得一提的是中国人民大学。人所共知，中国人民大学一直是中国近代政治制度的研究重镇。同时，中国人民大学在学科发展中非常注重教材建设，经过专业优化组合的“新编 21 世纪政治学系列教材”在全国享有很高的声誉，是我国很多高校政治学专业和行政管理学专业的必备教科书。从已经出版的教材来看，我认为，“新编 21 世纪政治学系列教材”具有如下特点：

第一，体系上的创新性与独特性。教科书固然应该有通用的内容，但是在教材林立的今天，千篇一律而了无特色的教材是难以立足的，也难以为社会所认可和接受。“新编 21 世纪政治学系列教材”中的每一本教材在体系上的创新性与独特性都是很突出的。

第二，内容上的研究性与新颖性。体系上的独特性应该由内容上的研究性与新颖性构成。教科书不但要介绍一般性的概念和理论，还应该容纳最新的理论研究成果以及对有关理论成果的看法与评价。该系列教材的一个重要特征是，这些教材都是作者们基于自己多年的教学与研究心得而撰写的具有新意的研究性作品。一本好的教科书之所以享有盛名，就在于其因体系上的独特性和内容上的研究性而形成的权威性。

第三，观点上的全面性与选择性。教科书是一种通论性的著作，因而包容的学术观点、理论应该尽量全面。但是，在信息爆炸的时代，一本书企图容纳所有的观点是不可能，也是不必要的。因为有的观点不过是个别学者的偶发奇想而不具有普遍性。这就需要撰写者去伪存真，认真取舍。我很高兴地看到，本系列教材在追求观点的全面性时，也没有忘记选择性原则。

第四，方法论上的马克思主义原则性与包容性。我国的社会科学研究离不开马克思主义的基本方法论，尤其离不开历史唯物主义的指导，政治科学更是如此。但是马克思主义并不是凭空产生的，它是在吸纳人类精神文明优秀成果的基础上产生的，马克思主义的发展同样少不了与其他理论流派的碰撞以及对人类文明成果的借鉴与扬弃。封闭的马克思主义是没有生命力的，坚持马克思主义并不排除对其他理论流派的介绍与分析。正是基于这样的指导思想，本套教材在介绍马克思主义政治学的同时，能运用历史唯物主义的基本原理兼容并蓄地介绍和分析其他理论流派。

本套教材的上述特点决定了它不但是有关专业的教师和学生必备的教学和学习用书，也是政治学研究者的重要参考书籍。虽然具有上述优点和特征，但是十全十美的社会科学著作是不存在的，因此，本套教材中的缺点与不足在所难免。衷心希望专家学者、广大读者积极批评、热情指正！

赵宝煦

前言

如果从改革开放算起，中国的政治传播研究也有几十年的历史了。一路走来，政治传播理论基本上是沿着西方政治传播研究所开辟的道路前进的。西方的政治传播理论，坚守的是以媒介为独立权力，进而以媒介为中心的政治传播观，建基于此的西方政治传播学也有自己的框架和范式。

随着全球化时代的到来，随着中国特色社会主义伟大实践的成功，随着中国特色社会主义政治文明对人类政治文明作出贡献，西方的政治传播理论及政治传播学原理，越来越不能解释和说明包括中国特色政治传播在内的人类政治传播实践。这种局限性的凸显，事实上也使西方的政治传播研究陷入了尴尬的困境。

几十年来，中国也陆续出版了许多以“政治传播学”命名的教材，但基本上是延续西方政治传播理论血脉、拘囿于传统新闻传播学学科框架的“糅合品”。客观地说，还未能达到普遍知识形态的学科原理境界。现在，应该是时候站在人类政治文明的高度，摒弃各种意识形态偏见，综合抽象提炼中西方政治传播理论菁华，构建新时代的新形态新品貌政治传播学了。这本教材就是一次尝试。

2015 年，笔者曾出版过《政治传播简明原理》，虽然不能说是一部教材，但也是尽力从学科学理的层面展示一种政治传播的“原理”。现在这本直接以“新政治传播学”命名的教材，自然必须保留《政治传播简明原理》的菁华，但要尽心吸纳最新的研究成果，努力达致名副其实。

作为教材，这本书的撰写，还担负着另外一个特殊的使命——2020 年，中国传媒大学自主设置了二级博士点“国家治理与政治传播”，开设了“国家治理与政治传播”本科专业。围绕着这个崭新专业，急需建设一批课程。其中，“政治传播学”是最基础、最重要的一门课程。围绕课程建设，更需要出版一批新教材，这本《新政治传播学》将发挥示范标杆作用，引领之后的课程和教材建设。

作为教材，由久负盛名的中国人民大学出版社出版，自然是作者的心愿。真是心有灵犀，中国人民大学出版社约稿，双方一拍即合，成就这等好事一桩。

岁月无痕学有印，年过花甲再耕耘。希望这本教材为中国的政治传播研究和教学，泥泞夯基、碎石铺路。

目录

第五章 政治传播渠道

第六章 政治传播话语

第七章 政治传播受众

第八章 政治传播效应

第九章 政治传播形态

第十章 政治传播运行

第十一章 中国特色社会主义政治传播

导 论
新时代召唤新政治传播学

政治传播古而有之，正像人类历史发展永无止境一样，人类的政治传播活动也是一个不断进步的永无止境的过程。与此相随，人类对政治传播的研究，固然历史绵长成果丰厚，但是，构建与时代发展同步的“政治传播学”却永远在路上。

人类历史的发展已经进入“新时代”。新时代是一个“不确定性”和“复杂性”倍增的时代。人类社会的交往形态发生着深刻的变革，经济发展被裹挟在全球化与逆全球化的博弈之中，政治发展被裹挟在多极化与霸凌化的博弈之中，文化科技发展被裹挟在普惠化与国家化的博弈之中，信息传播发展被裹挟在公意化与意识形态化的博弈之中，等等。诸多领域“悖论式”的张力关系和矛盾，彰显百年未有之大变局。面对百年未有之大变局，人类正在研究转危机为机遇、在变中求发展的各种战略和对策。毫无疑问，构建与时俱进的政治传播学也内蕴于其中。

一、新时代人类社会交往方式的深刻变革

从哲学的高度思考，进入新时代，人类的社会交往关系和形态发生着剧烈的变革。具体地说，是人的交往方式，由近代的“主体性”向现代的“主体间性”再到当代的主体“命运共同体”的形态转化。

第一，从“神是主体”到“人是主体”。

社会实践的主体是人，各种社会秩序的创造者也是人。当人从早期各种宗教神学主义的“君权神授”统治和封建主义的“天意”奴役下解放出来后，最主要的精神理念和精神支柱就是作为一种主体自觉意识的“人是主体”。当人在社会实践活动中把自己作为“主体”进行“思想”和行动时，时时处处彰显着其“主体性”。

在人类社会发展和历史进步中，“主体性”在多领域、多层面、多维度中居于主体意识的支配地位。在认识论层面，主体是认识者，“我思故我在”。认识中的“对象”，乃至

于认识者思想关注的全部身外之物，即“思与想”的对象，均是“客体”。在认识论维度上，“客体”可以是自然界，也可以是社会历史，还可以是自我。主体认识活动的目的，是获得具有理论逻辑自洽性和真理性的关于客体的“知识”。在本体论层面，“主体性”在两种层面彰显：一是“人是主体”的“人”不是由心所生的空洞抽象的精神体，而是具有鲜活生命的自然体即实体；二是通过“人的能动性”，自然人化的同时人也自然化，人像自然一样成为实实在在的“实体”。在价值论层面，“人猿相揖别”之后，人的一切活动都是“有目的的活动”。人的目的基于人的需要，所有一切活动对象，都以对应和满足人的不同需要的价值形态而成为“人的世界”。

第二，从一元主体性到多元主体间性。

从“主体性”到“主体间性”是人类社会进步和发展中“多主体存在意识”使然。当人类意识从单向的“主体性”意识升华到“多主体存在意识”时，由人类自己创造的社会秩序的“主体间性”特质便凸显出来。“主体间性”无论在理论上还是在实践中，均遇到了至今尚未能完满解决的挑战性难题。这个难题可归结为：如何认识和处理多主体之间的多层面多维度关系。

在理论层面，仅以西方社会发展的观察视角为例，“多主体存在意识”之前，普遍流行着三种理论：第一种是人类主体“同质论”，认为人就是普遍人性的承载者；第二种是认为人有上智下愚、拙劣德行之分，即黑格尔在其《精神现象学》中概括“前平等时代”的主体间的“主奴”之分；第三种是针对非欧洲人和非基督徒而言，认为他们都是“异类”的“野蛮人”。之后，随着“大航海时代”资产阶级殖民主义的扩张，随着资本主义市场契约论普遍理论的形成，迅猛崛起的西方启蒙运动思想和思潮，以强劲的风云批判了主体间性中的种种不平等思想，确立了人性论中和人类文化文明各主体间“平等”的观念。

但是在实践层面，多主体存在意识中的种种不平等思想，依然顽固地主宰和笼罩着西方思想理论界，在人类社会在迈向“世界历史”的进程中，“多主体间性”在政治上形成的是霸权主义的国际规则，在经济上形成的是“先进-落后”的发展格局，在文化上形成的是“文明-野蛮”的文明史观，在信息的生产和传播上形成的是“中心-边缘”的传播秩序。

第三，从多元主体间性到主体命运共同体。

“主体间性”还是一种关系概念。无论是主体间的“主奴关系”和对抗关系，还是主体间的承认关系和平等合作关系等等，都是一种在现实的交往关系中方能生成和显现的情景。在这种现实的关系之前，作为实体的“主体”，仍是一种独立性和个体性的存在，因而，“主体间性”意识仍然是一种“分割性”和“个别性”的主体观和主体交往观。正因如此，在现实的多主体交往中，以“分割性”和“个别性”意识为基础的政治、经济、文化、宗教、民族等诸多要素的作用，使主体间的关系难以实现真正的相互承认、平等合作、相互融合。

人们超越“主体间性”意识的局限性，寻求和建构了在承认主体独立性和个体性基础上具有更强纽带性的主体“共同体”理论。如果说主体间性的“主体”着意的是其“个体性”以及个体主体的“前在独立性”，那么，主体“共同体”意识，则着意于主体前在独立性中的“共在性”。这种“共在性”的实现，使主体间性中的“主体”从被动的、后置的关系境界，通过政治、经济、文化等的塑造，成为一种更有行动力的实体性的实践主体。

哲学理论界已经多层面多维度地揭示和论证了多主体交往关系及其共同体的思想及理论。胡塞尔从现象学角度对多主体“先验性”“共在”有深刻论证，舒茨从世俗论角度对多主体“世间性”“共在”有深刻论证，海德格尔从生存论角度对多主体“精神性”“共在”有深刻论证，阿伦特从现代性角度对多主体“复多性”“共在”有深刻论证，哈贝马斯从媒介符号论角度对多主体“社会性”“共在”有深刻论证，等等。

马克思把主体“共在”理论从此前的种种历史唯心主义基础上倒置过来，批判了资产阶级思想家建立在唯心主义和资本主义思想基础上的种种虚假和野蛮的“共在”和“共同体”论调，建构了以“自由人联合体”为基石的共产主义共同体理论。

进入新时代以来，以习近平同志为核心的党中央提出了“人类命运共同体”理念，是对历史唯物主义的原创性贡献。所谓人类命运共同体，亦即主体命运共同体，从理论渊源上讲，是一般“共同体”思想和理论的升华。如果说，一般的共同体理论，用主体前提性的“共在”理论超越了此前主体间性理论的主体“分割性”的“孤在”，那么，“人类命运共同体”理念，着意于主体的前在性“共在”，更着意于“共在”后的成果“共享”。“人类”意识把主体的前在性“共在”提升到至高普遍性，“命运”意识更为深刻地呈现出人类未来“共享”愿景的感召力和牵导力。

“人类命运共同体”理念，是新时代人类社会进入百年未有之大变局所面临的日益复杂形势下解决全球政治秩序和治理之道的中国智慧。习近平总书记在党的二十大报告中指出：“当前，世界之变、时代之变、历史之变正以前所未有的方式展开。一方面，和平、发展、合作、共赢的历史潮流不可阻挡，人心所向、大势所趋决定了人类前途终归光明。另一方面，恃强凌弱、巧取豪夺、零和博弈等霸权霸道霸凌行径危害深重，和平赤字、发展赤字、安全赤字、治理赤字加重，人类社会面临前所未有的挑战。世界又一次站在历史的十字路口，何去何从取决于各国人民的抉择……构建人类命运共同体是世界各国人民前途所在。”① 全球社会的发展已经并还将继续证明，人类命运共同体理念，是破解人类社会发展至今所遇到的普遍性难题的正确答案，是指引处于“历史的十字路口”的迷茫世界的正确方向，是应对人类社会面临的前所未有的挑战的有效之道。

二、新时代人类社会运行中政治活动“主轴”作用的凸显

人类社会面临百年未有之大变局，从表面上观察，在经济、文化、科技、外交、军事、国际关系等诸多领域、诸多层面、诸多维度都有突出的特征，但透过这些现象，深究这些变化所发生的机制却可以看到，政治活动在人类社会运行中的“主轴”作用“回归”，而且愈加凸显。在此，需要从政治哲学的高度重新剖析人类社会的运行机制。

---

① 习近平. 高举中国特色社会主义伟大旗帜　为全面建设社会主义现代化国家而团结奋斗：在中国共产党第二十次全国代表大会上的报告. 北京：人民出版社，2022：60-62.

“社会”是怎样的一种面貌和结构？又是怎样进化和演化的？马克思的经典表述是：“人们在自己生活的社会生产中发生一定的、必然的、不以他们的意志为转移的关系，即同他们的物质生产力的一定发展阶段相适合的生产关系。这些生产关系的总和构成社会的经济结构，即有法律的和政治的上层建筑竖立其上并有一定的社会意识形式与之相适应的现实基础。”① 这就是我们非常熟识的“经济-政治-文化”三元社会结构模式。下面我们就用“经济-政治-文化”三元结构的范式，来剖析“社会”，从中观察和探索出政治活动在其中的主轴作用。

第一，人类社会的一般结构源于人类本性，因而，我们必须从人类本性出发去探求人类社会的一般结构。人类本性有诸多方面：首先，人是一种生物存在。作为一种生物存在，他们是自然界的一个组成部分，受自然规律或自然必然性的支配。其次，人类不仅仅是一种生物性存在，同时还是一种超生物性的精神性存在。精神性使人类获得了自由选择的能力。最后，人类不可能单纯以个体的形式存在，有限的个体，必须结合成“社会”以克服个体的有限性，必须借助于空间上同代人的结合和时间上不同代人的绵延而超越个体的有限性。因而，社会性构成了人类本性的第三个维度。

第二，人类生存的不同需要，要求人类从事不同领域的活动。人类生存的三种基本需要，也就决定了人类活动的三大基本领域：从事物质生活资料生产的经济活动，从事精神生活资料生产的文化活动，从事生产社会秩序的政治活动。

第三，这里的政治是广义的，并非只限于阶级社会中的阶级关系和阶级斗争，也并非只限于国家或宏观层面的，而是包括任何社会层面上的秩序活动。政治生活领域同经济生活领域一样，同属现实生活领域。政治活动也会借助于文化活动来实现自身的目的，在一定程度上将文化活动纳入自身，在这种情况下，文化活动就在某种程度上政治化了，成了一种意识形态。意识形态在本质上是一种政治活动，是一种以政治目的为内容、以精神文化为形式的活动②。

第四，一般而言，社会的经济、文化和政治都不可或缺，而且必须协同发展，但是，人类社会发展历史说明并不是完全如此。马克思主义所讲的“经济是基础”和“生产力决定生产关系”，是人类社会发展的一般规律，具体到社会发展“什么状态下应优先发展什么”有一定的联系但却不是一回事。一般的原理是，在社会发展的现实生活中，只能且必须首先满足“瓶颈需求”。生产满足“瓶颈需求”的活动是支配其他领域的“中心领域”。这样一来，从人类历史演进的经验来看，整个文明社会时代的“瓶颈需求”是社会秩序的生产，就是说，统摄这一时代的中心领域是生产社会秩序的政治活动。

第五，政治活动要求经济活动必须以不妨害政治活动为界限，要求以最有助于维护社会秩序生产为标准去决定采用何种经济活动方式。还要求在国民财富的分配中，优先考虑政治活动的需要，要求经济活动为政治活动提供充足的财力保证，在经济布局上要优先从政治角度考虑；现实的文化活动也不能不受政治活动的约束，政治活动要求文化活动积极地服务于自身，进而使其意识形态化。文化活动的意识形态化，是不同社会时

① 马克思，恩格斯．马克思恩格斯选集：第2卷．3版．北京：人民出版社，2012：2.

② 王南湜．从领域合一到领域分离．太原：山西教育出版社，1998：28.

代都普遍存在的现象，利用文化活动创造出“内在的同一性”，是政治活动最基本的诉求①。

第六，以政治活动为全部社会生活的基准，是要从政治的角度看待和处理全部人类活动。这种从政治的角度看待和处理全部问题，意味着其他活动领域已在很大程度上失去了其独立性，成为从属于政治活动领域的东西。这种情况表明，经济、政治、文化三大活动领域的功能已在很大程度上以政治为中心融合为一体，此可称为“领域合一”。领域合一，要求不仅把政治活动视为最为重要、最为根本的活动，而且相信通过政治活动便能解决一切问题。这一观念几乎表现为一种看问题的方法论原则，即对于无论何种问题，都要坚持从政治的层面和角度加以理解和解决。

第七，可以说，自有“国家”这个政治治理的主体和形态出现至今，人类社会发展的运行演化的主要机制，就是以政治为统摄的经济、文化、政治的领域合一。其间，有所谓“自由市场经济”和“现代民主政治”的浪潮的反复剧烈的冲击，但是以“国家”的主体和边界的“政治”，始终仍处于对人类社会发展的主导和“主轴”地位。新时代的百年未有之大变局，正在证明着这一论断。

三、新时代人类政治文明互鉴呼唤新政治传播学

“人猿相揖别”之后，人类社会经历“蒙昧时代”“野蛮时代”，进入了“文明时代”。“文明时代”意味着精神劳动与物质劳动的逐步分离，其实质性的标志是人类政治活动的产生。由人类政治活动所生成和积淀的政治文明，从此伴随着人类社会曲折蜿蜒的发展历程。现在，人类社会发展进入新时代，在百年未有之大变局中，政治活动主轴作用的凸显，带来了一个十分突出的情势，就是政治文明冲突性的加剧。

所谓文明，是指积淀在人类社会生活中有利于人类社会发展的积极性要素。“文明”范畴本身，就是相对于一切不利于人类社会发展的“消极性”的东西即“不文明”而言的。这也是“文明”与“文化”的本质区别。人们对“文明”的观察和认知，一般从“综合”和“总体”的角度进行，即以地域、国家、民族、特定的共同体以及特定的历史发展阶段等为“轴”来提炼、表达，从“总体文明观”来看，虽然文明具有独立性、差异性、地域性、民族性甚至“国别性”，但文明的“可传播性”与“可共享性”是毋庸置疑的；在“总体文明观”之下，文明也被人们“横向分类”，即同一地域、同一民族、同一共同体、同一国家的文明，被分为物质文明、精神文明、制度文明、生态文明和政治文明等。

美国学者亨廷顿提出的“文明冲突论”之所以在世界上产生持续性的影响，是因为他格外突出了“文明”的“冲突性”。他从寻求国家政治冲突和斗争的根源出发，视所谓的“文明冲突”为根源。但是，“文明冲突”的根源何在？亨廷顿并没有提供正确的答案。

其实，“文明冲突”的原因不在“文明”本身，而在“文明”以外。这就需要我们回

---

① 王南湜. 从领域合一到领域分离. 太原：山西教育出版社，1998：107.

到对“文明”的正确理解上。如果从横向分类的视角看，世界各个国家的政治生活中，有没有可以让其他国家借鉴或共享的积极性的“经验”和“智慧”呢？即文明的类型或领域中有没有“政治文明”呢？答案是肯定的。所谓政治文明是人类各民族各国家历史悠久的政治文化中所积淀的积极因素的总和。比如，关于“民主”，资本主义制度和社会主义制度都认为其在规范价值意义上“是个好东西”，但是，民主要“运转起来”，则必须具体地转化为不同的民主制度。如此一来，不同的国家具有不同的政治文化和具体国情，有些国家实行“选举民主”，有些国家实行“协商民主”，它们都各自取得了人类政治民主的成功的经验，据此构成了不同类型的“政治文明”。比如，中国的全过程人民民主，已经取得了保持几十年长期稳定的世所罕见的奇迹，就是有利于人类共享的政治成果，就是值得其他国家经验借鉴和价值共享的文明基因。

现在的国际传播中有关“政治文明”传播存在的问题是，个别国家出于其特殊的政治目的，站在所谓“文明优越”的“道义制高点”上，用“抹黑”“污名”等手段，把其他国家的“政治文明”视为“洪水猛兽”加以排斥，以达到其“独霸世界”的目的。据此，学者弗朗西斯·福山呼吁：此前的各种经济学、政治学、社会学理论，都建基于自由主义国际秩序，当这块基石动摇之际，服务于它的各种思想学说也势必丧失解释力。而关注危机时代，洞察新的时势，超越前人的局限，则成为今天时代对思想学术界的紧迫要求①。

习近平总书记在党的二十大报告中针对“文明互鉴”讲道：“我们真诚呼吁，世界各国弘扬和平、发展、公平、正义、民主、自由的全人类共同价值，促进各国人民相知相亲，尊重世界文明多样性，以文明交流超越文明隔阂、文明互鉴超越文明冲突、文明共存超越文明优越，共同应对各种全球性挑战。”② 从理论上讲，作为人类各民族各国家历史悠久文化中所积淀的积极成果，政治文明是“有国别而无国界”，其本质是没有“冲突性”的。人类政治文明进步的趋势是：建立在各民族各国家独特政治文化基础上的政治文明，相互尊重、相互借鉴，最后融合在人类文明的体系之中。

人类的政治观念和政治活动直接决定和主宰着与之匹配的政治传播活动。人类所创造的政治文明，既依赖政治传播而养成，又依赖政治传播而承续。因而，无论是世界各国政治文明的“冲突”加剧还是“互鉴”，政治传播都在其中发挥重要的作用；同时，政治文明并不是远离人类生活的虚无缥缈的“精神幽灵”，而是通过各种载体外化和体现在人类的政治生活之中。因而要做到人类政治文明的相互尊重、相互借鉴、相互融合，政治传播就至关重要。正像扭曲的政治传播加大了政治文明的冲突一样，新时代的政治文明互鉴，需要和呼唤着可以超越特定意识形态傲慢和偏见的、对各民族各国家互鉴具有“同频共振”作用和效能的新政治传播学。

---

① 福山．疫情与政治秩序．外交事务，2020（4）．

② 习近平．高举中国特色社会主义伟大旗帜　为全面建设社会主义现代化国家而团结奋斗：在中国共产党第二十次全国代表大会上的报告．北京：人民出版社，2022：63．

第一章
构建活动论的政治传播学

政治传播不是一种人类精神性的冥思，也不是一种依托精神的理论想象，而是人类的一种社会实践活动。人类社会实践活动的特质，在于其自觉性、自主性、目的性和具体性。政治传播活动的实践特质，决定着我们对政治传播活动研究的基本态度、观察视角和论述逻辑。新政治传播学，是一种汲取现有中外政治传播理论研究成果、超越传统政治传播学、提炼和表达政治传播实践活动的知识体系。

第一节　政治传播理论的历史沿革

新政治传播学并不能凭空而建，作为一种理论或学科话语的“政治传播”首先来自西方的理论研究，其后也在中国经历了基于中国特色政治传播实践的“本土化”的过程。在此，需要简要介绍一下政治传播理论的历史沿革①。

一、西方政治传播理论的历史沿革

西方政治传播理论并没有普遍性的学科知识框架，只是到了 20 世纪两次世界大战时才形成比较系统的理论。

西方政治传播研究的理论形态产生于 20 世纪 20 年代的“宣传”研究和“舆论”研究，代表性学者是李普曼和拉斯韦尔。李普曼曾亲身参与过第一次世界大战的宣传工作，

① 虽然现在“政治传播学”这一概念已经被广泛使用，但真正的具有“普遍知识形态”的“政治传播学”还没有完全形成。这本教材就是努力在现有的研究基础上形成新形态的“政治传播学”。所以，这里的历史沿革我们还是使用了“政治传播理论”这个范畴。

对于宣传影响舆论的力量深有体会①。1922 年，李普曼发表西方政治传播研究的经典著作《舆论学》，为政治传播理论奠定了基础和模型，来源于其思想的“议程设置”理论至今仍是政治传播理论的核心命题。第一次世界大战结束后，西方学者对“宣传”进行了系统研究，影响最大的是美国政治学家哈罗德·拉斯韦尔的博士论文《世界大战中的宣传技巧》。第二次世界大战结束后，拉斯韦尔在其宣传研究的基础上，提出了著名的传播研究的“5W”模式。这一模式奠定了政治传播研究的基本框架，深刻影响了此后的政治传播研究。

西方政治传播实践的变化主导了西方政治传播理论的发展历程。大体可分为三个阶段。第一个阶段为 1940 年至 1960 年的西方政治传播理论的兴起期。这一阶段的政治传播理论聚焦在政治传播中的“心理战”，包括“战争前线的宣传、针对友邦力量的思想改造，以及在国内提升士气和纪律性的手段”②。以拉扎斯菲尔德为代表哥伦比亚大学应用社会研究所对此进行了大量的量化实验研究。第二次世界大战结束后，哈德利·坎特里尔的舆论研究、丹尼尔·勒纳的现代化研究、施拉姆的媒介体制研究等，都是这一时期的产物。这些研究奠定了西方政治传播理论的基本范式。第二个阶段为 1960 年至 1990 年的西方政治传播理论的成形期。这一时期的西方政治传播理论逐步达到了“媒介效果”的深度。马尔科姆·库姆斯和唐纳德·肖提出了“议程设置”理论，布卢姆勒和麦奎尔在提出了“使用与满足”理论，伊丽莎白·诺-纽曼提出了“沉默的螺旋”理论，等等，这些理论以后均成为“政治传播学”的“经典理论”。第三个阶段为 1990 年至今的西方政治传播研究快速发展期。随着互联网对政治传播以及整个西方社会产生的重构性的影响，西方政治传播理论界关注的重点是互联网给政治传播系统带来的重大变化。特别是 21 世纪的第一个十年社交媒体的兴起，激发着西方政治传播理论的发展。社交媒体的繁荣以及大数据等新技术的发展，使得西方社会当下的政治传播格局有了新的变化，政治传播的“媒介化”使传统的主流媒体在政治传播格局中的地位被削弱，政治传播的“去中心化”使民众在政治传播中更容易被精英阶层所操纵，因而，假新闻、计算宣传、舆论极化、民粹主义等，成为西方政治传播理论的关切点。

二、中国特色政治传播理论的形成过程

政治传播活动虽然古来有之，但是，由于政治制度及其决定的政治传播的形态不同，中西方对“政治传播”的理解和研究也大不相同。中西方对于古代社会、近代社会、现代社会的政治传播研究几乎是不相交叉的“两条平行线”。在中国，改革开放以后，社会经济发展、政治体制改革与西方社会有更多的交集，理论界才从“翻译引进”“介绍评论”开始，逐步开展和深入与西方研究具有交流交叉交集关系的、具有中国特色的政治传播研究，在此基础上逐步形成中国特色政治传播理论。其基本进程如图 1－1 所示。

① 李普曼. 舆论学. 林珊，译. 北京：华夏出版社，1989：译者前言.

② 辛普森. 胁迫之术：心理战与美国传播研究的兴起. 王维佳，刘扬，李洁琼，译. 上海：华东师范大学出版社，2017：10.

图 1-1　中国特色政治传播理论的形成阶段

据考证，“梁启超在 1896 年就已经开启政治新闻学（从政治角度观察新闻传媒作用）的传统，之后，这种论述传统被中国各政党运用来服务政治斗争”①。新中国成立后，教育宣传部门要求“从政治出发研究新闻学”②。显然，新中国成立后已经形成了从政治角度观察新闻传媒作用的理论。这种理论传统与中国特色政治传播理论直接相关，是中国特色政治传播理论的学术渊源。

1983 年，我国台湾学者祝基滢所著《政治传播学》出版，表明中国政治传播理论体系的初步形成。在此之后，一方面，随着进一步的改革开放，作为中国政治传播理论支撑学科的政治学、传播学、新闻学进入了新的发展时期，并在各自专业化的过程中交叉融合，聚焦于政治传播领域；另一方面，西方政治传播理论不断被引介到中国，政治传播作为一个专业领域，逐渐为中国学者所熟悉和重视。

这个时期的理论有如下特点：第一，总体上还是以西方政治传播理论为基础对中国政治传播现象进行阐释。第二，因为缺乏体系化的理论支撑和范畴划归，研究呈现出散乱化状态。不同学科从各自学科意识出发，沿着各自专业路径探究中国的政治传播。进入 21 世纪，中国学者开始意识到中国政治传播研究既不能完全照搬和模仿西方政治传播理论，也不能仅仅延续传统的政治新闻学和宣传研究路径，而是需要秉持与时俱进的理论品质，分别从西方政治传播研究和传统政治新闻学、宣传研究中吸收养分，聚焦中国特色政治传播实践，展开自主性的中国政治传播研究，建构中国特色政治传播理论。

中国特色政治传播理论是在延续、坚守、发展和创新中不断进行完善的。

第一，在宏观层面，界定政治传播的学科边界，对其价值内核进行思考，提出了源于人类社会生活中“政治”与“传播”的“同一”，从政治学与传播学的“视界融合”的高度，重新界定了“政治传播”范畴；主张从政治文明对话与交流的视角，看待建立在中西方政治文明基础上的政治传播理论和实践；提出从价值层面思考中国政治传播的价值基础和归属。

第二，在中观层面，研究制度取向、传播过程及结构功能。对中国政治传播制度、机构、机制进行考察，提出中国政治传播的制度化主要包括政党领导政治传播的制度化；提出中国特色政治传播过程以政府新闻发布实践为始端，以政府对网络空间公民的政治诉求的回应为末端，建构了民众诉求与政府回应互动关系的运行模式；将政治传播看作国家与社会的一种沟通方式，研究如何通过政治传播增强国家谋求社会支持的能力，以弥补政治调整过程中的权威不足。

---

① 陈力丹. 新闻传播学：学科的分化、整合与研究方法创新. 现代传播，2011（4）.

② 费雯俪，童兵. 新中国新闻学建设 70 年：从“新闻无学”到“显学”的初现. 新闻与传播研究，2019（9）.

第三，在微观层面，对普通民众的政治态度、政治心理、政治行为进行研究。关注民族主义、政治谣言、政治信任和政治认同等问题；对中国特色政治传播的效能问题进行了全面的探讨，提出中国政党政治基础上的政治传播发挥着维护政治政权稳定、缓释社会民众政治焦虑和减弱社会政治风险的作用，并产生越来越强大的国际辐射力。

“本土化”的中国政治传播研究具有以下鲜明特色：

第一，更加自觉的研究意识。如果说，介绍、翻译、评介和借鉴西方政治传播经典理论还是比较被动的，那么，对中国特色政治传播实践的研究，就越来越具备“中国立场”“中国风格”“中国气派”的自觉性，随着中国特色社会主义政治文明对人类的贡献，这种自觉性越来越强。

第二，更加多样的研究进路。深度挖掘蕴藏在中国传统优秀政治文化中的政治传播理论资源；继承宣传研究或政治新闻研究的精髓，以中国共产党的宣传舆论思想为重点持续保持“政治宣传”研究的优势；立足新时代的中国特色社会主义实践，着眼于全球化进程对政治传播的特殊影响，逐步构建中国特色社会主义的政治传播理论体系。

第三，逐步完善中国特色社会主义政治传播的学科建制。中国特色政治传播理论本身是政治学、传播学、社会学、历史学等学科交叉融合的产物。经过不断的探索，中国特色政治传播学正在形成边界明晰、特色突出的学科体系。

第二节 活动论的政治传播学的基本构架

人类政治传播的实践，既不是其诸多构成要素的静态机械排列，也不是其诸多构成要素的“线性”演进，而是在特定的社会环境中的整体有机的社会活动。因此，对政治传播的观察，必然要求超越各种领域、层面、维度等经验性的单限度视角，以“活动论”的综合视角，通过严谨的理论抽象，构建具有普遍性知识形态的新政治传播学。

一、政治传播理论难以成“学”的三重困境

在本教材之前，对政治传播的研究，我们从来没有使用过“政治传播学”这个概念。因为，在我们看来，之前关于政治传播的研究与著述，尽管冠以“政治传播学”，但并未达到“学”的层次和境界。一路走来，政治传播研究，在其成知识性的“学”的道路上陷入三重困境。

第一重困境，由于政治制度、政治体制及其所决定的政治传播的形态不同，人们对“政治传播”的理解、界定和解释不同，无法确立政治传播作为一种“学”的研究对象。

从学理上讲，一门“学”的成立，首先应是这个学科研究对象的独立和确定。德国古典哲学家康德当年就“学科的标准”说得十分清楚：“如果想要把一种知识建立成为科学，那就必须首先能够准确地规定出没有任何一种别的科学与之有共同之处的、它所特

有的不同之点；否则各种科学之间的界线就分不清楚，各种科学的任何一种就不能彻底地按其性质来对待了。这些特点可以是对象的不同，或者是知识源泉的不同，或者是知识种类的不同，或者是不止一种，甚至是全部的不同兼而有之。一种可能的科学和它的领域的概念，首先就根据这些特点。”① 事实上，过去的中西方的政治传播理论，在政治制度差异、政治文明并立的实践基础上，始终在“各自为政”的政治传播轨道上“并行”前进，没有能够超越自身而“并轨”合力。

第二重困境，由于缺乏共同的实践基础和研究对象，无法完成政治传播理论的普遍性的抽象，进而难以形成作为一种学科的基本范畴、基本命题和基本原理。

以西方的政治传播研究为例，20 世纪 60 年代，开始突破或者从传播学或者从政治学来构建政治传播研究的“学科壁垒”，从“政治与传播的互动”来确立政治传播理论研究的独立对象，是这个时代政治传播理论对于政治传播学的贡献。但是，政治传播学并没有就此形成。到了 90 年代，著名政治传播学者丹·尼莫和戴维·斯旺森在其合著的《政治传播新动向》一书中，还在苦苦研究政治传播的研究方式、基本模式等学科基本问题。他们提出：第一，在使分散的研究活动、研究主题和理论获得尊重的同时，使政治传播研究朝向有组织的框架发展，这一框架建立在传播与政治是如何相互交叉的基本问题上。第二，克服选举中心论，扩展政治传播研究的领域。他们认为，克服选举中心论，不等于不研究选举问题，也不是弱化选举问题研究，而是把它看成是政治传播研究领域的一部分进行研究，而不是当成唯一的领域进行研究。第三，通过跨学科的研究，寻求共同的主题和概念，形成独立的研究对象。他们要求政治传播学的研究者要像研究某领域那样研究政治传播，构建政治传播研究的概念，以区别于其他领域，使政治传播学形成独立的学科。第四，提倡主流理论与批判理论的相互交流②。

他们的呼吁得到了积极的响应。1996 年，美国政治传播学者玛丽·E. 斯塔基在《政治传播的理论与实践》一书中就重点研究了“政治传播学”的最基本的问题。然而，效果并不理想。“政治传播学”共同的研究对象、概念体系和理论框架还是没有建立起来。

第三重困境，“政治传播”一出场就与“新闻传播”纠结在一起，政治传播总体上被置于新闻传播学科领域，这就陷入了新闻传播的所谓“有论无学”的困境之中。

以西方的研究为例，按照学界的研究，“传播学”大体形成于 20 世纪 40 年代。20 世纪 20 年代，美国芝加哥学派（包括经济学、社会学、心理学、政治学、人类学五大学科）从不同方面为“传播学”的形成奠定了理论基础。20 世纪 40 年代的信息论、控制论、系统论进一步为“传播学”提供了新鲜的理论支持。第一次世界大战和第二次世界大战的宣传战和电波战，直接促成了“传播学”首先在美国形成。接着在 20 世纪 60 年代，以欧洲人文-历史-哲学为背景的“传播学”批判学派形成。经验-功能主义学派出于服务功利目的的需要，形成五个研究板块，即控制研究、内容分析、媒介渠道研究、受众研究、传播效果研究。欧洲批判学派即结构主义-权力学派，包括德国法兰克福学派、

① 康德. 未来形而上学导论. 庞景仁，译. 北京：商务印书馆，1978：3-4.

② STUCKEY M E. The theory and practice of political communication research. Albany：University of New York Press，1996.

英国文化学派和政治经济学派、法国的符号学和批判理论等，都认为，人的思维和信息的传播，受制于传播的基本符号系统，人生活在具体的符号体系之中，因而任何传播都早已被"结构"了。在这样思路的研究中，又以揭示传播中符号背后的权力（政治的、意识形态的、经济的和文化的权力）背景的居多。在传播技术发达的现代，对信息的载体即媒介形态的研究，已经形成一个独立的学派，即技术主义控制论学派。马歇尔·麦克卢汉的"媒介即讯息"学说，表达了这个学派的基本的认识要点，即新的媒介形态本身对改变社会结构起到了关键作用。并且这个观点被完善为"媒介即环境"的思想，成为热门的研究领域。

可以明显看出，从学科研究对象确立和学科核心理论立论以及学科边界划定的角度看，抽去社会学、政治学、经济学及历史学，传播学就成为没有任何自身规定性和学科门槛的"广袤大地"了。上述种种所谓的"理论流派"，也只是别的学科来耕耘"传播"这块广袤大地的流派了，似乎并不能视为传播学自身的流派。

二、把中国特色政治传播理论融入新政治传播学

中国特色社会主义的政治实践，创造了中国特色的政治文明，成为"世所罕见"的伟大奇迹。与此相应，中国特色社会主义的政治传播实践，也屹立于世界东方，成为一道亮丽的风景线。

那种长期以来排斥中国模式的以西方竞选性政治为基础的西方政治传播理论，已然无法对客观存在的人类社会的政治传播实践作出说明和解释。一种理论如果不能对既定的对象作出解释，那这种理论便不具有普遍性，不可能成为一种可以传播的学科知识体系。

如果我们不站在特定的狭隘的政治立场，不用特定的敌对性的意识形态眼光，来看待人类各种类型的政治文明和相应的政治传播实践，而是站在人类文明互鉴相融的高度，来审视多种政治传播的实践类型，那么，建立一种新型的政治传播学才是可能的，也是可行的。

本书就正是基于这个前提性的思想和思考，来拓深拓宽政治传播理论研究，建构一种新时代的新政治传播学。其中，一个区别于现有各种"政治传播学"的显著特质，就是把中国特色的政治传播理论深度融入进来，力图立足政治体制的"国别差异"，超越政治体制的"国别分歧"，从可代代承续的政治传播学知识体系的学理性高度和普遍性广度，来布局新政治传播学。

三、活动论政治传播学的主要内容

活动论政治传播学，着力于从一种有机运行机制的角度来构架政治传播中的各种要素。从学理上讲，它还是偏重于从系统论的视野认知人类的政治传播活动，偏重于从宏观视野观察政治传播的构成要素及运行逻辑、整体效能等等。只有这样，活动论政治传播学才能超越此前各种线性、散乱、机械、板块、静态型的政治传播学。

第一，人类活动的基本特征。马克思曾指出："人是最名副其实的政治动物，不仅是一种合群的动物，而且是只有在社会中才能独立的动物。"① 马克思在这里把人、政治、社会统一起来。人、政治、社会，都不是一种静态的抽象存在，在现实性上，都是一种活动，这种活动具有以下特征：

一是社会性。人类活动的第一个基本规定是其社会性，社会性是人类活动的必要条件。其所以必要，是为人类个体的有限性所决定的。社会性不仅为人类活动赋予了一定的社会形式，而且在根本上还是人类活动自身的内在条件。人类个体在时间和空间两个维度上是有限的。克服个体活动能力有限性的方式，是在劳动中进行社会合作，结成超越个体有限性的社会。合作的实质是一种劳动成果和活动本身的交换。物质的交换关系是人们之间最为基本的社会关系，但人们之间的社会关系不限物质交换的基本关系，而是在此基础之上形成了诸多层面的社会关系，诸如伦理的、政治的、艺术的等等。所有这些社会关系共同构成了结构复杂、内涵丰富的人类社会。

二是物质性。说人的活动具有物质性，首先是指人的活动总是具有感性对象。不具有感性对象的活动，绝不是人的活动，而只能是神灵的活动。活动具有可感对象，可逻辑地推出活动自身也是感性对象。如果活动的对象是可感性的，那么能与之对立的活动主体也必然是可感性的，既然活动的主体与客体都是可感性的，那么人的活动总体也是可作为感性对象的。

三是精神性。精神性是人类活动的显著特征，人类活动的精神性可以从意识性、目的性和能动性三个层面去理解。意识性是活动主体对活动自身的自觉。目的性以意识性为前提，目的为意识的一种状态。说人的活动是有目的，即是说活动的主体不仅知道所从事的活动，而且知道所从事活动欲达到的结果，并指向这种结果。人类活动的目的性，最初在实现目的的活动中表现为一种"有限目的论"意义上的目的性，而既非上帝或绝对精神之类的绝对目的性，亦非浪漫主义自然哲学意义上的自然目的性。它在获得有限满足之后，便试图超越这有限性。

四是中介性。人的活动总是具体的、现实的活动。因此，仅有抽象的精神性活动与物质性活动还构不成现实的、具体的人类活动，而必须有把两个抽象方面联结起来、统一起来的中介。人的物质性活动与精神性活动可视为人类活动总体的两个抽象的极点，而中介，则是要把抽象的两端连进来。中介自身必须与两端具有同一性，即一方面须与形式同一，另一方面又须与质料同一。只有一身兼具此两面性，中介才能完成把形式传给质料，即把形式赋予质料的任务，使抽象的两端结合起来。语言符号，作为中介，就是使人类的活动得以现实化。语言是一种现实的意识。只有借助语言符号，才能象征性地把握对象。正是借助于语言符号，我们才从现实性领域突入可能性领域。正是由于语言符号，对象才对我们开放了其可能性空间；如若没有语言，人类便只能像动物一样，永远只拥有一个现实的世界。

第二，以活动为"轴心"贯通政治传播。

现在学界对政治传播学的研究，预设的研究领域十分宽泛，譬如，政治传播的本体

① 马克思，恩格斯．马克思恩格斯选集：第2卷．3版．北京：人民出版社，2012：684．

系统、行为系统、内容系统、载体系统和外部环境等等。这种理论，很难把政治传播用一种“轴心”贯穿起来。我们的理路是，把政治传播视为人类的一种活动，以活动为“轴心”让政治传播的各种要素活起来、动起来。这样一来，从哲学高度把握的人类活动特质，就成为构架新政治传播学的理论基础，进而成为新政治传播学展开的理论理念与逻辑依据。

第三，活动论政治传播学的基本构架。

依据活动论的视角，新政治传播学有新的基本构架。政治传播范畴：着力论证“政治”、“传播”与“政治传播”这三个政治传播学的基石性范畴，并适度比较相关学科范畴。政治传播主体：从人是传播主体的理念出发，分别论述国家（政府、政党）、社会共同体，以及个人等政治传播主体。其中，深入涉及政治领袖、政治精英、意见领袖、草根百姓等具体的主体研究。政治传播内容：以对政治信息的解析为基础，深入分析意识形态、政治价值、政治文明等。政治传播渠道：在对中介与媒介、媒体概念进行辨析的基础上，着力分析人际、组织、媒介等主要渠道形态。政治传播话语：把政治话语独立出来，作为一种综合中介论述，涉及话语与政治话语、政治话语的建构、政治话语的博弈等。政治传播受众：在对客体、对象、受众概念进行辨析的基础上，从方向、属性、形态几个维度展开对政治传播受众的论述。其中，深入涉及国内受众与国际受众、政治精英与群氓、国家与社会等重要理论在政治传播中的机理。政治传播效应：在对传播学效果论研究全面检讨的基础上，从推进政治民主、形成公共舆论、构建政治合法性、推进国家治理现代化等几大方面展开对政治传播效应的研究。政治传播形态：着力分析政治宣传、政治沟通、政治营销三大形态。政治传播运行：从逻辑与历史相结合，展示从政治宣传到政治沟通、从政治沟通到政治营销，以及政治营销对政治宣传的“升华性”回归过程。最后，展示三大形态的实践过程和总体运行模式。

第三节　学习政治传播学的基本思维范式

现在用于研究政治传播理论的所谓“方法”花样翻新，但学习政治传播学的方法却不应该亦步亦趋。虽然学习政治传播学需要懂得研究政治传播的种种方法，但学习与研究存在差异。学习政治传播学需要的具体方法也很多，但是，最需要的是既超越政治学和传播学，又融合政治学和传播学的具有哲学高度的基本思维范式和方法论。适应于学习和理解政治传播学的哲学范式方法也很多，这里示范性地选择三种基本的思维范式。

一、内容与形式辩证统一的思维范式

哲学中的内容与形式，不仅是用来指称客观世界万事万物结构形态的关系范畴，更重要的是人类头脑中掌握世界的思维范式。学习政治传播学时遇到的第一个难题，可能就是政治学和传播学相互缠绕在“政治传播”的内容与形式的割裂和撕扯之中。其表现是：一方面，政治学认为政治传播是传播政治，因而离开政治就无所谓政治传播。在政

治传播中，政治是主体，政治传播的内容要依赖政治学来提供。传播只是工具，是形式。“内容为王”，因此，学习政治传播学必须仰赖于政治学。另一方面，传播学认为政治传播的“落脚点”是传播，没有传播，政治也就原地不动死水一潭，所以，学习政治传播学研究应在传播学上下功夫。

针对政治传播具体而言，内容决定与其内在一致的形式的这一原理，决定被传播的“政治”有其本身内在的形式，比如，中国特色的协商民主，其本身就是内容与形式的统一，如果换一种“形式”来表达，就不再是中国特色的协商民主。因此，例如对协商民主的传播，并不需要什么外在的“传播的形式”来包装，就好像一个人究竟是个什么样的人，并不取决于他穿了什么样的衣服，尽管衣服也是一种外在的形式。从这个意义上讲，政治学在政治传播学中的使命不是仅研究内容，而是同时研究内容和形式。同理，传播学亦然，内容本身“无理”，说得再多再好再花哨，也不能使之变为“有理”。形式固然对内容有反作用，但是，形式却不能脱离其内容而被随意“创造”。故此，传播学更应注重对政治传播学内容的深刻研究。

二、经验与超验辩证统一的思维范式

学习政治传播学时遇到的第二个难题，可能就是政治传播理论与政治传播经验无法结合所造成的经验与超验割裂或阻滞状态。

哲学上的“经验”范式，是指人们在实践过程中，通过自己的眼、耳、鼻、舌等感觉器官，直接接触客观外界而获得的对各种事物表面现象的认识。它的来源和内容都是客观的，它以直接感受性为特点，是一切知识的最初来源，是理性认识的基础。经验方法所获取的“知识”产生于经验范围，也仅适应于经验范围，在政治学上可称为“地方性知识”。而“超验”范式，是指超出一切可能的经验之上并为人类的感性认识能力所不能及的普遍性知识。一般来说，超验来源于经验，但却必须超越经验。德国哲学家康德把超验看作只能通过信念和信仰而把握的道理。所以，作为一种思维范式和学习方法，需要把经验与超验统一起来，在事实中总结经验，在经验中提炼普遍。

众所周知，“政治传播”这个术语在中国的语境中是个来自西方竞选性政治国家的“舶来品”，据此，至今还有很多人认为中国就没有什么政治传播，有的只是政治宣传。当然，从理论上讲，这种认识所坚守的只是以西方政治竞选为标准的狭义政治传播观。随着中国几十年政治文明的发展和政治体制的变革，这种认识在中国已经基本没有什么市场了。人们普遍认识到，在当下的世界政治格局和生态中，研究和发展中国特色的政治传播尤其重要。正是在这种背景下，很多人用西方的相对成熟的政治传播理论生硬地来套中国的政治传播，结果便是由于与中国经验不能对应，而陷入牛头不对马嘴的困境。这其中，另有一部分人倒是立足中国经验，各种研究手段蜂拥而上，各种研究模型花样翻新，比如，最近如火如荼的“大数据”及“计算传播”方法所向披靡，无所不及地使用在政治传播的研究之中，但是，在最后就是总结不出来可以推广和传播的超验性原理，导致中国政治的“好故事”，由于超验性意义和价值的缺失而不被接受和认同。

人类政治文明的坐标选择与人类政治传播的经验，需要用超验与经验辩证统一的思维范式来思考、诠释和传播。纯粹的超验理论不置于特定的经验中还原为可用的道理便没有意义，纯粹的经验不抽象出超验性的普遍价值无法传播，也没有传播的必要。

三、逻辑与实证辩证统一的思维范式

现在，政治传播理论中很流行所谓“质化”与“量化”方法。似乎终于找到了很先进很有效的研究学习方法。其实，所谓质化与量化的研究方法，在哲学中就是普通的逻辑论证与实验实证的研究方法，说得再通俗一些，就是我们平常所说的理论论证与实践案例的研究方法。就像任何一个研究领域一样，政治传播研究当然既需要质化研究，也需要量化研究，但是，难处就在如何在思维深处将二者统一。从哲学上讲，质化与量化或者逻辑论证与实验实证并不是可以割裂使用的、彼此独立的两种研究方法，而是始终贯通融合的一种思维范式。这种范式要求，再抽象的理论逻辑必须有实证能够证实，再复杂的实验实证数据必须有理论逻辑的支撑。

在政治传播学中，两个方面的问题可能比较突出：一方面，重要的命题只是在理论的层面抽象空泛地论证而没有实证实验数据的支持；另一方面，非常先进的实验实证研究，却缺乏对命题意义的理论判断以及经过严密的实证实验研究之后的有效理论分析，从而使这种研究仅限于“看上去很美”。从严谨的研究和学习方法上追究，有很多的实证研究，严重忽略非常重要的“前提批判”。一是没有前提批判的前提选择，研究内容没有意义。二是在理论上没有认识到前提对结论的支持和反驳关系，结果由于前提的“不真”，导致研究结论的背离甚至反转。

只有超越各种诸如死记硬背的机械的学习方法，掌握和运用哲学高度的基本思维范式，才能深刻理解政治传播学中蕴含的具有普遍性知识价值的基本原理。

第二章

政治传播学范畴

任何学科都有自己的基石性范畴、轴心命题和基本原理。政治传播学主要涉及政治学和传播学两大学科，因而其基石性范畴为“政治”、“传播”以及二者“同一”的“政治传播”三大范畴。多年来，政治学研究、传播学研究及政治传播学研究始终围绕或基于这三大范畴展开。其中，许多争论或共识，无不与这个三个基石性的范畴相关。所以，本书将这三大范畴独立成章展开论述。

第一节 “政治”范畴的多维解读

政治貌似熟知，其实无法定义，因为政治到目前为止并没有固定在哪种含义上。美国著名政治学家达尔曾说：

> 确切地说，任何人都能懂一些政治，但政治是格外复杂的事物，很可能还是人类所遇到的最复杂的事物之一。如果不具备处理政治复杂性的技能，人们就会草率或过分地简化政治，这就是危险。公正地说，我们认为，大多数人确实都把政治简单化了。①

认知人类的政治，需要从历史和逻辑两个角度展开。从理论上讲，历史先于逻辑，所以我们就先从历史的角度梳理一下人类的政治。历史以“历时态”呈现。从人类政治历史演变的“历时态”看，政治与国家、经济、社会关联。所以，要想简单而清晰地认知政治，还需要从国家、经济、社会等几个关联维度结合人类的政治思想史来梳理。

---

① 达尔. 现代政治分析：第 6 版. 吴勇，译. 北京：中国人民大学出版社，2012：3.

一、从国家维度认识政治

按照马克思的理解，政治现象是人类进入阶级社会以后的产物，因而，各种复杂纷繁的政治现象所体现的一个核心问题就是社会中各阶级围绕国家的统治权力而展开的激烈斗争。因此，从与国家关联的角度来认识、把握、研究政治，是贯穿人类几千年政治思想史的主线，直至当代仍然如此。

西方最早进入奴隶社会的是古希腊人。古希腊的奴隶制由 200 多个奴隶主统治的相互独立城邦组成。“公民”不能离开自己的城邦而生活，否则就可能沦为别的城邦的奴隶。城邦是如何来的？怎样才能有一个好的正义的城邦？怎样才能过好城邦生活？这些就是那个时候人们所关心的根本政治问题。考察城邦、研究城邦就是古希腊政治思想也是西方政治思想的发源地。在西方，“政治”（politics）一词就是从“城邦”（polis）演变而来的。

古希腊奴隶制形成时期的著名思想家赫拉克利特主张通过斗争建立一个正义的城邦，并且只有依靠法律，人们才能过好城邦生活。毕达哥拉斯则主张各等级的和谐就是一个正义的城邦。著名政治家梭伦认为应在富者和贫者之间实行某种协调、平衡，建立好的城邦。著名的雅典政治家伯利克利把自由、法制、平等作为城邦生活的基本原则，奠定了雅典人的民主政治理想的基础。

公元前 431 年至公元前 404 年的伯罗奔尼撒战争以雅典民主制城邦失败、斯巴达奴隶主贵族制胜利而告终。这极大地促使政治思想家们研究什么样的城邦最好、怎样巩固城邦等问题。柏拉图继承了他的老师苏格拉底的思想，提出了一整套政治理论。柏拉图认为，国家无非是人性的扩大。人的本性即灵魂由理性、意志和欲望三部分构成，国家由统治者、守卫者即军人和劳动者三个等级构成。统治者由具有哲学知识即智慧美德的哲学家来担任，军人应以勇敢为美德帮助统治者，劳动者应以节制为美德来服从以上两个等级的统治。这三个等级各司其职，互不干扰，和谐一致，就具有了正义的美德。这就是一个具有智慧、勇敢、节制和正义四种德性的“理想国”。

柏拉图的学生亚里士多德提出“人是天生的政治动物”，“人是自然趋向于城邦生活的动物”。这在西方政治思想史上第一次从理论上把个人与国家（社会）本质地结合为一。亚里士多德认为人的本性是一个发展显现的过程，国家也有一个起源的过程，人类为了满足日常生活的需要必然要组成家庭；随着人口的繁衍，家庭增多，就出现了若干个家庭联合而成的村坊，若干村坊又组成城邦，亦即国家。国家出现，使人的本性得到了实现。

到了古罗马时期，政治思想家西塞罗把人类对政治的认识又往前推进了一步。他一方面继承了亚里士多德关于人性的思想，相信“人不是孤立的或非社会的存在”，人必然结成国家；另一方面认为罗马国家是长期历史演变而产生的。西塞罗认为国家应该通过法来统治，法是国家的基础，这样就把古希腊人以道德作为国家基础的观点改变为以法作为国家的基础。

经过中世纪封建社会的“神学政治”之后，西方社会资产阶级的政治思想产生了。

各国资产阶级虽然所处的历史环境不同，革命性的强烈程度不尽一致，但都提出了反映资产阶级要求的政治思想。从人的理性出发研究各种政治问题，批判神权政治观，要求人的种种权利以及保障这些权利的政治制度，是这一时期资产阶级政治思想的特征。值得我们分析的有以下几个代表人物：

近代资产阶级政治思想的奠基人之一，意大利的马基雅维利率先从根本上否定了中世纪神学政治观的基础，开始从人而不是神的角度来研究国家。在国家政体问题上，马基雅维利赋予共和政体集“暴力与欺骗”“狮子与狐狸”的特性于一身的威权。

英国资产阶级政治思想家霍布斯提出了关于国家起源的社会契约论。洛克则进一步深化了霍布斯的政治理论，认为如果立法权或君主危害了人民的自由和财产，那么人民就有权起来革命，把国家权力收回，交给自己认为最能保证他们安全的人。

法国启蒙运动中最为激进的资产阶级政治思想家卢梭认为，由于私有制的出现使人类出现了不平等。为了保护私有财产和个人自由，人们订立社会契约，建立了国家。人们订立社会契约，是把个人的权力交给一个公共人格或叫“公意”。这个公意是人民的意志，它构成主权——人民主权。人民主权是最高的权力，它不可分割、不可转让、不能被代表。法律要由人民直接参加立法来定；政府官员不过是人民的公仆，人民可以随时撤换。因为全体公民都要参加立法，所以，只有小国寡民才能办到。这就是卢梭所设想的资产阶级共和国。

德国的康德继承并改造了卢梭的政治理论，他从哲学俯瞰政治，把卢梭的“公意”改造成一种“绝对命令”，表达了人是目的的政治哲学思想。

从国家的维度对人类政治的考量，从哲学论证和理论形态上看，影响比较大的是德国哲学家、政治思想家黑格尔。黑格尔认为，所谓国家，指的是“伦理理念的现实”①，“是存在于‘地球’上的‘神圣的理念”，是神在地上的自身行进，因此，它也就是一种“‘自由’的实现”。在他看来，“现实的国家在它的一切特殊事务中……都被……‘民族精神’所鼓舞”②。正因为国家是伦理理念的现实化，是自由的化身，是高于市民社会的政治实体，所以它才能担当起协调社会生活、促进个人道德水准、推动社会发展的历史重任，才能在保护市民社会的同时成功地实现对它的超越。在黑格尔看来，国家是伦理观念变为现实的产物，它是普遍性与特殊性的统一，是个人与国家的统一，个人只有成为国家成员才有自己的人格、自由和权利，所以个人必须服从国家。国家的目的在于普遍的利益，但并不排斥个人的利益，国家正是把个人作为一个环节包容于自身之中，国家与个人也达到了统一。

黑格尔所创立的政治国家主义，深刻地影响了马克思的政治观，马克思摒弃了黑格尔政治思想中的唯心主义成分，创立了唯物主义的政治思想体系。

二、从与经济对应的维度认识政治

在人类社会发展的早期，人们的经济社会与政治生活还没有什么独立性，在很大的

① 黑格尔. 法哲学原理. 范扬，张企泰，译. 北京：商务印书馆，1982：253.
② 黑格尔. 历史哲学. 王造时，译. 北京：三联书店，1956：90.

意义上政治生活就是他们相对于私人家庭生活的社会生活。当人们的维持生活与生产资料的经济生活逐步凸显出来，进而越来越具有独立意义的时候，人们便从与“经济”相对应的意义上认识、把握和对待政治了。

应该说，在当下社会里，人们对于政治的认识更多的是从与经济对应的意义上，或者说是从与经济关联的维度来把握和认识的。从经济维度把握政治并进一步深刻认识政治与经济关系的仍然是马克思。在从经济的维度研究政治进而研究政治与经济关系的理论中，马克思的思想仍然是人类至今思想认识的最高成果。

资本主义社会相对于以前一切社会所取得的巨大的物质成就，以及围绕经济利益而展开的阶级和阶级之间的激烈斗争，使马克思、恩格斯深刻地认识到经济关系“决定着产品的交换方式以及分配方式，从而在氏族社会解体后也决定着阶级的划分，决定着统治关系和奴役关系”①。

从人类历史的进程来看，政治是相对于其他社会力量的发展而逐步获得自己的本质规定性的，尤其是经济力量的快速发展。通过对政治和经济相互关系问题的思考，马克思不仅解决了政治的基础、本质、轴心、基本内容等重大问题，而且从根本上克服了自马基雅维利以来政治内涵愈趋狭隘的片面性。在马克思看来，一方面，政治就是阶级斗争，其核心是国家政权；另一方面，政治作为经济的集中表现，又涵盖且高于经济、社会、军事、文化等事物，是统帅、是灵魂。马克思自己着意的不是抽象意义上的、无所不包的、以伦理或神学统辖一切的广义政治，而是具体的、真实的、对人类有极为重大意义的“经济方面的政治”。

马克思在政治经济学意义上对政治本质的揭示，为我们理解相对于经济的政治的内涵提供了理论基础。因此，当我们从与经济对应的维度思考政治的本质的时候，政治就成为一种能够作用于经济活动的国家权力，一种占统治地位的意识形态以及这种权力的运行机制，它决定着在社会经济生活中“谁得到什么？何时和如何得到？”等基本问题。当然，从与经济关联角度来认识政治，“并不等于说经济与政治是同一回事。经济分析主要关心稀缺资源以及物品与劳务的生产和分配；而政治分析，正如我们反复说过的那样，聚焦于影响力的应用以及运用影响力的模式。人类或人类群体的活动，可以同时具有政治的与经济的方面。……可见，经济学家与政治学家所分别探索的，只不过是同一件事件的不同方面而已”②。至此，政治的特殊内涵逐渐被限定，政治也据此获得自己的规定性。

三、从社会维度认识政治

从社会维度对政治的认知和把握有两种截然不同的境界，是人类社会发展不同阶段的产物。在人类社会诸多领域混沌不分的早期，人们的政治生活就是“社会”生活，这种政治、社会生活可能只是相对于私人家庭生活而言的。如果说，这可以视为从社会关联或意义上的“政治”，那么毫无疑义，这种界分是完全不自觉的。随着经济在社

① 马克思，恩格斯．马克思恩格斯选集：第4卷．3版．北京：人民出版社，2012：648．

② 达尔．现代政治分析：第6版．吴勇，译．北京：中国人民大学出版社，2012：44．

会生活中地位的突出及其对政治的制约，人们从与经济对应的意义上认知和把握政治，而当人们能够自觉地从高于经济和政治本身的境界来把握政治的时候，实际上又是从“社会”的境界和意义上对政治的把握。这正是一个“否定之否定”的螺旋式的上升过程。正是在这个上升的过程中，产生了多种多样的关于人类未来社会的“政治信仰”。

从理论上讲，人类社会发展至近代，随着社会生活的各个领域的相对分离，人们才真正对“社会”开始理论自觉。一开始，近代思想家如培根、霍布斯、卢梭、洛克以及更多的法国启蒙思想家，在反叛宗教神学的启蒙旗帜下，致力于确立人对自然界的“主体性”，确立主体自我意识。但是，这个时候的人类“社会”，并没有获得与作为主体的人以及人所赖以生存的自然等量齐观的理解。在他们的思想里，人类社会作为一个自在的整体，依然只是自然界的延伸，是各种“自然状态”的表现。同时，在他们把人的活动还原为动物式的生存竞争行为时，又总是把社会看成是实现个人私欲的名利场。

德国古典哲学经康德、费希特至黑格尔那里，社会与自然状态的国家，都是“在统一体被确定为一个整体时被给出的无形式的和外在性的和谐的空名”①。黑格尔有时候称社会为“第二自然”，实际上还是在自然的意义上理解社会，虽然如伽达默尔所说，“黑格尔哲学通过对主观意识观念进行清晰的批判，开辟了一条理解人类社会现实的道路”②，但他并没有完全真正理解现代意义上的社会。

马克思承认费尔巴哈的社会观“给社会主义提供了哲学基础”，诚恳地认定：“建立在人们的现实差别基础上的人与人的统一，从抽象的天上降到现实的地上的人类这一概念。如果不是**社会**这一概念，那是什么呢?”③ 马克思认为“费尔巴哈也使‘人与人之间的’社会关系也同样成为理论的基本原则”，并“创立了**真正的唯物主义**和**实在的科学**”④。

马克思超越黑格尔和费尔巴哈社会观的地方在于，马克思把社会与政治联系起来，或者说，通过政治批判构建了“新社会”，从而使我们获得从社会维度认知政治的新视角、新境界。

在马克思看来，新的社会是一个生成和实践的过程，因而也是一个新的政治的诞生过程。对马克思而言，人类新社会的生成已不是“哲学”的任务，既不是黑格尔式的哲学抽象，也不是费尔巴哈式的哲学直观，而是“实践批判”。这种实践批判包括经济和政治批判。不可忽略的恰恰是马克思的政治批判。马克思的政治批判，蕴含了与马克思新的社会观相匹配的新的政治观。

马克思的新的社会观与政治观的内在一致，意味着马克思的政治解放关涉社会解放。换句话说，对马克思而言，社会解放本身就包含着政治解放的内容。马克思并不希望空泛地讨论人类解放问题，而是要求把这一讨论与对一定社会制度的政治性质的批判联系起来。社会解放的实质其实是社会关系的解放，是社会的政治解放。市民社会的解放，其实质并不是市民社会本身的实现程度，而是社会从资本主义制度中解放出来。政治解

---

① 黑格尔．黑格尔政治著作选（剑桥政治思想史原著系列（影印本））．北京：中国政法大学出版社，2003：113.

② 伽达默尔．哲学解释学．夏镇平，宋建平，译．上海：上海译文出版社，1994：111.

③ 马克思，恩格斯．马克思恩格斯全集：第47卷．2版．北京：人民出版社，2004：73-74.

④ 马克思，恩格斯．马克思恩格斯文集：第1卷．北京：人民出版社，2009：200.

放并不只是颠覆旧世界，它必然要求进一步体现为新社会的建设，这个新社会显然不是“资产阶级市民社会”，而是“社会主义社会”。社会主义的思想理论和实践经验是人类社会前进历程中政治文明的财富。

在前述我们关于政治的梳理中，研究思路不是从既定的“政治”概念出发，而是从社会的政治现象和事实出发，从人们关于政治的既有认识出发，以达到历史与逻辑的统一。

人们对“政治”的研究发展至当代，英国学者安德鲁·海伍德从国家、经济、社会的“综合维度”把关于“政治”的看法归结为如下四种：

第一种，明确地将政治与国家活动和政府艺术联系在一起。海伍德评析说：这可能是比较经典的政治定义，由“政治”第一次在古希腊时期的最初含义发展而来。从这种观点来看，政治本质上是国家范围内的活动，这意味着大多数人民、机构等社会活动都可以被认为是“外在于”政治的。

第二种，明确地将政治视为“公共”活动，因为与这种活动相联系的是对共同体事务的引导和管理，而不是个人的“私”事。这种观点可追溯到亚里士多德的一种观念：人类只有在共同体中才能过上“善的生活”。

第三种，明确地把政治视为一种解决冲突的特殊方法，即通过妥协、安抚和谈判而非强制和赤裸裸的权力来解决冲突。在这种观点看来，政治的关键是权力的广泛分布。鉴于冲突难以避免，这种观点主张相互妥协而不是相互倾轧。海伍德认为，把政治的本质视为“妥协”是把政治作为一种文明和教化的力量。

第四种，将政治与社会存在进程中的资源生产、分配和使用相联系。由此看来，政治是关于权力的，而权力则是不择手段达到预期结果的能力。海伍德认为，这种观点最宽泛也最为激进，它已经企图将政治从特定的场域（国家、政府、公共领域）拓展出来，认为在所有社会活动和人类生存的每一个角落都有政治发挥作用。政治发生在社会互动的所有层次，小至家庭，大到民族及全球交往都存在大量的政治现象。这样一来，政治广义而言是权力，狭义而言是围绕稀缺资源的争斗，权力是争斗的手段①。

第二节 “传播”范畴的多维解读

如同“政治”一样，“传播”也是政治传播学的基石性范畴。但不同于政治学对于“政治”范畴的理解分歧不大，迅猛发展的传播学似乎离“传播”越来越远。我们已经很难像认识哲学、社会学、政治学等那样来认识传播学。所以，新的政治传播学需要回到对于“传播”的经典理解上来。

一、传播是一种交流

传播并不神秘。从认知逻辑上看，传播首先是人与人之间的一种交流。这一经典的

① 海伍德．政治学：第2版．张立鹏，译．北京：中国人民大学出版社，2006：11-14.

理解来自“传播学之父”施拉姆。施拉姆当年就像给儿童讲故事一样告诉了我们什么是“传播”：

> 我在写这几行字的时候，把视线从纸上移开，抬头就可以看见夏威夷那犬牙交错郁郁葱葱的群山。如果向水天相接的海岸线望去，可以看到可能是第一批岛民登岸的地方。他们从石器时代走出来，在一千二百年前乘着用最简陋的工具制作的独木舟到达这里。他们从东南亚出发，带着信奉的神、孩子和食物，在浩瀚的大洋上，从一个岛屿漂泊到另一个岛屿，以我们今天无法想象的生存能力与风、水和泥土的自然环境相适应，似乎经历了令人难以置信的五千年漫长岁月的旅程于一千二百年前来到夏威夷。他们在这个熔岩的岛上登陆，撒下他们的种子，播下他们的文化，把这块土地归为己有。
>
> 那些最初的夏威夷人已经是灵巧的传播者。他们能够看懂天空中和海浪中的信息，利用这种信息来航海。他们已有发展得很好的语言，虽然能在图画和雕刻中记录下来某些信息，但实际上还不能把语言写下来。不过，他们利用口语作为有力的工具，用口说的语言建立了一个有效的政府和美满的家庭生活。他们令人不可思议地表达了微妙的想法和关系。他们说服别人跟他们航海到很远的地方去，在别人沮丧气馁的时刻消除别人的疑虑。他们带着所有的航海经验知识、信仰、仪式以及他们想要保持和不用书写的形式传给子孙的生活习俗。他们在夏威夷登陆，感到地球的震动，看见山里的浓烟和火焰以后，他们得到了帮助他们认识“火之女神佩莱夫人”的信息，因此他们还知道了怎样通过祈祷以及祭祀和舞蹈同女神交流。①

理解传播是一种交流，是深入理解传播的本质和功能的切入口，决定着延展传播研究的路向。而这个路向，施拉姆用通俗的语言是说得很清楚的。施拉姆的“传播是一种交流”的观点，深刻地影响着后人对“传播”的理解，之后，学术界继续深化了这一研究。人们把“交流”提升到了人类生存方式的高度，认为“交流”建基于“主客二分”或“主客合一”的基本关系之上，成为人们物质生活、精神生活及社会心理形成的基本形态。在人们的交流过程中，“媒介”起着至关重要的作用，而“媒介”发挥作用的过程，就是一个“传播”的过程。学界认为，“传播观”不能偏离正确的交流观，人与人之间应该是地位平等、过程民主的交流，交流中的“媒介”也不应成为“教化”或“说服”的工具。

二、传播是人类社会赖以存在和发展的机制

施拉姆在传播是一种交流的思想基础之上进一步提出了“传播生成社会”的见解，他说道：

> 传播是社会得以形成的工具。传播（communication）一词与社区（community）一词有共同的词根，这绝非偶然。没有传播，就不会有社区；同样，没有社区，也

---

① 施拉姆，波特．传播学概论．陈亮，周立方，李启，译．北京：新华出版社，1984：1-2.

不会有传播。使人类有别于其他动物社会的主要区别是人类传播的特定特性。①

施拉姆推崇他之前的社会学家查尔斯·科关于传播是“人类关系赖以存在和发展的机制，是一切智能的象征和通过空间传达它们和通过时间保存它们的手段”的观点。为了论证自己的“传播是人类社会的特质”的根本观点。施拉姆又直接引用了人类学家爱德华·萨皮尔在《社会科学百科全书》第一版中关于传播的论证：

> 虽然我们谈起社会时往往好像它是一个由传统所限定的静止的结构，但是，从更本质的意义上说，根本不是这样，而是各种大小和复杂程度不同的有组织的单位的成员之间部分的或完全的了解所组成的一个极其错综复杂的网状系统。诸如，从一对情人或一个家庭到一个若干国家结成的联盟，或者是报纸通过它超越国界的影响所及的人类中越来越多的人，都属于这样的网状系统。它显然只是各种社会习俗惯例的静止的总和；实际上，它正从参与这个社会的个人中获得的带有传播性质的特定行为，被注入新的生气或创造性地肯定。……我们把这个例子扩大到每一个可以想象的领域，我们很快就认识到每一种文化形式和每一社会行为的表现都或则明晰或则含糊地涉及传播。②

施拉姆之后传播学就始终以“传播是人类关系赖以存在和发展的机制”“传播是人类社会的特质”为轴心而展开。

纵观传播学的研究史，达尔文进化论、弗洛伊德精神分析学、芝加哥学派、李普曼舆论学、马克思的政治经济学、欧洲批判学派、英国文化学派、美国实用主义学派等等，一条清晰的理论渊源和思想脉络，就建立在“传播是人类关系赖以存在和发展的机制”的思想之上。

三、传播是一种社会信息的传递

改革开放以后，西方的传播学理论逐步传到了我国。我国学者基于信息科学对传播学的贡献，重新认知和建构新的传播学概念。传播学界认为，虽然西方的传播学已经提出了传播过程中的“信息”问题，比如，施拉姆在《传播是怎样运行的》一文中曾写道：“当我们从事传播的时候，也就是在试图与其他人共享信息——某个观点或某个态度……传播至少有三个要素：信源、讯息和信宿。”③ 但信息科学对传播学的贡献，并不仅仅是提供了一个信息概念，更重要的是它扩大了传播学的视野。因为从信息科学的观点来看，传播并不是人类社会特有的现象，而是自然界和社会的普遍现象，它作为一种客观的机制在维持物质的运动和系统的运行方面起着极为重要的作用。这个观点，使我们能够在更广阔的背景中考察人类社会的传播现象。信息科学对传播学有着的巨大贡献，一是把信息概念引进了传播学领域，提高了传播学理论表述的科学性和严谨性；二是拓宽了传播学的视野，使它能够把人类社会的传播活动放在更大的系统和环境中加以考察，这有

① 施拉姆，波特．传播学概论．陈亮，周立方，李启，译．北京：新华出版社，1984：2-3.

② 同①3-4.

③ 郭庆光．传播学教程．2版．北京：中国人民大学出版社，2011：3.

助于探索人类社会传播的一般规律和特殊规律。这样一来，“传播”这个概念在中国就被更加完善而简洁地定义为：“社会信息的传递或社会信息系统的运行。”①

四、传播的品貌是政治传播

既然传播的特质是人类社会赖以形成的基本机制，而政治自古以来又是控制人类社会运演和发展的主轴，那么，传播与政治便是一种“天然的联系”。我们甚至可以理解为，自从人类社会产生政治以来，传播的现实形态和品貌更多的就是政治传播。任何对于传播的研究最后都要回到政治传播这个视野中来。

事实上，洞察古往今来的关于传播的研究，从来没有也无法去研究一个抽象的空壳似的“传播”。比如，史上最强大的关于传播研究的“社会学派”，其背后还是一种通过纷繁复杂的社会现象而透射出的关于传播的政治考量。

这个方面的代表性人物是法国学者埃里克·麦格雷，代表性成果是他在2003年出版的《传播理论史：一种社会学的视角》这部著作。这是一部比较权威的综合吸纳性比较强的学术史性质的优秀著作。从题目看，他貌似对西方传播理论史进行一种“社会学视角”的透视，但结论却恰恰是：传播乃政治传播。

麦格雷首先告诫我们研究传播所应持有的哲学上的“唯物主义”立场，他指出：“传播研究迈出的第一步，就是不再认为我们所居的这个世界受制于神圣的秩序或自然的规律，而是完全由人所维持的种种关系生成。社会现实的一切表现（家庭、军队、文凭、交通工具、经济活动、新闻媒体、服从某种语言秩序），都是促成社会内部团结或分裂的种种意义关系和权力关系的结果或凝华。”② 在此基础上，他提出了研究传播的“三个维度”：“传播现象是一个‘自然的’、‘文化的’和‘创造性的’现象，三层意思的重要性逐层递增，分别对应的是与客观世界的关系、人与人的关系和社会政治秩序。”③ 在关于三个维度的关系上，麦格雷认为：“把握上述三个层面、三个世界的关系，是传播研究面临的一大挑战。……传播首先是文化事实和政治事实，其次是技术事实。”④

> 客体、社会关系和政治秩序，是传播的题中应有之义。任何一种传播学理论都是由几个不可分割的部分组成的：人与人交流的功能化模型、对权力/文化关系的判断、统领全局的政治秩序观。……任何理论都是由科研预设以及意识形态、伦理观念和政治判断组成的。无视理论某个部分或多个部分事先已经纳入的观点，就可能冒倒退的风险。学术研究思潮的发展史已经充分证明了这一点。⑤

麦格雷的认识超越了社会学本身，重新审视和定义了传播，赋予了传播政治的本性。他据此非常推崇马克思侧重于意识形态的关于社会关系本质的理论，推崇涂尔干关于社会共识与社会整合的理论，推崇韦伯关于社会行动的理论。麦格雷尖锐地批评了20世纪

---

① 郭庆光. 传播学教程. 2版. 北京：中国人民大学出版社，2011：4.

② 麦格雷. 传播理论史：一种社会学的视角. 刘芳，译. 北京：中国传媒大学出版社，2009：14.

③ 同②3.

④⑤ 同②4.

末21世纪初，互联网、新技术和新经济飞速发展所带来的传播学研究的“技术决定论”的死灰复燃。他认为这种对传播的研究，偏离社会与政治的轨道，是传播研究的“回归客体”式的“不可能的倒退”。

第三节 “政治传播”范畴的综合界定

对于“政治传播”的理解和解释，是政治传播研究的起点，也是政治传播学的难点。新的政治传播学中，对政治传播的定义和理解，需要从政治学与传播学“视界融合”的高度，从包容不同政治文明形态的广度，从政治活动与传播活动的本质同一的深度几大方面来把握。

一、“政治传播”的定义

我们把政治传播定义为：政治共同体内和政治共同体间政治信息的扩散、接受、认同、内化等有机系统的运行过程。这个定义有几个要点：

第一，关于对“政治共同体”的理解。“共同体”本是一个来源于社会学的概念，最早是德国社会学家滕尼斯把“共同体”从“社会”中分离出来，他提出区别于朦胧之“社会”的“血缘共同体”“地缘共同体”和“职缘共同体”。现在，各个学科从不同的角度提出了各种“共同体”。

在政治学中，人们对“政治共同体”也有不同的理解。如亨廷顿认为，政治共同体以种族、宗教、职业和共同的政治机构为基础，它有三个要素：一是对政治和道德规范的某种共识，二是共同的利益，三是体现道德一致性和共同利益的政治机构及政治制度。他认为，一个社会所达到的政治共同体的水平，反映了构成该社会的各种社会势力与政治制度之间的关系。多伊奇把政治共同体看作类似于政治系统的东西，他说，政治共同体是“辅之以强制和服从的社会互动者”，它由形形色色的政治行为者构成。哈斯把政治共同体当作一个理想的、典型的政治单元，认为政治共同体最主要的要素不是地理区域而是政治关系，尤其是公共的政治权利以及公民对核心政治机构的忠诚。伊斯顿把政治共同体看作联结政治系统成员的一种纽带，其最基本的要素是情感的联结。他对政治共同体所下的定义是：“政治共同体这个概念，指的是政治系统的一个方面，它是由政治分工联合在一起的人群团体。”①

“政治共同体”可以从两个层面来理解：一是从“本体结构”层面理解，可称为“狭义政治共同体”。像亨廷顿、多伊奇、伊斯顿所说的政治共同体都是这个层面上的。对于现实的政治生活来说，这个层面的政治共同体的典型形态是国家、政府、政党。二是从“功能发挥”层面理解，即实际中发挥了“政治功能”的共同体，可称为“广义政治共同体”。“广义政治共同体”，实际上就是在传播学中被冠以“社会组织”的许多社会共同

① 伊斯顿．政治生活的系统分析．王浦劬，等译．北京：华夏出版社，1989：206.

体。就是说，这些共同体具有经济的、文化的纽带功能，但很多时候它们同时也具备政治属性。比如，很多国际社会共同体，它们在进行“国际传播”的时候其实是在进行一种政治信息的传播，从而实质上扮演着某种“政治共同体”的身份和职能。关于这一点，传播学专家罗伯特·福特纳进行了深入的研究。在他看来，“政治本质”是国际传播的最主要特点之一。他认为：

> 从某种意义上说，所有的国际传播都具有政治性，都带有政治色彩，传播可以公开带有政治性质，也可以隐含政治色彩，或者只是受国家政治经济政策的影响。但是，国际传播的政治因素是其本质固有的。即使某些特殊组织，如国际宗教广播电台，虽然通常不以针对政权为目的，但仍有其政治性，这是因为政治因素跨越了国家和民族的界线，是因为不加控制的信息威胁到了知识垄断这一政权统治的基础。①

第二，在这个定义中，“政治信息”意味着是从“政治”中解构出来的本质因素，即这种信息只能是“政治”的；“扩散和接受”意味着是从“传播”中解构出来的本质要素，即政治信息是在“扩散和接受”状态中。二者的融合，形成“元态”的政治传播范畴。若进一步深入探究，该如何解释这里的“政治信息”？其一，“政治信息”的要旨是政治文明中能够传播和需要传播的东西，不包括政治全部；其二，政治文明和政治形态各有不同，因而其需要传播和能够传播的信息也各有不同，这就深入了政治文明和政治形态的内部，当属于政治传播研究的内容。

第三，需要进一步说明的是，在“政治传播”的这种界说中，即便存在“政治”与“传播”二者的关系问题，也不是讲某种既成“政治”中的既成“传播”，也不是讲某种既成“传播”中的既成“政治”，更不是讲二者的平行关系。而是从“生成”的角度，既强调“政治”形成中的传播因素或层面，又强调“传播”形成中的政治对象或内容，政治与传播作为一种要素内在融合，形成一个具有完整内涵的新的独立范畴，即政治传播。当然，若从关系上论，作为范畴的政治传播，其中的“政治”与“传播”要素的地位是不相等的。它首先强调的是“政治”的传播问题，因而“政治”是其基础；同时强调政治的“传播”问题，因而“传播”是其着力点。离开“政治是基础”与“传播是着力点”这种独特的关系，“政治传播”这个范畴无从生成，也无法解释。

二、从政治与传播本质同一的深度理解政治传播

对于政治传播范畴的理解，首先需要深入人类政治活动与传播活动“同一”这个层次深度来把握。

从学理上讲，“政治”的国家化、经济化、社会化的生成过程，既是一种时间意义上的历时展开过程，又是空间意义上的横向扩展过程。这种过程，正是政治从无到有、从己到人、从私到公、从内到外、从一到多的通过“传播”这一根基性路径的生成过程。在这个意义上，传播在被理解为“人类社会的特质”的基础上，与政治的本质取得同一性。可以通俗地表述为：没有不通过传播而形成的政治，即所谓的“政治即传播”。

---

① 福特纳. 国际传播：“地球都市”的历史、冲突与控制. 刘利群，译. 北京：华夏出版社，2000：8-9.

而传播是一种交流，交流是一种过程，是一种信息流动的过程。在这里，实际上“信息”是传播的核心，比“流动的过程”更为重要。现在传播学的研究在很大程度上预设了这种“信息”，即把这种“信息”当作一种既定的东西，认为传播的变化就是传播过程的发展，认为传播学就是研究这种过程之规律的学问。毫无疑问，传播的“过程”本身随着人类社会的发展，确实越来越复杂，但是，传播学的研究者们把这种过程“研究”得更加复杂。打开现在任何一本传播学著作，浓墨描写的均是过程。诸如线性的、非线性的、单向的、双向的、立体的、直接的、反馈的、系统的；还有所谓拉斯韦尔模式、神农-韦弗数学模式、奥斯古德模式、韦斯特利-麦克莱恩模式、德弗勒反馈模式、赖利夫妇模式、马莱茨克模式、鲍尔-罗克希依赖模式等等，纷繁复杂，眼花缭乱！不仅仅是非传播学研究者们很难理解和消化，就是有些研究传播的学者自己也未必能完全理解和消化。

让我们再次回到施拉姆当年对传播的认识和研究上来。如前所述，施拉姆确认传播的“人类社会特质”的基本思想后，认为传播是一种信息流动的过程，他虽然之后对“传播关系”“传播行为”“传播契约”“传播过程”等展开了不断深入的研究，但是，这种研究，与他对“信息”的认知是同一的。就是说，传播过程的展开与被传播之“信息”的生成扩展相互依托，是同一个过程。这一点，被现在的传播学研究者忽略了，注意力都放在了对传播过程的研究上。

事实上，施拉姆当年创建“传播学”时，首先研究了传播的内容——“信息”。《传播学概论》专门有一节谈“信息的性质”。他指出“信息是传播的材料”。那么，“信息究竟指什么呢?”他借用了香农和韦纳的思想，认为“凡是在一种情况下能减少不确定性的任何事物都叫作信息”。问题的重要性在于，施拉姆接着所讲的大量的通过信息流动“减少不确定性”而形成“确定性”的过程，正是信息的“社会性内涵”的生成与展示过程。换句话说，我们是要通过人的社会性本质的生成与展示过程，才能知悉“传播”究竟在传什么。施拉姆当年这种研究思路清晰易懂：

> 社会是各种关系的总和，在这些关系中，某些信息是共享的。我们要明确了解的一点是：人类传播是人做的某种事。它本身是没有生命的。它本身没有什么不可思议的，除非是传播关系中的人使之成为不可思议。讯息本身并无含义，除非是人使之有含义。因此，我们研究传播时，我们也研究人——研究人与人的关系以及与他们所属的集团、组织和社会的关系；研究他们怎样相互影响；受影响；告知他人和被他人告知；教别人和受别人教；娱乐别人和受到娱乐。要了解人类传播，我们必须了解人是怎样相互建立起联系的。①

当我们认为，传播过程受制于所传播的内容，而传播的内容即“信息”的内涵是人类社会性本质的具体生成与展开的时候，传播本质中的“政治”要素便凸显出来。也就是说，传播的“使不确定性不断地走向确定性”的过程，正是一个传播的内容不断地“社会化”的过程，也是一个传播在社会化的过程中不断地“政治化”的过程，即“传播即政治”。

① 施拉姆，波特. 传播学概论. 陈亮，周立方，李启，译. 北京：新华出版社，1984：4.

其实，施拉姆在解释传播的“社会”功能时，所设想的场景与案例恰恰就被他命名为“政治传播”：

> 不妨设想这幅政治传播的图像所描绘的是住在洞穴里的石器时代的人。他们派驻一名观察者调查环境以防遇到危险和寻找机会。在哨兵带回他的报告（譬如说打仗的另一方正在逼近或者有一群可以捕猎的动物）后，可能要举行一次战争委员会会议或召集最好的猎手开会来制订计划。然后传达决定。这样的利用传播是及时的，以正在发生的事件为中心。但是，还继续有必要教集体中的儿童学会发挥他们在集体中应有的作用。男孩必须学打猎和辨认足迹，女孩必须学缝纫和制作食物。于是，最出色的猎人就成了教员，女孩则在母亲跟前学习。在我们的时代，监视的任务已有很大一部分被新闻媒介所接替；大部分协调工作已由政府、政界领导人、政治记者和分析家、权势集团所接替，传递遗产的很大一部分工作则被学校接替。①

“政治即传播”与“传播即政治”以人类政治活动与传播活动的“同一”深度规定了政治传播范畴。

三、从包容不同政治文明的广度理解“政治传播”

理论来源于实践，理论的分歧也来源于对实践的认知不同。由于对不同国家的政治制度及其决定的政治传播体制的认知不同，理论界对“政治传播”的认知形成了较大的分歧。

第一，整个现代西方政治传播理论界以及一些中国的学者，从以“西方政治”为依据的较为狭窄或狭义的角度来理解政治传播。一些西方学者一直在呼吁：“从实际应用的角度看，政治传播的范畴必须被缩小。一般来讲，政治传播指的是符号与讯息在政治人物、政治机构、一般公众和新闻媒介间的交换。新闻媒介既是政治系统的产物，又反作用于政治系统。这些交换过程的结果涉及权力的巩固或变更。……对政治传播的界定会进一步被缩小为集中关注通过大众传媒，尤其是通过它们的新闻内容进行的符号与讯息的交换。”②

他们把政治传播理解为“利用媒介达到某种政治目的”的活动，这种理解有四个要点：其一，人类政治进入成熟的竞选政治阶段；其二，传播进入大众传播时代；其三，大众媒介相对独立成为制衡政治权力的力量；其四，资本作为一种特殊的变量在竞选中具有十分重要的地位和作用。狭义的政治传播，把政治传播视为一种依赖媒介的专业化的政治操作。这样的政治传播是意识形态、权力、资本、媒介多重因素交织和博弈的“政治交响曲”。这种政治传播没有悠久的历史，是现代政治的产物，而且也只是现代政治运行中的行为之一。

在中国，很多人早期也是从这种狭义的角度来理解和研究政治传播的。他们按照这种狭义的政治传播的标准，认为中国就没有真正的“政治传播”，最多只是对西方政治传

① 施拉姆，波特. 传播学概论. 陈亮，周立方，李启，译. 北京：新华出版社，1984：32.
② 布莱恩特，兹尔曼. 媒介效果：理论与研究前沿. 石义彬，彭彪，译. 北京：华夏出版社，2009：161.

播理论的翻译和评介。

第二，超越以“西方政治”为标准的立场，从宽泛或广义的角度理解政治传播。把政治传播视为人类“古而有之”的政治活动，认为自从有了人类的政治就有了人类的政治传播，政治传播始终伴随着人类的政治生活，成为人类政治不可或缺的一种运行机制，甚至可以说，人类的政治过程就是政治传播过程。在这种理解的基础上，中西方理论界对从西方古希腊时期、中国春秋战国时期开始至当下时代的政治传播，进行了系统的探索和研究。

很明显，两种观点分歧的关键之处在于：是否认同中国特色的政治制度和政治传播体制。我们认为，中国的政治体制、机制和生态，有其区别于西方竞选性政治的特殊性，尤其是媒体媒介的性质、地位、机制、作用等，与西方国家有根本的区别。但是，与西方竞选性政治一样，中国特色社会主义政治也是人类政治制度的不可或缺的一部分，或者说一种类型。如同不能忽略和漠视中国特色政治文明一样，对于政治传播涵盖域的学理规定，同样不能漏缺中国特色和类型的政治传播事实。

因此，把政治传播定义为政治共同体内和政治共同体间政治信息的扩散、接受、认同、内化等有机系统的运行过程，是包容不同政治文明形态的相对更为合理的理论规定。

四、从政治学与传播学“视界融合”的高度把握政治传播

从学科视角看，现在学界对政治传播范畴的界定，存在政治学和传播学两种学科视角：从政治学角度来界定政治传播范畴的学者往往将政治传播视为一种政治现象与政治行为。如，被普遍认为关于“政治传播”范畴的最早表述是：“政治传播是一种过程，一种有多种因素在其中相互影响的过程：政府及其辖设的社会事业机构与公民的选举行为两者不断地向对方传达政治性影响因素。”① 再如，登顿与伍德沃德将政治传播定义为：“（公民或社会）关于公共资源（如：税收）、政府权力（具体由谁来掌握司法权、立法权与行政权）与公共裁决权（奖惩制度）的分配所进行的决议。”② 美国学者默里·艾德尔曼的定义较为抽象，他将政治传播视为一种“政治图像”，这幅图像中包含着有意识或潜意识中的政治景象。在他看来政治传播似乎不是一种传播的流动过程，而是由公共舆论所形成的人们对于政治的种种假设或意向。此外，一些学者如路易斯·奥图拉，将政治传播看作正在遍及社会的超阶级的传播实践中的一部分。美国政治学者米勒认为“政治传播是社会阶级、语言及社会化形态的政治结果”③。在政治学本位的队伍中，有学者更深入一步，从政治发展的观点来界定政治传播，如费根认为，政治传播是“政治系统内及政治系统与其环境间的任何传播行为，因而建议研究传播网络（组织、团体、大众媒介、特殊管道等）及传播形态的经济、社会决定因素”④。他主张用传播的观点来研究

---

① LYNDA L K. Handbook of political communication research. London：Lawrence Erlbaum Associates，Inc.，2004：15.

② DENTON R E，WOODWARD G C. Political communication in America. New York：Praeger，1990：14.

③ MUELLER C. The politics of communication. London：Oxford University Press，1973.

④ FAGEN R R. Politics and communication. Boston：Little Brown，1966.

比较政治。

而从传播学角度来界定政治传播的最简练并受到普遍接受的政治传播定义来自查菲。他认为政治传播就是“传播在政治过程中所扮演的角色”①。再如阿尔蒙德和小鲍威尔认为“政治传播是一基本的系统功能，其许多结果将可维持或改变政治文化及政治结构。我们可以假设，在政治系统中所有主要的改变都牵涉传播形态的改变，它既可为因也可为果。举例来说，所有社会化的过程都是传播的过程；同样的，在不同组织角色中人的协调与控制者需要消息传播。因此，建立新的社会化形态与新的组织都需要传播绩效的改变”②。英国学者布赖恩·麦克奈尔综合了上述观点，他首先把政治传播简单的定义为：“关于政治的有目的的传播活动”③，然后又将西方所有传播本位的关于政治传播范畴的观点概括为三个层面：第一，一切党派人士与政治活动家为了达到特定的目的而进行的各种传播活动。第二，一切非党派人士针对党派人士展开的传播活动。第三，一切涉及以上三类人群政治行动的新闻报道、时事评论文章或通过其他媒介形式的展开的政治讨论④。

对政治传播范畴进行抽象合理、准确简洁、具有最大概括性和普遍性的界定，是研究政治传播的前提和基础，否则就可能陷入各说各话的语义与内涵的困境之中。上述政治学本位和传播学本位各自对“政治传播”范畴的界定是一种“学科本能”，虽然它们从政治学和传播学各自的学科角度对“政治传播”范畴介入了必要的合理的本质要素，但是问题恰恰出在未能从政治学与传播学的“视界融合”的高度来界定和把握“政治传播”范畴。这正反映了仅从政治学或传播学界定“政治传播”的“短视”的局限性，而且，从它们对政治传播理论更为系统的研究来看，这种“短视”所带来的和“学科壁垒”及相应的“学科偏狭”已经贯穿于研究的整个过程，影响了具有普遍知识性的政治传播学的建构。

因此，我们对政治传播范畴的界定，力图突破仅从“政治学”或“传播学”狭隘视角来界定的局限性，深度解构“政治”与“传播”两个范畴，从“政治”的本质中探求其传播的要素，从“传播”的内容中探求政治的要素，二者有机结合构成元态的、具有独立而完整内涵的“政治传播”范畴。

第四节 “政治传播”的相关概念群

任何政治传播活动都是在特定的历史发展阶段和社会发展环境中进行的。因而，对政治传播活动的研究，除了以政治学和传播学为主外，与诸多社会科学相关，比如，社会学、历史学、经济学等。因此，在研究中出现了诸多与“政治传播”密切相关的概念

---

① LYNDA L K. Handbook of political communication research. London：Lawrence Erlbaum Associates，Inc.，2004：xiii.

② ALMOND G A，POWELL C B，Jr. Comparative politics：systems processes and policy. Boston：Little Brown，1978：152.

③④ 麦克奈尔. 政治传播学引论. 殷琪，译. 北京：新华出版社，2005：4.

群，甚至与政治传播学相关的学科群。这也是我们建构新形态政治传播学需要厘清的理论问题。

一、政治传播与政治社会化

与“政治传播”关系最为紧密的是“政治社会化”这个概念。在通常意义上，我们可以把政治传播过程直接理解为政治社会化的过程。美国学者弗雷德·雷格斯蒂在《政治社会化》一文中，就把政治传播直接解释为政治社会化，把政治社会化直接理解为政治传播，并用拉斯韦尔的传播“5W”模式，来解释政治传播过程和所谓政治社会化过程。但实际上，深究其理，二者还是不尽相同的。

撰写了《政治传播学》的台湾学者祝基滢认为：“政治社会化是指社会分子如何纳入政治文化，以及社会分子改变政治文化之能力。政治社会化也是指一个社会分子接受政治任务，和遵守政治规模之过程。如果用一个惯用的名词，政治社会化也可说是政治学习的过程。”① 她借用美国学者道森和普勒威的观点，认为“政治社会化产生政治自我”。祝基滢以“政治传播与政治社会化”为题立论，从理论上讲，这种立论本身就是以“政治传播”与“政治社会化”相区别为思想基础的，然而她却没有把二者的关系说明白。

前些年，国内政治学界也讨论过政治社会化。有学者把政治社会化的基本理论内涵的研究归纳为四种观点：一是社会教化论，二是个体学习论，三是文化传承论，四是社会环境论。他们把政治社会化理解为“社会个体在社会政治互动中接受社会政治文化教化，学习政治知识、掌握政治技能、内化政治规范、形成政治态度、完善政治人格的辩证过程；是社会政治体系的自我延续机制和功能运行机制”②。

毫无疑问，政治社会化属于政治传播范畴，政治传播内在地包含着政治社会化。但是，政治传播却不仅限于政治社会化，因而也不等于政治社会化。政治社会化是一个纯政治学的传统理论范畴，这个范畴的本质是在政治范围内讨论政治的机理。与我们所要讨论的政治传播最主要的区别有以下几点：

其一，政治社会化范畴的视角是侧重于政治传播中的“客体”，这种视角，前提性地预设了一个可以让人学习或者接受的政治思想、政治任务、政治规范、政治理想、政治信仰等。而政治传播是以传播主体与传播受众互相依赖、互为前提为基础和出发点的。

其二，政治社会化范畴的着力点是政治共同体中的个体，强调社会个体如何通过学习而形成特定的政治人格。而政治传播，无论是传播主体，还是传播受众，不仅仅限于个体。

其三，政治社会化范畴比较强调经过社会化后的效果，即个体“政治自我”的形成。而政治传播虽然也强调传播效果，但是，同时也注重或者说更注重传播过程的研究。

其四，政治社会化范畴强调的“社会”本质上是指特定的“政治环境”，它还属于政

① 祝基滢. 政治传播学. 台北：三民书局，1983：123.

② 李元书. 政治社会化：涵义、特征、功能. 政治学研究，1998 (2).

治本身范畴之内。而政治传播中的社会，如前所述，指政治通过国家化、社会化、经济化而超越狭义的政治本身的“社会化”过程，这里的两个“社会”，在内涵与外延上都有不同。

二、政治传播与传媒政治

在理解政治传播的内涵与廓清政治传播的边界时，还应该说清楚政治传播与“传媒政治”的关系。现在，很多的研究名为“政治传播研究”，而其实质是一种传媒的政治研究。

传媒政治研究属于传播政治学（如果能构成一种“学”）。这与我们这本书里所要讲述的政治传播有一定的关系，但不能把二者等同起来。通览现在关于政治传播的研究，学者们尤其是一些传播学者没有把二者区别开来。

通过上述我们对政治传播的界说与诠释，可以看到，政治传播着力的是人类社会中政治与传播的本质性融合，它立足于与社会“同一”的人类政治生活。这种理解中，政治与传播在人类的社会生活中均居“本体”地位；而所谓传媒政治，或传播政治学，是立足于被工具化的传播，以单纯的传播为“本位”，研究传播与政治的关系，研究传播在政治生活中的角色与功能。因此，这种研究的着力点是“政治的媒介化”与“媒介的政治化”。

美国学者兰斯·本奈特和罗伯特·恩特曼主编的《媒介化政治：政治传播新论》，虽然以“政治传播新论”作为副标题（这种标题误导了很多读者），其实，正是一本研究“传播政治学”的著作。作者在书中恰恰把“传播政治学”说得很清楚：“本书旨在探求媒介是如何通过影响信息交换，从而影响人们在政治活动中的思想和行为的。”①

这个“宗旨”准确地说明了传媒政治或传播政治学的研究对象和内容。那么，为什么会把“媒介”在政治生活中看得如此重要，作者声明道：

> 媒介化的政治传播已经在当今民主政治和公共生活之中占据了核心地位。尽管传统政治的诸多形式，诸如挨家挨户式的游说、政党活动及其他社会活动的开展等仍然没有消失，人们也依然可以在没有媒体参与的情况下直接进行政治讨论。但是很多的政治组织已经认识到，如果没有多方面的运用，政治统治以及一系列相关的步骤（诸如形成舆论等）是不可能以其现有的方式顺利实现的。②

政治传播与传媒政治或传播政治学的差别在于，如何理解人类社会生活中政治与传播的地位及其关系。那么，这里的传媒政治或传播政治学是如何认识政治与传播的，作者在书中的观点是颇具代表性的：

> 在此，我们将“政治”宽泛地定义为社会中“对价值的权威分配”。这里的“权威”指的是公众与政府之间的关系。决策者借由其权威地位，依靠公民自愿分配或

① 本奈特，恩特曼．媒介化政治：政治传播新论．董关鹏，译．北京：清华大学出版社，2011：2.

② 同①1.

> 强制行使权力，以控制、管理社会内物质、服务、卫生福利、人身安全和其他价值的流动。毋庸置疑的是，在任何民主社会，从统治权的角度来看，个人的权力并不平等。因此在现代民主之中，传播顺畅与否是衡量权力大小与平等程度高低的重要指标。通过传播，人们不仅能够使自身的价值观念和利益（或“偏好”）为人所知，而且还能够了解政府的活动在何种程度上影响了人们这些偏好。传播可能会掩盖政治决策者背后的动机和利益瓜葛，从而对社会中的权力和政治参与产生负面影响。但传播也能够通过促进公众参与政治决策，在这些方面起到积极的作用。①

将政治传播与传媒政治或传播政治学区别开来，有利于回归政治传播的本原，沿着正确的方向深入研究政治传播。

三、政治传播与传播政治经济

关于“传播政治经济”的研究，已经以“传播政治经济学”标称自己了。从外部形态看，“传播政治经济”比前面所说的“传媒政治”的研究对象要规范、系统，因此，说成“传播政治经济学”，人们似乎容易接受，而把“传媒政治”当作传播政治学，人们可能还不以为然。

实际上，关于传播政治经济的研究，是传播学研究中一个独特的流派。“这个流派完全有别于美国的实证学派，它着重分析传播体制的经济结构与市场经济体制的运行过程，从而揭示传播与文化工业的复杂性，以及通过资本实现的传播与文化活动对社会过程的影响。通过对传播的所有权、生产、流通和受众消费等层面的分析，传播政治经济学试图展现传播的社会权利关系。”② 一般来说，传播政治经济的研究，是政治经济学范式在传播学中的具体应用，或者说，支持传播政治经济研究的核心和基础性理论，是政治经济学。政治经济学范式是从政治、经济即权力和资本关系的角度来看待社会现象的世界观及其研究方法。它被定义为并聚焦于对社会关系尤其是权力关系的研究。

众所周知，这一理论的奠基人和集大成者是马克思。19 世纪的马克思对资本主义进行政治经济学批判，其核心的理论是唯物史观。具体到传播学领域，传播的政治经济学范式认定媒介及其信息传播是社会控制的一部分，把媒介的整个传播过程看作一种包括传播资源生产、分配、流通、交换、消费各环节以及宏观决策的经济活动，把所有的媒介产品当作商品，从而揭示出资本主义社会大众传媒支配和控制的权力关系。归根结底，传播的政治经济学关注大众媒介的所有权结构、所有制关系及其控制。到 21 世纪，跨国传媒集团对发达国家，尤其是发展中国家和地区的信息垄断或渗透，成为传播政治经济学的重点批评指向。

传播政治经济的研究，是由北美传播政治经济学派和英国莱斯特大学大众传播研究中心共同确立起来的，其共享的学术旨趣在于对不断加剧的媒介私有化现象以及世界范围内媒介所有权的集中化和垄断现象的批判。在传播政治经济学的研究中，人们侧重于

---

① 本奈特，恩特曼．媒介化政治：政治传播新论．董关鹏，译．北京：清华大学出版社，2011：2.

② 赵月枝．传播与社会：政治经济与文化分析．北京：中国传媒大学出版社，2011：3.

从权力或资本的角度来看待全球传播的不均衡现象，分析全球传播的发展态势。该理论认为，世界范围内的传播，根本上归因于资本主义经济利益最大化的市场法则。这种理论逐步衍生出了全球信息自由流通理论、传媒依附理论、媒介帝国主义理论、传播世界化理论、数字神话理论和跨国公共领域理论等。

传播政治经济的研究，貌似是对传播的一种"经济机制"的分析，然而这种分析却是从"政治视角"出发，或者说，这种经济分析是建立在特定的政治立场上的。正像马克思的政治经济学是看到经济的政治意义，传播政治经济的研究所得出的结论总是政治的。据此，它被命名为"传播政治经济学"，与传播政治学便难解难分。对于传播的研究，当从"政治经济"的宽泛视角"浓缩"到独有的政治视角时就成为一种传播政治学。无论是传播政治经济学，还是所谓研究传媒政治的传播政治学，其着力点都是对"传播"的分析，因而被自然地划归到纯传播学的"流派"。而政治传播，既不能说是着力于单纯的"政治"，也不能说是着力于单纯的"传播"，它着力的是"政治传播"。这就是三者之间的联系与区别。

第三章

政治传播主体

在一般的传播学中把传播主体叫作“传者”。很明显，“传者”体现不出政治传播的人类社会实践活动的特质，也体现不出人在政治传播活动中的主体地位和主体性。所以，在活动论视角的政治传播中，还是应该把“传者”称作主体。政治传播主体具有非常复杂的形态，本章专门讨论政治传播主体。

第一节　人是政治传播活动中的主体

政治传播研究的活动论视角区别于其他种种视角的地方，在于活动论视角把政治传播视为人的活动。在这种活动中，人是唯一的活动主体，就是说，政治传播的“主体”是人。这看起来似乎是个毋庸置疑的常识，其实不然。比如，一个很有趣的现象是，传播学中虽然大量论及传播的“主体”问题，但却几乎不使用“传播主体”一说。这里正反映了传播学对“传播”的某些偏执。

一、“谁”是人不是物

在传播学之父施拉姆之前，被公认为“构建了传播学学科框架”的拉斯韦尔，提出了闻名遐迩的“5W”传播模式（见图 3－1）。他认为，说明传播行为有一个简便方法，就是回答下列问题：

谁（who）
说什么（say what）
通过什么渠道（in which channel）
对谁（to whom）

取得什么效果（with what effect）

图 3-1　拉斯韦尔公式及其相应的传播过程诸基本要素

在拉斯韦尔看来，研究“谁”的学者，探讨的是激发和引导传播行为的诸因素，被称为“控制分析”；研究“说什么”的学者，探讨的是传播内容，被称为“内容分析”；研究“通过什么渠道”探讨的是广播、报刊、电影及其他传播渠道，被称为“媒介分析”；研究“对谁”，探讨的是大众媒介的传播对象，被称为“受众分析”；研究“取得什么效果”，探讨的是对受众的影响，被称为“效果分析”（见图 3-2）。他还进一步认为，以上这样的划分是否有用，取决于为达到特定的研究目标而准确把握划分的细化程度。例如，在有的情况下，把受众分析与效果分析结合起来比分开研究更可行；反过来，我们为了集中进行内容分析，也可以把这个领域进一步细分为意义与样式：前者是关于讯息的内涵，后者是关于讯息的构成元素的组合①。

图 3-2　拉斯韦尔公式及其相应的传播研究领域

其实，在我们看来，拉斯韦尔这里的“谁”，本来就是作为“传播主体”的人，可是，他却把对“谁”的研究定位于“激发和引导传播行为的诸因素”。这种“因素”本来也是对“传播主体”的进一步分析，结果又被他定性为“控制分析”。

拉斯韦尔之后，人们就似乎不再分析“传播主体”了。对所谓传播的“控制分析”也渐渐远离了“人”。施拉姆和波特的《传播学概论》对“传播”定义之后，本来他已经发现了“人”——

> 正如从古希腊哲人到法兰西学院的哲人所一致断言，我们既不像上帝那么完美，也不像动物那样低俗。我们的传播行为证明：我们就是普通的、地地道道的人。②

但是却不知为何不再继续讨论“人”，而是直接讨论“传播行为”（不知道在说“谁”的行为）、“传播关系”（不知道在说“谁与谁”的关系）、“传播契约”（不知道在说“谁与谁”的契约）、“传播行为”（不知道在说“谁”的行为）、“传播控制”（不知道在说“谁”在控制“谁”）。

二、“传播者”是人

在传播学中，有“传播者”一说。这个说法也是出自拉斯韦尔。拉斯韦尔在谈到“大众传播”时，使用了“传播者”一词，他对“传播者”的具体定义是：“传播者，又

---

① 张国良. 20 世纪传播学经典文本. 北京：复旦大学出版社，2005：199-200.

② 施拉姆，波特. 传播学概论. 陈亮，周立方，李启，译. 北京：新华出版社，1984：36.

称传播人，是大众传播的信息发布者，由大众传播组织及其内部工作人员组成。大众传播组织包括报社、杂志社、电台、通讯社等，工作人员包括董事、发行人、主编、编辑记者等。”①

在“传播者”的基础上，库尔特·卢因把“传播者”规定为“把关人”，这是传播学中直接用“人”来说明“传播者”的理论。但是，卢因的“把关人”却遍布整个传播过程的各个环节，从而又完全失去“主体”的规定和意义，因而“把关人”也不能被理解为“传播主体”。这期间，有人把“把关人”理解为“守门人”，这就与“传播主体”的意涵相去更远了。

现在对于传播的研究，存在着“见物不见人”“只见过程不见主体”的严重偏执。在一些研究者看来，传播过程是不能用“主体-客体”模式来分析的，他们认为在传播过程“无所谓主体与客体”，是一个“无头无尾”的“截断面”，是一种没有主客之分的“场”。他们更不认为只有人才是传播中的“主体”，比如，媒体就可以是“主体”等。可以看出，由于对传播缺乏哲学高度的审视，强烈的“过程”意识，完全埋没了“主体”意识。

有幸的是，我国较早研究政治传播的邵培仁先生，在其主编的《政治传播学》中旗帜鲜明地提出了“人是政治传播的起点与终点”的观点：“人，政治传播的关键。政治传播，总是人在传播，人在受传。在从传者到受众的路上，不论是作为起点的传者，作为终点的受众，还是在传播过程中作为滤网的中介者，都是人。因此，政治传播过程中的人，就不能不是政治传播中的一个研究重点。”② 这样的一个道理，不仅适用于政治传播，而且适用于其他传播。可能在政治传播中，作为传播主体的人，其“主体”的地位更加突出，“主体意识”更为自觉。

第二节　政治传播主体形态

传播是人的活动，人是传播的主体，传播作为人的活动，不能抹杀人的主体意识和主体地位，更不能把人“物化”，这种内在的哲学机理，是对传播及政治传播理论研究的理论基础。

一、主体的社会本质与传播的社会本质的契合

从哲学上讲，仅仅确定“人”是传播的主体还是不够的，因为，人还是一个抽象的概念。“主体”就是对“人”的进一步的规定。只有在具体的社会活动中的人才能成为“主体”。这个时候，社会性就成为抽象的人转化为主体的内在条件。就是说，社会也正是“主体”的现实存在形式。仅仅具有自然物质结构和功能的生命个体还不能成为主体。

---

① 陶涵. 新闻学传播学新名词词典. 北京：经济日报出版社，1997：28-29.

② 邵培仁. 政治传播学. 南京：江苏人民出版社，1990：151.

只有在社会化中，具有一定的自然物质结构和功能的生命个体，才能发展成为具有主观性、自主性和自为性的人，才能成为现实的主体。这样的主体，只能是在社会中存在的、具有社会性的人。

可见，社会也并不是许多生命个体的外在结合，而是在物质生产劳动基础上形成的、具有内在联系的个人构成的活动总体。社会关系就是个人结合的社会形式。讲到此，传播的社会本质与主体的社会本质就融合在一起了。

主体以种种形态而存在。我们可以从两个角度对主体形态进行划分。一是根据主体发展的不同历史阶段进行区分。处于不同历史发展阶段的主体，他们的力量、能力以及精神品质，都表现出不同的特征，他们对客体的关系也呈现出不同的形态。可以把它叫作主体的历史形态。二是就处于同一历史形态的主体来说，主体活动的具体关系的内容、形式及对客体的作用方式也表现出不同的状况。这种划分是在社会关系方面对主体所作的划分，它标志着现实主体的具体社会存在形态，我们可以把它叫作主体的社会形态。依据主体的历史形态，主体可区分为原始状态下的主体、阶级异化状态下的主体和自由的主体；依据主体的社会形态，主体又可区分为个体、集体、社会总体和人类总体几种形态。传播活动作为人类的一种活动也依从于这两种划分。当然，历史形态的划分属于传播史的研究，因而社会形态的划分是本书考察政治传播主体的主要哲学理论依据。

二、主体的个体形态

主体是人，这是就人的总体或类而言的。在现实中，人总是表现为一个个具体的个人。个人具有人的一般特质，人只能在个人之中存在。离开个人，人不过是一个空洞的抽象，它只能在人们的头脑中存在，或者在神学家的天国中存在。个人活动是人类社会集体活动的基础和前提。马克思说："全部人类历史的第一个前提无疑是有生命的个人的存在。"① 所谓社会，就是由处于一定具体关系中的个人活动构成的活动系统。所谓人类历史，"始终只是他们的个体发展的历史"②。社会历史并不是某种"无人身"的抽象存在物，而是由无数个体的活动构成的。

承认主体的个体形态具有十分重要的方法论意义。第一，只有承认主体的个体形态，才能坚持主体的自然物质性；第二，只有承认主体的个体存在形态，才能坚持主体的现实性、具体性。个人是主体的一种重要形态，它是其他几种形态的前提和基础。在此前提下，才能进一步研究主体的其他存在形态。

三、主体的集团形态

集团、团体或集体是由个人构成的具有自我意识、共同目的和自觉组织的活动的群体。集体作为活动的主体，首先必须自觉意识到所有成员的共同利益，并且在此基础上

① 马克思，恩格斯. 马克思恩格斯选集：第1卷. 3版. 北京：人民出版社，2012：146.
② 马克思，恩格斯. 马克思恩格斯选集：第4卷. 3版. 北京：人民出版社，2012：409.

形成统一的、共同的目的。集体活动必须在集体意识、共同目的的支配下才有可能。集体是由个人联合而成的，但不是个人的简单集合。在不同的关系和层次上，可以形成不同的、甚至对立的集体。在经济关系中，存在着不同的经济团体。在政治关系中，存在着不同的党派和政治团体；在不同的层次上，社会集团的区分是相对的；许多具有某种共同性的小集团可以联合成为更大的集团；而在同一集团内部，也可以存在着具有特殊性质的小集团。共同利益把小集团联合成为一个统一的系统；特殊利益又把它们区别开来，形成有别的相对独立的系统。

集团主体的作用是双重的：一方面，它把个人的力量、能力汇集起来，并超越了许多个体力量的局限，发挥了人的种属能力。共同的活动创造了一种新的力量——社会集体力，因而使集团的力量和能力远远超出了个体能力和人员的机械总和。另一方面，不同集团的形成和划分，又减弱了人的类意识；不同集团的对立和斗争，在一定历史条件下也减弱了人类社会总体的力量。因而，只有把不同集团的对立和斗争限制在一定秩序范围内，形成统一的社会总体，才能保证社会历史的正常发展。

四、主体的总体形态

主体的总体形态是指在同一地域、同一时间内，处于同一经济形态的不同集团和个人构成的主体活动。个人和集团必须在一定关系中结合成为一个统一的社会总体，这样就形成了主体的总体形态。

在阶级社会中，国家是社会总体的集中代表，恩格斯说："国家是整个社会的正式代表，是社会在一个有形的组织中的集中表现。"① 国家是一种社会"公共权力"，是社会利益的自觉的集中的表现，是社会总体意志的体现。恩格斯说："社会创立一个机关来保护自己的共同利益，免遭内部和外部的侵犯。这种机关就是国家政权。"② 这种"公共权力"运用武力抵抗外部的侵犯，保护社会总体利益；运用法律和暴力限制个人或集团的特殊利益对总体利益的侵犯。这样，才维护了社会总体的存在和发展。

国家的这种社会总体性与国家的阶级性并不是绝对对立的而是内在统一的。在阶级社会中，经济上占统治地位的阶级必然也在政治上占统治地位。国家所体现的主要是统治阶级的意志，是经济上占统治地位的阶级实现自己的意志，即按照有利于自己阶级需要的方式管理整个社会的政治组织。"一切政府，甚至最专制的政府，归根到底都不过是本国状况的经济必然性的执行者。"③ 这样，国家的社会总体性与阶级性在经济上占统治地位的阶级身上就实现了统一：国家既是社会整体的集中表现，又是经济上占统治地位的阶级利益的集中表现。国家在实现统治阶级利益的同时，也实现了它的社会总体职能。面对自然，国家代表最强大的"社会整体主体"力量。

---

① 马克思，恩格斯. 马克思恩格斯选集：第3卷. 3版. 北京：人民出版社，2012：812.

② 马克思，恩格斯. 马克思恩格斯选集：第4卷. 3版. 北京：人民出版社，2012：259.

③ 同②715.

五、主体的人类形态

人类主体形态是主体社会形态的最高表现，是主体作为类的存在形态，其基本内涵是指地球上不同国家、地区和民族作为认识和改造自然的主体的内在统一性。人类主体形态，经历了一个逐渐形成、发展和完善的历史过程。资本主义大工业的发展，使人类开始形成某种全球性的联系，交通工具和通信工具的发展、分工和交换的发展、世界市场的开拓，使一切国家的生产和消费都成为世界性的了。当然，人类主体形态还是一个漫长的历史形成过程。只有真正形成自觉为全人类利益而奋斗的全人类的自觉联合行动，人类才能成为一个完满的自由自觉的主体。

传播活动、政治传播活动作为人类的一种活动，其“主体形态”的划分，应基本依据这种划分标准。一般说来，“人类主体形态”是一种理想类型，就像现在流行的“全球传播学”，对“全球”即“人类”作为“隐形主体”也是一种理想性的假想而已。这样一来，主体的个人形态对应的是政治传播的“个人主体”，包括政治领袖、意见领袖、政治精英、普通民众等；主体的集团形态对应的就是政治传播的“社会组织”“各种共同体”；主体的“社会总体形态”对应的是“国家”“政党”“政府”。可能在一些传播学的研究者思想中，把“国家”“政党”“政府”对应到“集团形态”中，这是因为他们还没有能够严格、细致地区别出主体的“集团形态”与“社会总体形态”。

从传播学角度看，首先，政治传播主体是政治传播活动的起点，他们发动、组织、策划和推进政治传播活动的运行；其次，政治传播主体也是政治传播活动的终点，一次完整的政治传播活动最终的目的是满足政治传播主体的目标要求，当政治传播主体认为目标已经达到即会宣告一次政治传播活动的终结；最后，政治传播主体通过控制其他因素进而控制整个政治传播活动，成为政治传播活动的核心动力。

第三节 政治传播活动中的主体意识

主体是一种自觉的主体，这种自觉性的表现就是主体意识。主体意识是一种贯穿于整个主体活动的精神基础和精神动力。

一、政治传播主体意识的哲学解析

政治传播主体意识是政治传播主体在进行政治传播活动时对自身特定政治目的的自觉意识。从哲学上讲，自觉意识首先是一种自我意识。就作为一种活动的政治传播而言，政治传播主体的形成和发展，同其自我意识的形成和发展是同步的。所谓“自我意识”，就是政治传播主体对自我的反省意识，对自己区别于其他主体的性质、地位、作用以及由此形成的与其他主体关系的意识。只有意识到自身与其他主体的区别，形成主体的自我意识才有传播主体与传播对象及其他主体的真正区别，才能形成真正的传播主体。自我意识是政治传播主体的本质规定之一，是政治传播主体从事创造性政治传播活动的前提。

政治传播主体的自我意识最本质的特征是对自己传播目的的自觉性。恩格斯曾说：在社会历史领域内进行活动的，"是具有意识的、经过思虑或凭激情行动的、追求某种目的的人；任何事情的发生都不是没有自觉的意图，没有预期的目的的"①。自觉性以政治传播主体的自我意识为基础。从一般理论上讲，政治传播活动包括两个方面的关系：一方面是政治传播活动与政治传播主体自身的关系，另一方面是政治传播活动与传播对象的关系。与此相适应，政治传播主体的自觉性也具有两个层次：初级层次和高级层次。初级层次是指在政治传播活动中直接指向传播对象的意识，高级层次是指在政治传播活动中通过指向传播对象而返回到自身的意识。

政治传播活动都出自政治传播主体自身的某种需要。由需要所支配的政治传播活动，可以是"有意识"的，也可以是"无意识的"的。有意识的政治传播活动是有意而为的活动，它不仅意识到传播主体自身的需要，而且意识到这种活动的意义。它通常表现为在一定目的意识支配下的政治传播活动。无意识的传播活动是下意识支配的随机性的政治传播活动。前者属于自觉的活动，后者属于非自觉的活动。

政治传播活动总要同传播对象发生某种关系。对象对政治传播活动的制约关系，同样可以是在活动之前或活动过程中为政治传播主体所意识到的，也可以是没有意识到的。在活动中主体意识到对象的性质、状态和它对活动本身的制约作用，这就属于自觉性的政治活动。相反，在政治传播活动中主体对此无所意识，就属于自发的和盲目的政治传播活动。

适应政治传播活动中包含的这两种关系和主体意识内容的两个层次，自觉性概念在运用中也具有两种含义。一是区别于无意识的或盲目性的政治传播活动的自觉性，在这一意义上的自觉性是指意识到传播目的的活动，或如通常所说的"有意如此"的传播活动；二是区别于自发性活动的自觉性，在这一意义上自觉性则指已充分认识到传播对象的种种情况而从事的传播活动。这两种自觉性具有层级区别，在政治传播活动中从较低层次的自觉性到较高层次的自觉性是有一个历史过程的，即使在全球化背景下的政治传播，虽然要求政治传播主体要"知已知彼"，即具有较高层次的自觉性，但是，相对于盲目的政治传播而言，能清醒地自觉到政治传播的特有目的，在传播过程不失去这种目的而尽力实现这种目的，已经是不容易的事情了。

二、政治传播主体意识的表现形式

政治传播的主体意识，本质上还是一种抽象的意识或精神状态。在具体的政治传播活动中它必然通过一系列的形式和属性表现出来。学界从不同的角度对这些形式和属性都有一些研究，但却未必是上升到"对主体意识的自觉"这样一个高度来把握的。这些

① 马克思，恩格斯. 马克思恩格斯选集：第4卷. 3版. 北京：人民出版社，2012：253.

形式和属性大体说来有以下几方面：

第一，劝服性。“所谓劝服，即传播者通过论证说理试图让受传者接受其观点、态度并转变态度和行为的一种传播活动。”① 诸多传播学者认为，劝服是政治传播的本质特征。其实，准确的理解应是：劝服性是政治传播主体意识最直接的表现属性。罗伯特·丹东就明确指出：“政治传播在本质上是劝服性的。”② 政治传播之所以是劝服性的，最主要的原因在于它在运作过程中所表现出的强烈目的性。任何政治传播活动的发生都不是无的放矢，它都带有政治传播者强烈的目的，其目的就是要受众认同政治传播者所倡导的政治观点、政治价值甚至是政治意识形态。

第二，灌输性和倾向性。从逻辑上讲，灌输性是劝服性的实现形式，倾向性是劝服性实现后的结果。政治传播活动的灌输性和倾向性主要表现在政治传播者对受众的说服渴望上。政治传播主体通过各种渠道将自己精心编制的信息源源不断地输给受传者，使受传者认同政治传播者所传递的政治观点、政治价值和政治意识形态，从而表现出鲜明的倾向性。

第三，强制性。强制性主要体现在对传播渠道的支配性要求上。对于占统治地位的政治传播主体来说，对媒介的支配性要求更为强烈。在欧美国家的竞选过程中，竞选的各方都是尽可能占领媒介渠道，传播自己的政治纲领和政治主张，形成对自己有利的政治舆论。尤其是政治统治者将自己的政治价值和政治观念当作意识形态向受众传播时，这种强制性就更为明显。

第四，单向性。单向性是指政治信息从政治传播主体经由媒介发出到达受传者后基本停止的情况。单向性的传播活动缺乏反馈，没有或者很少有政治信息的回流。这可以理解为我们上述的那种初级层次的“自觉意识”。一般情况下，传播者处于宰制地位，受传者是被动的。集权主义制度下的政治传播活动多是单向性的。其原因在于，集权主义制度下政治统治者处于全面的垄断地位，不仅垄断了信息源，同时掌握着信息发布的渠道——传播媒介。对于普通的民众来说，只能接受、顺从并改变态度，他们是一群“乌合之众”。即便是自由主义理念占主导的制度下的政治传播活动也有其单向性的一面。现代社会大规模的信息轰炸，使人们时刻处于各种信息的包围之中，使人失去理性的批判能力，包裹在政治、文化、经济信息中的意识形态宣传，会把社会中的大众变成“单向度的人”。

第五，虚构性。政治传播活动往往是围绕权力和政权而展开，有些政治集团为了巩固和扩展自己集团的利益不惜传递虚假的信息。

第四节　政治传播主体：国家（政府）

在人类政治传播主体的个人、集团、社会总体、人类四种形态中，作为“社会总体”

---

① 邵培仁．传播学导论．杭州：浙江大学出版社，1997：104.

② 李元书．政治体系中的信息沟通：政治传播学的分析视角．郑州：河南人民出版社，2005：36.

主要形态的“国家（政府）”[①] 始终处于主导地位。换句话说，政治传播的主体始终是作为社会总体意义上的政治共同体——国家。这是因为，人类现实的政治活动以国家为主轴而展开。政治传播活动唯其“政治性”才是政治传播活动。所以与人类政治活动一致，国家成为人类政治传播活动的主导形态。

一、国家作为政治活动主体在政治传播中的凸显

对人类的政治活动，可以多学科、多向度、多线索、多范式进行考察和研究。但从政治学研究角度看，始终无法摆脱以“国家”为主体而对人类的政治活动进行有效的研究。在政治学的发展历史上，曾出现诸如行为主义、制度主义、精英理论、多元主义、政治系统理论、公共选择理论等研究范式的转换，但最终又都回归于“国家主体”的轨道上。

从“传播”这样一个角度审视上述这种研究理路，对“国家主体”冲击最大的是所谓“政治系统理论”。

第二次世界大战之后，自然科学中的系统论、控制论和信息论对包括政治学在内的社会科学研究产生了很大的影响。而社会学中的先行者——美国社会学家帕森斯的结构功能理论为政治学系统理论的建构提供了成功的范例。“政治系统理论”大体包括伊斯顿的政治系统理论、阿尔蒙德的结构功能主义以及多伊奇的政治沟通理论。

政治系统理论将自然科学中的系统方法运用于人类政治现象的分析，将政治看作一个有自身边界并与外部环境发生输入输出作用的有机系统。作为一个复杂系统，它具有内在的调节机制，通过不断的反馈来调整其与环境的关系。将系统论用之于政治现象的研究，就是将系统分析框架的参数“政治学化”。例如，在伊斯顿那里，输入参数的政治化就是“要求”，输出参数的政治化是“公共政策”；阿尔蒙德则强调被伊斯顿黑箱化了的系统结构以及功能过程；多伊奇致力于研究政治系统的神经——政治沟通。

政治系统理论的一个特质，就是通过“高度柔塑性”的方法论把人类政治活动“去国家主体化”。所以，才有20世纪七八十年代政治学研究强烈的“将国家带回来”的浪潮。这种理论浪潮，尖锐地批评伊斯顿的系统理论抛弃了“国家”，是一种无主体的“社会中心论”。

伊斯顿为了回避这种批评，用“政治当局”这个范畴作了“泛国家化”的自我辩护，他说：

> 系统分析概念化伊始，所谓“国家”便担任着至关重要的角色。不过，鉴于系统整局设计的着眼点，国家未曾成为这样一个中心范畴，而是被分成了几个组成部分，其中之一即是“政治当局”。举凡谙熟系统分析的人都知道“政治当局”这一概念是何等的重要，其原因特别在于：为政治系统制造并实施政治输出、充任政治系

---

① 从理论上讲，“国家”与“政府”当然是有区别的，但是在现实中，国家是抽象的，它总是以政府的形式行使政治权力。所以，为简洁明了，在“政治传播主体”这个特定的议题中，我们把二者合一。在之后的行文中，只使用“国家”，不再单列“政府”。

统和其他社会系统之间中介行为者的，正是政治当局。……从这一意义上来说，在人们尚未喧嚣着要求使“国家”回归时，它就已经是政治分析的一个内在组成部分了。……因此，忽视“国家”或政治当局的独立作用自然是错误的，但是，……不应将这种缺陷误认为是政治科学的特性，亦不应将其特定地误解为是系统分析观点的专利。①

政治系统理论是对传统的政治分析国家主体理论的一种“革命”，试图将政治学各分支学科的所有研究整合起来，形成一个统一的理论分析框架。但最终因“洇渗”人类政治生活中的国家主体使得政治分析陷入迷乱而遭到了摒弃。为此，伊斯顿也感到有些沮丧，他为自己的理论申辩道：“系统分析是以最广泛、最一般的方式构成的，是故虽然近几十年内方法研究的方向已发生了变化，可是，系统分析对于当前政治研究中的若干问题，仍具发言权。实际情况也确实如此，有如此多的系统分析所提出的概念，都已被用来解决现下所提出的各种实际问题了。”②

当然，国家理论经过“政治系统理论”的冲击重新被“召回”到分析人类政治生活的主导地位。当代经济学家、政治哲学家、社会历史学家从各自的学科立场出发，试图对现代国家理论作出新的解释。20 世纪 60 年代以来，一大批新制度经济学家把国家作为影响经济绩效和制度变迁的内生变量纳入分析框架，并运用经济理论研究了国家；政治学领域，罗尔斯以一种更新西方古典社会契约论和古典自由主义传统的理论方式，力图为现代社会重建“公平正义”的“道德基础”，开启了对现代社会基本结构、合理性基础、社会组织与运作等一系列问题的研究；斯特雷耶从管理的角度、伯尔曼从法律的角度、埃里亚斯从军事的角度、安德森和巴林顿·摩尔从经济的角度，都对国家理论作出了突出的贡献。

二、国家作为政治传播主体对传媒体制的控制

国家作为政治传播的主体，其强大的作用贯穿在整个政治传播的活动之中。除了自己是政治信息的制造者，突出地表现在其对传媒体制的控制上。

关于传媒体制，传播学理论界的研究众说纷纭。施拉姆归纳研究了“四种理论”，即集权主义或威权主义体制、自由主义体制、社会责任体制和法西斯体制；威廉·哈克坦提出“五大理念”，即集权主义理念、西方理念、共产主义理念、革命理念和发展理念；赫伯特·阿特休尔提出“三个世界”，第一世界即市场经济世界，第二世界即马克思主义世界，第三世界即进步中世界；卡尔·诺登斯特伦提出“五种范式”，即自由-多元主义范式、社会责任范式、批判范式、行政管理范式和文化协商范式。

如此眼花缭乱，也许正是传播学的方法论特征。其实，作为一种“体制”，其核心要素必然与政治有关，是媒体与政治权力的一种关系而已。“如果从本体论的角度看，依据公权力行使的界限，一个社会要么以国家或政府为本位，要么以社会或个人为本位。由

---

① 伊斯顿．政治生活的系统分析．王浦劬，等译．北京：华夏出版社，1989：7-8.

② 同①8.

此，可以把国家的政治制度归结为两类：一类是国家本位型的全权主义制度，一类是社会本位型的自由主义制度。相应的，依据媒体的取向（或以国家为旨归，或以社会为旨归），可以把媒体体制归为全权主义体制与自由主义体制。其他媒体体制大体是这两类基本体制的异体、变种或混合体。应该承认，作为一种二元论式理论概括，对媒体体制的这种二分法并不能穷尽现实层面上世界各国的媒体体制（尤其是处于社会体制变革中的发展中国家的媒体体制正在发生转型），因而只有相对的理论参照意义。”①

其实，无论是施拉姆“四种理论”中的“自由主义体制”，还是哈克坦“五大理念”中的“西方理念”，无论是阿特休尔“三个世界”中的“第一世界即市场经济世界”，还是诺登斯特伦“五种范式”中的“自由-多元主义范式”，包括我国学者所说的“社会本位”中的“自由主义体制”，都不可能完全摆脱国家对媒体的控制。媒体要么偏倚于政治权力，要么偏倚于经济利益集团，所谓“媒体自由”是一个彻头彻尾的伪命题，尤其是对于政治传播来说。其实，传媒体制的自由主义形态始终只是理论家们的理想设计与理想追求而已，是一种意义巨大因而具有感召力的理想信仰而已。它在现实的政治传播中是不存在的。这一点，主张所谓传播自由、新闻自由的研究者们也是十分清楚的。

麦克奈尔在其《政治传播学引论》中以大量的事实为依据，尖锐地指出：“媒体当然不会以一种中立的不偏不倚的方式简单地报道政治领域中发生的一切。”② 阿特休尔当年猛烈批评施拉姆等人从特定的框框中看问题，认为他们毫不费力地断定哪个媒介制度好哪个不好，妨碍了人们正确地理解媒介制度。阿特休尔自己认为，世界上的新闻媒介不可简单地分为“我们”“他们”，因为全部媒介是由多种不同主题和旋律组成的交响乐。交响乐的“每一乐章都包罗了新闻媒介所处环境的全部现实，包括历史的、政治的、社会的、文化的，还有心理的现实”。阿特休尔要求不持有特定评价立场来研究和对待各种“媒介体制”，但是，他是有自己鲜明的主张的。他说：“在所有的新闻体系中，新闻媒介都是掌握政治和经济权力者的代言人。”“新闻媒介的内容往往反映那些给新闻媒介提供资金者的利益。”甚至连新闻院系“最终也无不帮助当政者维持他们对新闻媒介的控制”。说某种制度下的媒介专用于宣传和发布指示，为实现统一服务，而另一制度下的媒介则专用于告知和自由传播，为公众讲话，这是片面的和武断的。如果人们认识不到“这个基本而又严酷的事实，就无法真正理解新闻媒介在人类事务中的作用”③。英国埃塞克斯劳顿学院的巴勒特指出：“新闻出版自由在很大程度上只是一种神话，即为了树立民主的形象由政府编造的神话。实际上没有一个政府——无论它是‘民主的’还是专制的，能允许大众媒介免受某种形式的规定或限制而自由发展。”④

因此，在国家作为政治传播主体控制整个政治传播过程的这个问题上，还是不要一味地谴责“政治集权”国家。事实上，各种政治体制的国家都程度不同地控制着媒体。比如，近代史上，是英国首先确立了“全权主义”的媒体体制。当时的英国公布了第一个禁书法案，建立了第一个出版特许制度，发布了规定由大主教来管制出版的禁令和规定对违反条

① 李智．全球传播学引论．北京：新华出版社，2010：99．

② 麦克奈尔．政治传播学引论．殷琪，译．北京：新华出版社，2005：12．

③ 阿特休尔．权力的媒介．黄煜，裘志康，译．北京：华夏出版社，1989：337．

④ 巴勒特．媒介社会学．赵伯英，孟春，译．北京：社会科学文献出版社，1989：67-68．

例的出版者给予严厉乃至残酷的法律制裁的《星法院法令》，从而确立了一整套体现国家（包括教会）在信息传播上至高权威性的出版管制制度。到 20 世纪，全权主义媒体体制在德意日法西斯里发展成为外向型的现代形态。譬如，在第二次世界大战中的德国不仅绝对地控制了全国所有的大众媒体，而且还通过行政手段把它们改造成为国家对外宣传的机器。

麦克奈尔在《政治传播学引论》中，从政治传播的角度，以美国、英国发动的越南战争、马尔维纳斯群岛战争、海湾战争等多次军事行动对媒体传播的精心控制为案例，就政治传播的“保育箱①与黑色宣传”作了深入仔细的分析。麦克奈尔以海湾战争为例最后警示我们：

> 作为政治传播，海湾战争带给人们最担忧的一点是：媒体记者那么轻易地就认可了类似于保育箱事件的故事，并且迫不及待地用这些素材来巩固他们心中侯赛因残暴的人权侵犯者的形象。当 1998 年第二次海湾战争有可能要爆发之际，媒体乐此不疲地报道了萨达姆·侯赛因正在制造生化武器以及神经毒气弹的传闻，声称这些武器能够彻底摧毁一个西欧城市。媒体的报道把这些事情视为无可辩驳的事实，却没有报道真正的事实，那就是这些故事只不过是未经证实的传闻，是公关机器用来鼓动舆论、企图推动另一场伊拉克战争的公关伎俩。虽然没有人怀疑从 1991 年以来，萨达姆·侯赛因一直是一个杀人如麻的暴徒，并且领导着一个法西斯主义政权；然而这并没有给予记者充分借口，允许他们在报道伊拉克政府以及西方反伊阵营的活动时放弃一定的客观性，允许他们不和报道对象保持一定的情感距离。而正是这种客观性与情感距离可能会带来和平，不是战争。未来的冲突中，是非善恶的区别或许要比在海湾战争时更加模糊。那么，随着媒体管理技巧变得越来越无所不包，作为 21 世纪公民的我们应当思考，如何给予我们的政府“知情同意”，又如何防止不公正军事冒险？②

三、国家作为政治传播主体面临的挑战

国家作为政治传播主体是以国家是人类政治生活的主体形态为基础的。因此，当国家作为人类政治生活的主体形态受到挑战，可能作为传播主体也会相应发生一些变化。

国家作为人类政治生活的主体随着人类社会的发展受到以下两个方面的挑战：其一是全球化，其二是区域化。

全球化这个概念最早来自经济学，指的是产品国际化，金融资本在不同国家自由流动，世界经济在本质上变得更加一体化，更多的经济活动超越了民族国家的界限；随着全球性经济力量的强大，民族国家的权力正在逐渐下降。全球化从经济概念开始，逐渐

---

① 保育箱的故事是麦克奈尔在书中举的一个例子。这个例子讲述了当年伊拉克军队如何在科威特城的一家医院里，把 312 个婴儿从保育箱中拿出并丢弃在医院的地板上，然后又如何把保育箱运回伊拉克的故事。参见：麦克奈尔. 政治传播学引论. 殷琪，译. 北京：新华出版社，2005：211.

② 麦克奈尔. 政治传播学引论. 殷琪，译. 北京：新华出版社，2005：212.

演化成一个文化、政治概念。文化全球化指的是随着信息和商品的流通，不同文化之间的差异不断缩小而趋于一致的过程，比如卫星通信的传播，电信网络的发展，世界媒体的合作等。政治全球化是指超国家的国际组织在政治生活中日益重要，民族国家政府决策日益受到跨国跨地区政治组织的影响。“全球化会改变我们对政府（一个国家的政府）的定义，使其越来越不适应于不同国度（或通常称为民族-国家）的政府吗？我们正在迈向这样一个新的世界吗？在这里，一国政府再也不能成功地在其国家的边界之内对合法使用武力的权力保持排他性的管制以实施其统治。这些决策，对这些国家的公民有约束力，对这些国家的政府也一样。”① 简而言之，全球化是指世界政治、经济、文化等各个要素超越国界和地域限制而互相影响并走向一体化的发展趋势。在这种趋势下，传统的民族国家之间的界限日渐模糊，世界性的、国家性的和地方性的事务互相影响，世界各个要素之间关系密切，世界变成了一个“无国界的社会”。

全球化对国际人类政治产生了深远的影响。第一，全球化带来了国际格局的变化。冷战以前的历次国际格局的形成和打破，都是军事实力发生变化的结果。全球化改变了国际政治格局转换的动力和方式，经济因素成为影响国家间关系的重要条件。第二，全球化改变了安全、权力等国际关系概念的内涵。传统的军事安全观受到经济安全观的冲击，经济安全成为各国的首要考虑。亚洲和拉美经济危机爆发后，世界各国深感经济安全的重要性，因为一旦发生金融危机，不仅会使国家经济倒退若干年，导致社会动荡和政权更迭，在国际经济组织的附带条件援助下，还会影响到国家主权的完整性。第三，全球化使原来属于一国的问题变成了全球性的共同议题，贫穷、环境、能源、生态等问题成为影响各国的问题，全球相互依赖与合作加深。第四，全球化对民族国家的主权提出了挑战，全球化使民族国家处理国内和世界事务的能力降低，有学者指出，这将会导致空心国家、无边界社会的出现。第五，世界社会体系要求用一种新的秩序来处理民族、宗教及全球问题，一种新的世界秩序正在形成。②

那么，全球化与传播、与政治传播、与政治传播主体是什么关系？可以看出，全球化与传播的关系近乎“同质化”。与我们前面所述传播的“社会性本质”一致，全球化过程是“社会”超越特定“国家”形态而转化为“全球”（人类）形态的过程，“全球”（地球村）是“社会”呈现的全新形态。这一过程也正是一个传播的拓展过程。正像学者哈特所言：“传播不仅表达也组织着全球化运动，并通过各种手段在增值和结构其中的相互连接。它不但表现而且控制着所有传播连接中的想象的意义和方向。”③ 正因如此，“传播学”研究者直接把全球化理解和解释为传播的全球化。有学者认为，全球化所意味的，无论是社会关系的强化、地域的连接，还是事件的互为影响；无论是世界的压缩，还是世界整体意识的增强；无论是人类生活经验的相互联系和依存，还是世界的网络化；无论是图像和实践流动，还是信息的集中，都源于传播，并表现为传播。把世界上所有的民族和国家都卷入其中的全球化过程，其实是一个传播全球化的过程。因而从本质上说，全球化是一个传播性概念。信息传播全球化的现实表征是：媒介生产和消费的全球化，

---

① 达尔．现代政治分析：第6版．吴勇，译．北京：中国人民大学出版社，2012：42.

② 景跃进．政治学原理．北京：中国人民大学出版社，2010：84.

③ 陈卫星．传播的观念．北京：人民出版社，2004：7.

以及全球和人类社会中事物的高度媒介化，全球传播语境下的人类共存于一个高度媒介化的世界内。正是因为全球化所带来的传播主体的变化，学者们迫不及待地构建一种“全球传播学”①。

在此我们不评价所谓全球传播学，全球化对国家作为政治传播主体的影响和挑战而言还是显而易见的。第一，国家不再是政治信息的唯一发出者。在全球化的政治格局中，除了主权国家外，跨国公司、国际非政府组织、个人政治精英纷纷扮演起政治传播的主体角色，发出自己的政治主张与政治信息。在这方面最突出的是跨国公司，经济盈利似乎不再是它们的唯一目的，它们过去只是寻求机会搭乘政治的便车，而现在是纷纷制造政治之车，几乎成为经济与政治的混合体了。第二，由于国家界限的模糊，政治传播中的政治信息逐步突破“国家利益”的政治性和意识形态规限，所传播的超越政治国家意义的人类性、全球性、文化性、经济性甚至娱乐性的原本“非政治性”话题，都直接或间接性地转化为政治性的话题来传播、讨论。第三，由于国家界限的模糊，国家作为政治主体的综合影响力下降，作为政治传播主体的国家的政治传播控制力和影响力也随之大大下降。

当然，全球化虽然使国家作为政治传播主体面临诸多挑战，但是，无论是对国内政治传播而言，还是对国际政治传播而言，毕竟还无法改变国家主体的主导地位。

国家作为政治传播的主体，一般情况下是就国际政治传播的理论场域而言的。国家对国内的政治传播往往以政府的形态实现。换句话说，政治传播中，国家与政府是合二为一的。我们平常所说的政府有狭义、广义之分，狭义的政府是指国家的行政管理机构，广义的政府是指由所有的国家公共权力机关（包括立法、司法、行政和军队等）所组成的整个政权。狭义的政府从属于国家，广义的政府即国家。“在一个由所有团体、协会、机构、集体与个人构成的政治体系中，政府的影响力是最大的，因为政府与暴力的合法使用有独特的关系，并且还可以运用或者少有可能运用与这种独特关系相伴而来的影响力。这就是现代政治分析聚焦于政府和国家的影响力的理由，这也是当代政治学家那么关注政府和国家的理由。”② 政治传播中使用“政府”一词，还无法刻意把它与国家区别开来，所以，一般对内来说政府即国家。这就是我们为什么没有把政府与国家政党并列为政治传播主体，进而对政府进行单独考察的原因。

第五节　政治传播主体：政党

国家的历史悠久，就是“现代国家”在政治的意义上与古典意义上各种形态和阶段上的国家也并无本质性的区别。所以，一说到国家，人们就立刻从古希腊的城邦国家说到现代民族国家。但是，政党却不同，政党一开始就依附于国家。一般公认的是，现代意义上的政党组织雏形源于 17 世纪 70 年代的英国辉格党和托利党，以及此后的美国政

① 李智. 全球传播学引论. 北京：新华出版社，2010：99.

② 达尔. 现代政治分析：第 6 版. 吴勇，译. 北京：中国人民大学出版社，2012：43.

党。从形式上看，最早建立的英美政党都是经由政治派别衍生而来的。在英国，1679年至1680年间围绕着信奉天主教的詹姆士公爵的王位继承权问题，议员们之间发生了激烈的争论。支持国王的"宫派"被对手指斥为"托利党人"，而反对国王的"乡派"则被对方贬称为"辉格党人"。尔后，这两个贬词却分别被政敌双方"自豪地采用"。在此后的一系列议会争论中，双方形成了相对稳定的阵营，政治派别就此出现。

在英国，从"辉格党"和"托利党"的最初形成到演变为自由党和保守党的对峙，经历了一个漫长的历史过程。在这一过程中，政党组织形态和组织性质发生变化的主要动力，来自社会政治制度的巨大变迁。一是19世纪所进行的两次议会改革，以及由此而来的选民数量的急剧增多。这促使原本只关注于议会议员且仅仅在议会活动的"议会党"开始转向普通选民并着手于议会外的政治活动，进而转变成为全国性的政党。二是随着"虚君政治"的出现和议会主权原则的确立，责任内阁制原则得以落实。这意味着在定期举行的选举中，选民投票支持政党而非候选人个人。赢得议会多数席位的政党掌握政府的全部权力，并对一切公共政策及其后果单独承担集体责任。因而民众对政府的控制，是通过选民每隔一段规定的时间重新给予执政党统治权或把它移交给反对党的方式来实现的。随着时间的推移和制度的成熟，现代意义上的政党和政党制度终于形成了。美国政党政治的发展，同英国相似，也同样经历了曲折复杂、时散时聚的过程。以英美政党为代表的早期政党，在政党发展史上占有重要的地位，对于我们今天认识政党政治具有重要的意义。

在英美两国首先出现的政党政治随后在欧洲其他国家也开始发展起来。在马克思、恩格斯的影响下，在最早的社会主义政党经验的感召下，19世纪末20世纪初欧洲许多国家都成立了社会主义政党。同时，欧美国家现代政党组织的发展也深刻影响着非西方的发展中国家。完整的政治主张、全面的组织形式和严明的组织纪律使得政党成为政治斗争中最有力的武器，因而亚非拉国家那些意图在政治上有所作为的人，或是主动地模仿或是被动地卷入，纷纷在本国建立起各式各样的政党组织，展开了激烈的政治斗争，其结果就是现代政党组织在世界范围内的扩大和发展，以至于今天政党组织在几乎所有国家的政治生活中都扮演着极其重要的角色。

现在，无论怎样定义和认识政党，政党的基本性质由以下几个方面构成：首先，政党是指特定群体中的一部分。确切地说，政党是指这一群体中的活动分子，其实这是party一词本来的意思，也是中文传统词汇"乡党"或"同党"之中"党"的传统含义。其次，政党是拥有特定政治目的的组织。这一目的就是获取国家政权、执掌国家政权以实现自己的政治理念。近代以来的政治生活表明，在争取和巩固政权的过程中，唯有政党才是最有效的政治组织形式。再次，政党是具有政治性的组织。政党作为一个政治组织，其内部结构、权力关系和工作程序具有重要的意义。政党的组织不仅是稳定的，有着特定的层级结构，而且必须通过民主的组织原则才能使自身成为一个组织整体。最后，由上述特点所决定，政党必然是政治生活的主体。政党作为特殊类型的政治组织，其地位和作用是其他社会组织或政治团体所无法替代的[①]。正因如此，人们普遍认为"现代

① 以上关于政党的论述，参见：景跃进．政治学原理．北京：中国人民大学出版社，2010．

政治就是政党政治”。

政党的类型非常复杂，在政治学的理论上，从历史起源和发展道路的维度被划分为“内源性政党”与“外源性政党”；从组织结构和组织形态的维度被划分为“权责党”或“干部党”与“群众性成员政党”、“全方位政党”与“卡特尔政党”；从行动策略与政治行为偏好的维度被划分为“执政党”与“在野党”或“反对党”；从政党的组织形态与其行动策略等因素综合的维度被划分为“政党民主模式”与“理性-效能模式”、“群众-官僚政党”与“选民专家政党”；从社会基础和阶级特性维度被划分为“工人阶级政党”或“无产阶级政党”与“资产阶级政党”或“资产者政党”；从意识形态立场和价值原则以及相应的政策主张维度被划分为以马克思主义为理论指导的、主张共产主义的“共产党”，主张民主社会主义/社会民主主义思想体系的社会党和社会民主党，坚持保守主义价值观念和理论主张的“保守党”，与保守党接近但又有独特的传统思想资源、主张基督教民主主义理论的基督教民主党，相信自由主义理论的“自由党”，以及诉诸民族主义的政党。

一、政党与国家关系的几种形态

说到政党与国家的关系，情况比较复杂，大体可以分为以下几种情况。

第一，国家在政党之中。19 世纪末 20 世纪初的社会主义政党，它们最初主要在议会以外展开社会政治活动，包括提出和宣传社会改革与改善社会福利的政策主张、教育和动员工薪阶层、利用各种组织活动吸引广大工人接近党组织、在工作场所或社区建立基层组织并吸收更多的积极分子入党等，被称为“群众性成员政党”，只是到了后来，随着它们逐步变为执政党，掌握了对国家的治理权。

第二，政党在国家“之上”。在近代西方，随着社会政治制度的变迁，政党组织也在发生相应的嬗变。一个突出的特征是，政党的意识形态色彩大为减弱，政党之间的分歧与对立开始淡化。政党内部上层领导集团的地位持续加强而党员的作用不断下降。政党有意或无意地减少其对某一特定社会阶级阶层或社会群体过多的倚重，而谋求在社会全体成员中更广泛地吸引支持者，同时亦减少其对某一特定社会集团的倚重而力图保持与各种利益集团接近的渠道，这被概括为“全方位政党”。

第三，政党在国家之中。20 世纪后半期，西方政党中出现了“卡特尔政党”。这种政党在新的社会政治条件下形成。所谓新的条件在政治生活层面表现为，各派政治力量的目标不再是主张或反对大规模的社会改革，甚至不再是有限的微调改良，由于政治本身日益变得专业化和职业化，政党之间有限竞争的着眼点，变成争论究竟谁能提供更有效和更有利的政府治理。原先那种政党与国家相互分离的状态不复存在了，现有政党与国家相互渗透和融合，政党控制着国家，但政党也融入了国家。政党实际上已经成为国家机构的组成部分，尽管名分上有所不同，但都是“半”国家机构或“准”国家机构。

第四，政党缔造并领导国家。中国共产党在世界上是独具特色的政党。“没有共产党就没有新中国”道出了中国共产党与新中国的独特关系。中国共产党是中国工人阶级的先锋队，同时是中国人民和中华民族的先锋队，是中国特色社会主义事业的领导核心，代表中国先进生产力的发展要求，代表中国先进文化的前进方向，代表中国最广大人民的根本利益。中华人民共和国是工人阶级领导的、以工农联盟为基础的人民民主专政的社会主义国家。社会主义制度是中华人民共和国的根本制度。中国共产党领导是中国特色社会主义最本质的特征。中国共产党的章程与中华人民共和国宪法共同规定和表明，中国共产党领导缔造了并领导着新中国，带领着中国人民奋斗在中华民族伟大复兴的中国特色社会主义大道上。实践已经证明，中国共产党是世界上任何政党都无法比拟的伟大的政党。《中共中央关于党的百年奋斗重大成就和历史经验的决议》是这样说明中国共产党的："一百年来，党领导人民浴血奋战、百折不挠，创造了新民主主义革命的伟大成就；自力更生、发愤图强，创造了社会主义革命和建设的伟大成就；解放思想、锐意进取，创造了改革开放和社会主义现代化建设的伟大成就；自信自强、守正创新，创造了新时代中国特色社会主义的伟大成就。党和人民百年奋斗，书写了中华民族几千年历史上最恢宏的史诗。"①

政党在政治中的作用举足轻重，完全可以这样说，现实的政治是政党政治。"在国家与社会关系方面，政党的一个首要功能是整理公共意见，检测公众态度，并将其传送给政府官员和领导人，以使统治者与被统治者、公众与政府，步调保持相当的一致。政府的完全代表原则依靠着这一关系。从这一角度，我们可以将政党首先视为公众和政府间的中介变量。"②

在这种政治中，政党的功能强大而全面，而政治传播无疑是其极为重要的功能。著名的政党问题研究者麦克雷迪将政党功能表述为代表（代理）功能、转换和聚集功能、整合（参与、社会化和动员）功能、劝说/压制功能、领导人的纳用和挑选功能、政策考量和制定功能，以及控制政府功能等七种。从一般的理论上讲，政治传播是政党政治的十分重要的内容。按照结构功能主义学者阿尔蒙德的政治理论框架，"社会化与政治动员"是政党在政治运行中最重要功能之一。所谓"社会化与政治动员"就是政党作为特定人群的集合体，利用组织教育、培训、宣传、动员等手段，将自己的意识形态和价值观念灌输给党员大众，以期将这些意识形态和价值观念内化为党员和大众的个人性选择，同时动员党员和大众参与特定的政治活动，如募捐与捐献、竞选、投票、集会、游说、游行和签字写信等，以有组织的方式宣示和传播某种政治要求和政治意愿。通过这一功能，政党使民众了解政治常识，掌握政治技能，进入政治领域，参与政治活动。其实，这只是一种狭义的政党的政治传播功能。按照麦克雷迪的七种功能理论，阿尔蒙德的目标制定、利益聚集和利益表达、社会化与政治动员、政治精英的形成与推选，都可以囊括在"政治传播"的功能之中。

当然，从理论上讲，政党作为政治传播主体应该不同于国家作为政治传播主体。譬如，国家通过政府而进行的政治传播，应围绕着政府的政治职能和政治任务而进行。可能内容更为具体、受众更为细分、效力更为强制。而政党的政治传播，可能内容更为宏

---

① 中共中央关于党的百年奋斗重大成就和历史经验的决议. 北京：人民出版社，2021：1-2.

② 阿普特. 现代化的政治. 李剑，郑维伟，译. 北京：中央编译出版社，2011：115.

观，主要起到动员和表达作用，其效力并不具有权力作用。

但是，现实的国家是由政党来领导的，因而，政治传播中政党的地位和意义更加凸显。如果说国家作为政治传播主体，主要适用于国际政治传播的理论论域（对内通过政府实现），那么，当政党控制国家之后，即执政之后，国家的政治传播就基本转化为政党的政治传播。

二、政治竞选的媒体操持：选举政治中的政党政治传播

政党作为政治传播主体，其功能的发挥和实现，在不同的政治体制中有着十分不同的表现形态。其中，在“选举政治”[①] 体制中与“政治竞选”有着本质性的联系，甚至完全蜕变为围绕着政治竞选的媒体操持。在此意义上，选举政治中的政治传播就是围绕政党政治竞选的媒体战争。

对于选举政治中的政党来说，选举是其通过得票率门槛而进入正式的政治舞台——代议机构，进而获得政权的关键环节。选举制度的具体设计因而又能够对政党与政府的具体形式产生决定性作用。在这个意义上讲，政党制度与选举制度以及政府制度之间形成了复杂的连带性关系，这也是人们经常提到的制度关联性问题。

对于选举政治中的政党选举与媒体之间的关系，英国政治学者唐纳德·萨松这样描述：

> 当收音机和电视的影响较小时，左派政党依靠他们自己的组织和他们自己的亚文化群来传播他们的消息。即使在选举运动期间，相对复杂的议事日程也会从领导到追随者这样被传播下去，后者会依次把这个消息传到他们的地区和工厂，对这个消息进行改编以适应特定的观众。20 世纪 50 年代，社会主义和共产主义的领导人能够在露天广场或在大厅召开的忠实的追随者的大会上直接进行演讲，并用一种加以相对选择的语言详细阐释党的政策。现在，政治信息通过一种复杂的由高到低的通信系统加以筛选。领导者不直接同他们的忠实的追随者讲话，而直接同人数众多但缺乏注意力的观众讲话。他们同系列幽默剧、电影和肥皂剧竞争。政治家的消息必须言简意赅——是值得赞扬的“一针见血”，由于政治产品是相似的——繁荣、无通货膨胀、低税收、优良的公共服务，等等——政治家倾向于传播同样的消息。由于高层领导人较易获得接近媒介的机会，所以存在着一种明显的对个性的关注。相应地，通常要根据他们在电视上进行表演的能力来选择领导人。当必须当场表决时，成员们没有时间进行民主协商。而且对其对手的政策的反应必须迅速及时。这使得制定决议的权力极大地集中在领导者手中。现在，主要的政策是领导人在电视上宣布的，因此，实际上能够迫使他们的党接受新的路线——不论是布莱尔放弃党章的第四条，还是奥凯托改变党的名称的决定都是这样。与领导的决定不一致将会从总体上削弱党，并且会冒选举的危险。由于领导人在电视上争夺地位并从事口舌之战，

① “选举政治”是指以普选为核心的一种政治体制。

所以党的政策的复杂性便化为乌有。①

德国的哈贝马斯对此也作过深刻分析。他指出："借助媒体和领导人与电视观众即时联系的方式实现的政治问题的个人化在相当程度上提高了政治的直接投票化倾向，并且减少了政党组织的重要性。随着公共劝说蜕变成市场研究，从外部主导的社会关系逐渐超过了党内成员的内部沟通。"②

可以看出，在选举政治中，政党作为政治传播的主体，其政治传播的功能由"政治沟通""政治社会化""政治教化"逐渐向为了政治竞选的"媒介化政治"转变，"政治媒介化"几乎彻底转化为"媒介化政治"。政治在政党手里完全变成了对媒介的操持。正像西方学者多丽丝·格雷伯所说："不能否认，全世界政治圈子里的人们都认同媒体的重要性并且做出了回应……这种重要性……体现在世界每一个地方的政府行为上，不论是独裁集团还是民主政府，它们都试图控制媒体产生的信息流，唯恐现行政治体系遭到颠覆。"③

第六节　政治传播主体：个体

国家、政党、政府、社会组织，都是由个人组成的，从这个意义上说，作为政治传播主体的这些群体和组织，其任何需要传播的政治信息和政治思想都首先产生于个体。区别在于，虽然产生于某个个人，但是，倘若这个个人属于某个组织或群体，那么他的思想需要在组织和群体中通过一定的程序进行"再生产"，之后以集体的面貌和形态出现，这个时候，就很难说这是哪个人发出的信息和思想。而在很多情况下，个人的"发声"并不需要某个组织或者群体的"再生产"，可以直接以其个人名义、面貌、形态而出现、传播。这就是我们需要单独研究个人形态的政治传播主体的原因。

在政治传播中，能够传播"政治"的个人可能不少。但是能够作为"主体"产生并传播"政治"的却不是一般的个体。现在，随着互联网带来的传播技术和传播时空的革命，作为政治传播主体的个体形态在不断地扩大。在此，我们将作为政治传播主体的个体形态分为政治领袖、政治精英、意见领袖、草根民众进行论述。

一、依赖政治权力的个体主体：政治领袖

人类的政治过程是一个领袖领导民众、民众追随领袖的过程。这是人类政治的"铁律"。政治学家米歇尔斯对此有非常深入的研究。他在考察政治组织的经典形态——政党组织的过程中，同时剖析了政治领袖产生的主客观原因，系统地阐述了著名的"寡头政治统治者的铁律"。这条"铁律"指出，极少数政治精英对绝大多数群众的统治是通过组

① 杨雪冬，薛晓源．"第三条道路"与新的理论．北京：社会科学文献出版社，2000：134．
② 同①84．
③ 麦克奈尔．政治传播学引论．殷琪，译．北京：新华出版社，2005：48．

织实现的，组织尤其是大型组织出于维持自身正常运转和追求既定目标的需要，必然在内部建立起等级制的官僚体系，而官僚制所具有的中心化趋势又必然导致大型组织的寡头政治倾向。米歇尔斯定义了大型组织中导致寡头政治倾向的具体变量：（1）组织的技术和管理上的特征，即在任何政治组织中都必须有自己的政治代表和技术专家，而这两部分人一旦（事实上也经常）合二为一，就会产生寡头。（2）大众对领导者的心理依赖。由于绝大多数的组织成员在政治上是冷漠的、盲从的，离开了领袖人物的领导和控制，组织就无法达到预定目标。（3）领导者出色的能力。由于先天禀赋和后天条件的差异，总有少数人以其超群才能而脱颖而出，形成寡头。有鉴于此，人类的一切党派组织、进而一切政治系统和社会系统，都必须也只能由少数寡头统治，这是万古不变的“历史铁律”①。

政治领袖不同一般的政治领导，政治领导对社会政治的发展以及人类政治文明的进步也可能起阻碍的作用，但对于政治领袖而言，他们对人类社会政治的发展以及政治文明的进步只能是起推动的作用。政治领袖不是一般意义上的政治活动家、政治思想家或政治理论家，也有别于政客；政治领袖也不同于一般的政治人物或者是普通的政治成员；政治领袖是为其所在的阶级、政党乃至国家利益而从事各种政治性事务活动的领导者，应是杰出代表和政治精英。马克思曾经指出：“每一个社会时代都需要有自己的大人物，如果没有这样的人物，它就要把他们创造出来。”② 列宁也说过：“谁都知道，群众是划分为阶级的；……在多数情况下，至少在现代的文明国家内，阶级通常是由政党来领导的；政党通常是由最有威信、最有影响、最有经验、被选出担任最重要职务而称为领袖的人们所组成的比较稳定的集团来主持的。”③ 他还说道：“历史上，取得统治地位的每一个阶级，都推举出自己善于组织运动和领导运动的政治领袖和先进代表。”④

按照政治学的一般原理理解，政治领袖是政治生活和政治进程中掌握政治领导权并能够影响和控制他人的人。正像弗洛伊德所说：“人类内在的、不可消除的不平等性的一个例证就是，他们分成了领袖和追随者这两个阶层。后者占绝大多数。他们渴望有一个权威，来帮他们做出决定，而他们在多数情况下又都无条件地服从这些决定。”⑤ 在政治学理论中，人们对政治领袖的类型做了各种各样的划分。比如，根据政治领袖的产生方式和作用形式将政治领袖的类型分为魅力型、传统型、理性-法律型、授权型和政治型等；根据政治领袖在社会历史进程中所起的作用将其分为保守型、反动型、改革型和革命型等；根据政治领袖的领导行为模式，划分为暴力强制型、非暴力影响型、控制型、积极影响型、消极影响型、负责型、冲突型、认同型、分权型、联合型、沟通型、技术型、创造型、道德人格型等。伯恩斯在其《领袖论》中对各种类型的领袖作了深入的研究。

政治领袖是在社会政治活动中自然形成的一类特殊政治主体，在政治活动和政治进

---

① 米歇尔斯. 寡头统治铁律：现代民主制度中的政党社会学. 任军锋，等译. 天津：天津人民出版社，2003.
② 马克思，恩格斯. 马克思恩格斯文集：第2卷. 北京：人民出版社，2009：137.
③ 列宁. 列宁选集：第4卷. 2版. 北京：人民出版社，1972：197.
④ 列宁. 列宁全集：第4卷. 北京：人民出版社，1958：331.
⑤ 莫斯科维奇. 群氓的时代. 许列民，薛丹云，李继红，译. 南京：江苏人民出版社，2003：48.

程中具有特殊地位。美国学者伯恩斯在其名著《领袖论》中认为：“领袖和追随者最初的源泉，在于人类需要的汪洋以及将需要转变为需求、社会抱负、集体期望和政治要求的过程。人类从一出生便有了这些需要和其他动机。”①

从政治学上讲，政治领袖之所以能成为政治领袖，在于其拥有政治权力。政治权力是政治领袖规定性中的必要性和基础性的条件。没有政治权力，他们可能是“英雄”或“精英”，但不能成为“领袖”。伯恩斯认为：“要想了解领袖的实质，需要了解权力的本质，因为领袖是一种特殊的权力形式。”② 领袖是权力的化身，因而也是政治资源的掌控者。尽管权力和政治资源来源于人民，但权力和政治资源如何运用却是由领袖或者领袖们决策的。这种决策往往决定了政治发展的方向与成败。是否拥有“英明”的政治领袖是政治发展能否保持正确方向的关键所在。

就此而言，政治领袖作为个人形态的政治传播主体，其特质也在于政治过程中他或他们拥有“政治权力”。就是说，他们的政治思想的产生与传播紧紧依赖于他们拥有的政治权力。伯恩斯说：“领袖们还可以通过对领袖来说极为重要的教导作用来塑造、改变和提高追随者的动机、价值观和目标。”③ 凭什么来“教导”“塑造”“改变”“提高”——正是“传播”的过程——追随者的动机、价值观和目标？凭的就正是政治权力。

政治领袖作为政治传播主体，主要是产生可供传播的政治思想。当他或他们的政治思想产生之后，便会进入其作为领袖的政治共同体的传播系统，通过诸如组织传播、人际传播、大众媒介等传播出去。政治领袖本人的“直接传播”，形式并不多样，主要的形式是“政治演说”和发表、出版文选。政治辩论只是政治民主时代围绕政治竞选而做的事情。政治演说，在政治专制的组织里往往就是“政治教导”，而在政治民主的组织里则可能是政治辩论。

政治传播并不是政治领袖的全部职能，最多也只能说是主要职能之一。因此，政治领袖作为政治传播主体发挥其功能的时候，往往会把自己的政治思想转化为意识形态而传播。这一点正像达尔所说：

> 政治体系中的领袖通常信奉一套或多或少具有连贯性与完整性的主义，其主旨是为他们在体系中的领导地位提供说明和辩护。一套这样的主义常常被称为一种意识形态——莫斯卡称之为“政治公式”。领袖们之所以要提倡一种意识形态，一个显而易见的理由是：赋予他们的领导地位以权威与合法性，并因而使他们能够在一个惯常与可持续的基础上来运用这种最经济的政治影响力形式。……某些领袖，包括那些最高的政府官员和他们的盟友，通常信奉一种不仅可以为其领导地位也可以为政治体系本身辩护的意识形态。因此，他们的意识形态也就是官方的或主流的意识形态。一种主流意识形态意味着：道德的、宗教的、事实的和其他的假设是专门用于证明本体系的合理性的。一种高度发展的主流意识形态，通常既有评价体系中的组织、政策和领袖的标准，又有描绘体系实际上如何运行的理想化图景，以及缩小

① 伯恩斯．领袖论．刘李胜，郑明哲，陆震纶，等译．北京：中国社会科学出版社，1996：70．
② 同①13．
③ 同①502．

现实与意识形态所规定的目标之间的差距的解说词。①

二、依赖政治思想的个体主体：政治精英

所谓精英是指在特定社会生活的各个领域中凭借他们自身所拥有的特殊才能与优越的社会条件，诸如超人智力、胆识、能力以及其在财产、资源占有、社会地位等方面的优势，对社会生活的各个方面具有较大影响力和控制力的优秀人物或杰出人物。政治精英可以定义为在社会政治生活领域中因自身所具有的超人智力、胆识、能力以及其在财产、资源占有、社会地位等方面的优势，从而对社会政治生活的各个方面具有较大影响的优秀政治人物。拉斯韦尔是在政治学中对“政治精英”最有研究的。他指出：政治研究是对权势和权势人物的研究。而权势人物是在可以取得的价值中获取最多的那些人。可望获取的价值可以分为尊重、收入、安全等类。取得价值最多的人是精英，其余的人是群众②。

在不同的社会条件下政治精英所具备的各种因素因当时社会要求不同而有所侧重。譬如，在原始社会，英勇善战或许成为政治精英的关键因素；在中世纪社会，披上合法的宗教外衣或许才是政治精英；在近代资本主义社会中，财富或许才是成为政治精英的重要条件；在现代工业化社会，专门技术知识则是成为政治精英的必然要求。前述政治领袖一般是由政治精英分子组成，但是，并不是所有的政治精英分子都能成为政治领袖。

一般来说，不同的政治精英造就了不同的政治领袖。在特定的社会政治生活中，根本利益的差异或对立，导致不同政治精英之间利益追求、价值导向、意识形态上等的差异或根本对立，这在客观上造就了代表不同利益的政治领袖。可见，政治领袖既来源于政治精英，又高于普通的政治精英。

政治领袖比政治精英多了一个最为关键的要素，这就是政治权力。如果说，政治领袖依赖政治权力而获得自己的规定性，那么，可以说，政治精英依赖“政治威望”而获得自己的规定性。政治领袖可以有权，但不一定就有“威”，政治精英有威，但不一定就有“权”。这就是“权”与“威”在政治领袖与政治精英身上的辩证法。政治精英不一定都能成为政治领袖，但从政治传播的角度看，政治精英由于受到的政治约束要远远少于政治领袖，因而其思想可能更为深刻，传播得可能更为广泛。这就是说，政治精英作为政治传播主体更值得我们关注。

精英的分类从不同的角度划分也很复杂，诸如政治精英、经济精英、文化精英、知识精英等，但实际上人们所谈论的精英，基本上是指政治精英。现在，对政治精英的研究，其实质就是对政治领袖的研究。可以看出，人们不再对政治领袖与政治精英加以区别。如上所述，当我们试图在作为政治传播主体的意义上把政治领袖与政治精英加以区别的时候，所依据的要素是“是否拥有政治权力”。这里的政治权力，是指在政治体制内通过民主选举或者组织委任的政治官员所拥有的权力。

---

① 达尔. 现代政治分析：第6版. 吴勇，译. 北京：中国人民大学出版社，2012：80-81.

② 拉斯韦尔. 政治学：谁得到什么？何时和如何得到?. 杨昌裕，译. 北京：商务印书馆，1992：3.

拉斯韦尔曾把政治精英分为鼓动者、行政官和理论家三种类型。很难说，这三种类型的政治精英都是政治领袖。马克斯·韦伯从政治社会学的角度对政治精英区分更为详细：第一，传统型政治精英，它建立在对于习惯和古老传统的神圣不可侵犯的要求之上，主要由族长、部落首领等来行使权力。西欧历史上的长老制，东西方历史上都存在过的家长制和世袭制，其政治精英统治的合法性基础都建立在传统的规则上。第二，魅力型政治精英，它"建立在非凡的献身于一个人以及由他所默示和创立的制度的神圣性，或者英雄气概，或者楷模样板之上"。人们相信政治精英具有真理启示的个人能力、超凡品质等，相信他能带领他们走向幸福，因而愿意服从他的政治统治。但是，这种信任的关键不在于某个人是否真的具有某种素质，而在于拥护者是否以为政治精英具有这种素质，先知、圣徒和革命领袖便是标准的范例。第三，法理型政治精英，它的权威建立在以正式制定的规则和法令为基础的行为之上，政治精英只有在法律规则的约束下才有发布命令的权力。在这种政治统治秩序中，人们服从"掌权者"的命令，是因为他们信守法律。如果政治精英没有合法的政治职位，或丧失合法的政治职位，人们将不再服从他的命令[①]。同样可以看出，在马克斯·韦伯的分类中，第三种即"法理型政治精英"才可能是政治领袖。

当然，若要研究得仔细些，我们这里的"政治精英"是否就没有一点"权力"呢？这涉及对"权力"的理解，比较复杂。我们在前面试图用"权"与"威"作一界分，不是政治领袖的政治精英可能没有政治领袖有的那样的权力，但是却可能有超过政治领袖的威望。政治领袖也有威望，这种威望来源于权力，而政治精英的威望可能源于其品质。

一般说来，政治精英拥有非制度化的"威力"，这种"威力"并非政治制度所赋予，而是来自民众的拥戴和官方的尊重，这种"威力"使他们可以在政府权力达不到或不易达到的领域实行"统治"。政治精英拥有的这种"威力"使他们既有社会性，又有权威性。在很多情况下，政治精英人物成为民众的代言人，民众对他们的信任和其自身的影响力使政府不得不尊重他们的意见。政府借助社会政治精英的力量，可以使民意顺利上传，政令有效下达，大大节约行政成本。对于统治者而言，可以利用政治精英的"威力"来管理社会，也可以利用他们规范民众的政治行为。

与政治领袖相比，这类政治精英具有一些显著的特征：第一，有意识地给大众造成其与政治权力特别是行政权力保持一定距离的印象。体现在其使用的特殊符号和话语体系工具当中，就是特别强调非政治化和价值中立性原则。第二，其关注的社会政治问题主要集中于那些带有较多公共性色彩的领域，这既与其所具有的专业性知识技能方向有关，同时也是其作为体制外和反体制成员发挥影响力的必要条件。第三，特别强调其运用特殊符号和话语体系工具中的批判性功能。这是因为其主要职责就是通过否定旧的象征神话，创造新的象征神话，为新的合法性铺平道路。同时，作为体制内精英的"异己分子"，体制外和反体制知识精英已经无法从现存体制那里得到所需的价值，只有在反体制力量那里才能得到满足，这就迫使体制外和反体制知识精英必须始终保持其话语的针对性和否定性特征。

---

① 毛寿龙．政治社会学．北京：中国社会科学出版社，2001：63．

精英主要是指政治精英，因而精英理论主要应用在政治学之中。形成于19世纪的古典精英理论，是对西方政治的一种否定性回应。如果将民主界定为民众作主，那么精英理论的回答是：这是不可能的。在他们看来，有史以来的人类社会都区分为少数居于统治地位的精英和众多被统治的民众，现在是这样，未来亦当如此。这一“精英-大众”二分法是精英理论的前提和基石。米歇尔斯通过对德国政党的研究，又将这一区分引入了社会内部的官僚化组织，其“寡头统治铁律”已成为经典表述。

精英理论曾引发了“社会政治中的权力配置”这一长期而激烈的争论。米歇尔斯在他的《权力精英》一书中认为，多元主义将权力硬块打碎，它“意味着寡头统治已被打败，已转变为由各权力集团所组成的多元的、分散的和——充其量——开放的一团星云”①。在多元主义者看来，现代社会中存在着无数的彼此竞争的精英，在大多数场合下，并不存在强大到足以支配关键性决策或对整个社区或社会发挥控制作用的单一类精英。在某一议题上，某一类精英也许具有压倒性的优势，但是局限于相应的领域，而其他精英在其他领域占主导地位。在广泛一点的问题上，各种精英为支配权而彼此竞争。权力竞争的胜利者是经常变化的。通过这两种方式权力得以保持了适度的分散。因此，无数相对分离的精英之间的冲突足以防止权力的集中，并确保政治民主。严格地说，多元主义将精英“多元化”了，利益集团之间的竞争其实主要是精英之间的竞争。这样一来，这种激烈的争论以和解折中为结局。“多元精英主义”理论诞生并实际地说明和解释着人类政治生活。

从精英理论所说明的政治精英在政治过程中的重要作用可以明显看出，政治精英已经担当着政治传播主体。这种传播主体的作用，一方面内在地“洇渗”在国家、政府、政党作为政治传播主体的作用之中；另一方面，正好对国家、政府、政党以及社会共同体作为政治传播主体的作用形成补充。很多的时候，他们可能是站在国家、政府、政党的对立面，对社会的政治形成“砥砺性”的作用。从柏拉图《理想国》的哲学王到亚里士多德的政治学术，从西塞罗的“武器屈服于长袍”到马基雅维利的“伪君子原则”，再到丹尼斯的“政治说服论”……一部政治统治史和政治学说史，从一个特定的侧面看，也是一部政治精英作为传播主体的思想史。

三、依赖信息聚分的个体主体：意见领袖

“意见领袖”一词，现在诸多学科都在使用，诸如，市场营销、创新扩散、政治选举、公共决策、政策执行、公共事务、医疗、外交、管理、旅游、时尚等似乎各行各业都有“意见领袖”。

“意见领袖”最早由拉扎斯菲尔德、贝雷尔森和哥迪特在《人民的选择》一书中提出。人们在作投票决定的时候往往会从朋友、亲戚和熟人那里受到影响，而这种影响比广播报纸等大众媒体要大得多。这些“朋友、亲戚和熟人”起到了意见领袖的作用，他们接触大众媒体中关于竞选的信息，然后将信息传给媒介接触度、知识水平和兴趣度较

---

① 萨托利. 民主新论. 冯克利，阎克文，译. 上海：上海人民出版社，2009：172.

低的人。这样的信息流动方式被称为“两级传播”，即“观点经常从广播和印刷媒体流向意见领袖，然后再从他们流向不太活跃的人群”①。随后，伊利休·卡兹和保罗·拉扎斯菲尔德进一步调查了意见领袖是如何在市场营销、流行时尚、公共事件和选择电影方面发挥人际影响力的。其研究成果收录在了两人合著的《个人的影响：大众传播流中人民的作用》一书中。“意见领袖”理论一经提出立刻引起了学术界的广泛关注，西方学者对其进行了长期的理论探索和应用研究。

从政治传播理论角度看，“意见领袖”作为一种形象，它所抽象出来的具有突破价值的理论是“二级传播”。“二级传播”理论对于传统的线性传播理论是一次“革命”。它意味着对传播主体、传播受众的一种崭新的认识②。

当年施拉姆等人《传播学概论》中已经对“二级传播”理论作出了全面的评价。分析了其优点，也分析了其不足之处。对它的优点，施拉姆给予很高的评价：

> 首先，自从这项理论出现以后，就很难再把传播对象看作一伙“毫无个性”的人，也不能再把他们看作彼此互不相关而只同传播渠道相联结的个人了。人们逐渐发现这些一个个的人是彼此相联的。他们不但不是毫无个性或者消极被动，相反，他们非常主动积极。在传播对象内部进行着大量的讨论、劝说和传递消息的活动。其次，两级传播论还引发了有关传播对象的行为，特别是同运动和传播媒介有关的行为的研究活动。……这一切研究工作都多少受到两级传播假设的启迪或影响。尽管每一项研究都指出了这项理论的不足之处，以致它原来的概念几乎已经荡然无存，然而今天人们对情况与想法的流传所具有的了解，有许多是两级传播的观点提出以前不存在的。造就是一项好的理论假设的作用：它能起抛砖引玉之功。③

说到“二级传播”的不足，施拉姆总结道：

> 首先，它忽略了这样一个事实，即大量的信息是直接从传播媒介流向媒介使用者而无须通过中间人的。……在近年来的政治运动中，大量的信息和说服教育是通过传播媒介直接传送给个人的……其次，认为社会是区分为领导者和追随者，或者说主动的和被动的参加者这样两个部分的观点显然是站不住脚的。……第三，农村社会学家已经表明，有可能采取一项新的想法或一种革新项目的人，更可能在这个过程的很早的阶段，也就是当他们还在打听能弄到什么东西的时候，先寻求或接受大众媒介传来的信息，然后，在他们感到有趣而且想要进一步了解这个事物特别是别人使用的经验的时候，才在采用过程的较晚的阶段去向懂行而且受到尊重的人请教。……最后，关于“意见领袖”的观点本身也已证明是过于简单了。④

---

① 洛厄里，德弗勒．大众传播效果的里程碑．刘海龙，等译．北京：中国人民大学出版社，2004：67.

② 非常有趣的现象是，几乎所有的传播学研究者都把“意见领袖”置于传播的“受众”部分进行研究，这当然可以，也没有什么错误。但是，“意见领袖”同时也是一种“传播者”（传播主体——二级主体）。现在的趋势是，意见领袖的“主体”作用越来越大于其“受众”的作用。其作为“领袖”所对一般受众发挥的种种功能和作用，其实恰恰是一种一般受众面前的“主体”（传播者）的作用。据此，我们这里把意见领袖置于“主体”位置进行描述。

③ 施拉姆，波特．传播学概论．陈亮，周立方，李启，译．北京：新华出版社，1984：130-131.

④ 同③131-134.

施拉姆最后自己总结道：

> 信息与思想在整个社会上川流不息。大众媒介对于流经其中的信息直接或间接地产生巨大的影响。有些人也影响信息的流动，他们与人分享在某一课题上的专业知识、技能或信念，也可能因能言善辩而产生影响。事实上，所有人大概都在影响信息的流动，只是时机、方式、领域、角色不同而已。有些人的影响大于其他人。然而，领导与被领导这两个阶层是不存在的，而且在大多数情况下，从媒介到领袖再到追随者这样的二级传播流程也是不存在的。你可以把它想象为一种多级流程。更好的是把它想象为一种系统流程，也就是说，信息连续不断在社会体制中流动，受这个体制约束，服从其需要，由角色来定型。在社会机构的推动下加速流动。①

可以看出，包括施拉姆在内，有人不完全同意“二级传播”，更有人在“二级传播”之后提出“多级传播”“系统传播”等等，但是，这些“创新”却无一不奠定在“二级传播”的理论基础之上。

“二级传播”理论确定了“意见领袖”的“传播主体”地位，也据此与前述政治领袖、政治精英相对区别开来。这种区别在于：意见领袖既不是原始政治信息的产生者和发布者，也不是原始政治信息的丝毫不变的传送者，它是“受众”与“主体”在传播过程中的“合二为一”角色。作为“受众”它是“汇聚者”，作为“主体”它是“二次创造”后的“分流者”。意见领袖的魅力正在于此。

在互联网出现之前的政治传播过程中，作为政治传播主体的意见领袖的地位与作用是毋庸置疑的，尤其是在政治竞争与民主选举的政治民主体制中。邵培仁先生在他主编的《传播学》中，把意见领袖置放于传播过程中总结为“五维互动模式”（见图3－3），认为意见领袖具有“加工与解释的功能、扩散与传播的功能、支配与引导的功能、协调或干扰的功能”②。

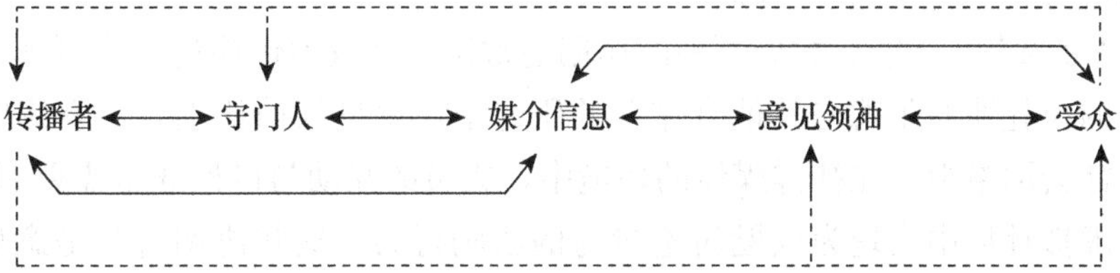

图3－3　五维互动模式

在互联网出现之后，传播的立体化与网络化“革命”，使意见领袖作为政治传播主体受到一定的挑战，但是，这也并不意味着意见领袖的消失，也不意味着意见领袖作用的式微，更不意味着在互联网时代就“人人都是意见领袖”。可能相反，在这样的信息爆炸的传播时代，人们可能更需要意见领袖，对意见领袖的依赖性更强，当然，意见领袖也更难当。

理论界认为在传统媒体的传播环境下，意见领袖由于在信息占有或解读上占据优势

① 施拉姆，波特．传播学概论：第2版．何道宽，译．北京：中国人民大学出版社，2010：125.

② 邵培仁．传播学．北京：高等教育出版社，2000：312.

地位，从而拥有影响其他社会网络成员的功能。社群媒体环境下受众拥有了更多的信息选择，在理论上有了更丰富的社会资源，对于媒体的使用也更加公平。这在一定程度上暗示了传统意见领袖群体的扩展以及其中的单一个体功能的弱化，但意见领袖作为一个概念并非消亡，只是它相对于以前的定义展示了不同的内涵与维度，其基本功能如下：

第一，信息“母港”功能。信息“母港”即信息的“集散地”。意见领袖针对某些议题发布原创性的意见，别的媒体通过它们连接来将这些信息进行更广泛的传递，这样，信息“母港”成为在一定社群媒体网络中传播的中心“节点”，即总信息源。在政治传播中许多终端受众以及各级的再传播者首先从这些信息“母港”中获取信息，而通过搜索引擎来追寻相关信息往往发生在此之后，是对信息“母港”发布的信息的确认、反映或者解释。

第二，“解读者”功能。意见领袖在“二级传播”模式中，是一级信息的积极消费者，同时承担了对所掌握的信息进行解读的职责。在现实中，作为信息“解读者”的意见领袖是否可以保持这种角色，受到终端受众的反馈的影响。来自受众的正面评价，表示支持或赞赏态度的回应，可以成为激励解读者的外部动能。

第三，“过滤器”功能。有政治传播研究者将这种功能划分为“过滤信息、提供专业、网络告知、赢取注意、框架争论、机遇之窗”六种形态。

第四，“传递者”功能。作为信息传递者的意见领袖在新环境下的效能是非常显著的，在某些情况下甚至比信息的始创者对终端受众的影响更大。作为一种特别的意见领袖，是信息传播的“相变点”，信息传递在这一临界点传递速度发生几何级提升，经过它们信息在实践上可以实现最大范围地达到“大众”。相对于信息“母港”中信息的首创者、“过滤器”中信息的筛选，以及“解读者”的对信息的重构，信息的“传递者”在互联网时代的传播中的功能实现所需要的资源更少，因为“传递者”不需要对信息进行再处理，甚至传递者本身无须对信息加以深度认知。

第五，“协调人”功能。意见领袖的作用通常发生在政治传播过程中群体讨论的环境下。在最初的拉扎斯菲尔德与其他合作者的研究中，意见领袖比别人更有影响力的特点就是展现在社会网络中。在社群媒体的环境中，成员的互动与讨论通常需要有效的协调。这些协调是虚拟社群中表现为议题讨论参与的激励行为。这些协调行为是意见领袖功能的一种展示①。

不是什么人都可以扮演意见领袖的角色。意见领袖有其最基本的素质要求。诸如价值、信源、知识面、责任感、人际交往、社会地位等②。当然，也不能把意见领袖神秘化。“在互联网时代，出现了一个突出的变化，即‘意见领袖的民主化’。甚至可以说，在网上，凡是持续提供信息和意见的个人都在某种程度上扮演着意见领袖的角色。进一步，我们还可以说，凡是有志于成为意见领袖的人，只要付出足够的努力，就可能在网上成为意见领袖。”③

① 柳旭东．意见领袖在社群媒体传播中的维度．新闻与传播研究，2011（6）．

② 邵培仁．传播学．北京：高等教育出版社，2000：311．

③ 胡泳．我们需要什么样的网络意见领袖?．新闻记者，2012（9）．

四、依赖社交媒体的个体主体：草根民众

“草根”的说法产生于19世纪美国寻金热流行期间，盛传有些山脉土壤表层、草根生长的地方就蕴藏黄金。这个词引申到社会科学中，其最基本的含义就是具有顽强生命力的社会底层民众。我们这里索性就用“草根民众”。

从政治传播主体这样一个独特的视角来说草根民众，首先的一个规定性就是，草根民众是“个人”形态的传播主体。人类的传播伴随着人类的“社会”过程，人类“社会”从生成之日就是一种传播，当传播还不能清晰地界分出“政治传播”的时候，即没有区分为“统治”与“被统治”、“精英”与“大众”的时候，草根民众只是扮演着一般传播主体的角色。这种历史是很悠久的。最早的传播活动是由个人开启的。个人跨出本氏族、本部落、本地区、本国范围的第一步就是全球传播的开始。在历史上，个人一直是信息传播的最通常的载体。比如，众所周知，中国唐代玄奘、13世纪意大利人马可·波罗，分别在古代中印和中欧之间的信息交流中发挥了重要作用。自20世纪70年代以来，随着个人化信息传播科技的发展，个人在传播中扮演着越来越重要的角色。

从政治学的角度看，草根民众作为政治传播主体是崭新的事物，它有两个必要的条件：一是人类的传播技术发展到基于“互联网”的社交媒体时代，二是草根民众民主意识与民主身份的生成。二者相辅相成，缺一不可。

作为20世纪的重大发明，互联网的出现改变了社会。美国著名学者曼纽尔·卡斯特在《网络社会的崛起》中写道：“网络建构了我们社会的新社会形态，而网络化的逻辑的扩散实质性地改变了生产、经验、权力与文化过程的操作和结果。”① 互联网的出现当然给人类的政治带来了深刻的影响。托夫勒就乐观地认为，信息技术将把政治民主推进到一个新的水平。他说：“电子计算机对政治体系带来了难以数计的冲击。那些集中化的大型电子计算机也许将增加国家对个人的控制能力，但非集中的、小型的电子计算机网络却会加强个人的力量。”因此，计算机网络“可能是自有投票箱以来实行民主的最可依赖的工具”②。前互联网时代，政治传播中的草根民众只是与其“被统治、被教化”的政治身份相一致的“受众”，互联网的兴起和广泛使用产生了颠覆性的变化。当政治信息伴随着政治民主成为一种普遍的政治需要的时候，互联网使所有人都可以接近、享用政治信息。由此，草根民众从作为全球政治传播的单纯受众提升为同主权国家、共同体组织、政治领袖、政治精英等并立的主体。互联网的低成本降低了政治信息传播准入的门槛，个人只需一台计算机、一个调制解调器和一根电话线或网线（当无线互联网普及之后，连这些条件也不需要了）就可以参与网络政治信息的传播过程。这就一举打破了大众传媒的霸主地位，将“受众”由信息传播中的“赤贫阶层”变为传播资源的拥有者；互联网所具有的双向（或多向）交互式传播的特点，又使网络传播的参与者在接收信息的同时，可以进行信息的生产、加工和发布，成为信息传播的主体③。从传播技术层面将传

① 卡斯特. 网络社会的崛起. 夏铸九，王志弘，等译. 北京：社会科学文献出版社，2006：568.

② 托夫勒. 托夫勒著作选. 贾旺，等译. 沈阳：辽宁科学技术出版社，1984：309.

③ 程曼丽. 国际传播学教程. 北京：北京大学出版社，2006：77.

统传播模式中的“受众”变成可以掌握主动权的传播者，这就是互联网在个人身上所发生的革命。草根民众“大众化”地成为政治传播主体，是互联网传播技术给人类政治传播主体带来的最大变化。据此有学者甚至认为，在互联网这一带有人际特性而使个人可以便捷使用来展开跨境信息交流的新型大众媒介的技术支持下，公民个体作为全球传播主体的地位显著提升。普通人可以以低廉的费用向全世界自由发布和传播信息，还可以自由地选择信息。在此，个人不仅独立自主地成为传播信息的发布者，而且还有可能成为全球传播中的舆论领袖，对全球社会政治、经济和文化生活产生重大影响①。

草根民众作为政治传播主体最显著的特点有两个：第一，政治身份的模糊性，是主体，但是究竟是“谁”（追究到自然人层面）却不能准确而清晰地确定。无论在传统媒介还是在新媒介中，国家、政党、社会共同体、政治领袖、意见领袖等都是以真实的身份出现的、有据可查的。这些主体往往以明确的政治目的“亮明身份”。与之相对，作为政治传播主体，草根民众的情形则较为复杂。在网络媒介诞生前，处于人际传播和传统大众传播中的个人，在参与政治传播活动时，其身份虽然相对“弱势”和“边缘”，但都是公开的；而在网络媒介中，个人的身份则是模糊的。虽然任何合法用户都可以通过通信线路在公共信息存储区里存取信息，向全社会自由发表言论，各抒己见，但是这些个体用户的真实身份往往都是隐匿的。一个人可以完全随心所欲地选择和扮演现实生活中不可能体验的角色。当然，关于这一特征现在遇到了挑战：网络要不要“实名制”陷入剧烈的争论之中，这就与特定的政治环境紧密相连，甚至涉及政治中的最根本的矛盾，诸如人权问题、自由问题、民主问题，这就是我们上述所讲的草根民众作为政治传播主体必须具备的另一个条件：政治民主的发展。第二，政治内容的虚幻性。身份的隐藏带来的是所传播的政治内容的虚假性，当然这并不是说草根民众所传播的政治内容都是虚假的，而是说“真实与虚假”无法对他们形成硬性的法律性的约束。正像卡尔森所言：“在一种没有社会约束力的匿名状态下，人可能失去社会责任感和自我控制能力。”② 在草根民众作为政治传播主体的过程中，其所传播的内容要不要“真实”并在法律的意义上对这种真实负责，已然成为一个严肃而又无法定论的政治问题，这个问题的解决同样也要伴随着政治民主的发展。

草根民众作为政治传播主体其形式是多种多样的。互联网出现之后，当个人拥有了具备即时传播能力的各种“自媒体”时，几乎所有的新媒介传播形式都被公民运用到政治传播活动中。夸张一点讲，对个人来说，使用多少种一般意义上的新媒介传播形式，就有可能拥有多少种政治传播形式。在当前——想象不出未来会出现什么传播形式——毫无疑问，微博、微信是最为突出、传播力最强、影响力最大的传播形式。

微博、微信是在信息技术和媒介技术融合中出现的，它们融合了媒体、移动通信、互联网的特性和优势，成为当今媒介生态的重要组成部分，同时也展现出了传统大众媒介所不具备的一些特点。微博、微信的进入门槛低，迎合了人们的对于信息寻求的心理，满足了网民作为一个信息接收者同时也是信息发出者的双重性身份的要求，反映了信息

① 李智．全球传播学引论．北京：新华出版社，2010：118．

② 卡尔森．表演与后现代．国外社会科学，1998（3）．

传播“去中心化”的时代趋势。微博、微信的传播方式在时间维度上是即时传播，在空间上是裂变式传播。麦克卢汉认为：“媒介是社会发展的基本动力，也是区分不同社会形态的标志，每一种新媒介的产生和应用，宣告我们进入一个新的时代。”[1] 微博、微信的产生与发展，虽然不能像麦克卢汉所说的那样宣告我们进入一个新时代，但也着实改变了传播形态，尤其是改变了政治传播形态。有了微博、微信，似乎草根民众均成为关心政治、传播政治，甚至参政议政的主人了，人们通过微博、微信比任何时候都关心政治，人们在微博、微信上关于政治的话题、议题比任何话题都多而深。难怪一些从事新闻工作的人甚至呼吁“新闻执政”。某种意义上可以说，微博、微信时代意味着“全民政治时代”的到来。

---

① 莱文森．数字麦克卢汉：信息化新纪元指南．何道宽，译．北京：社会科学文献出版社，2001：12.

第四章

政治传播内容

政治传播是政治共同体内与政治共同体间的政治信息的流动过程，这就是说，政治信息是政治传播的核心内容。然而，政治信息只是一个非常宽泛、带有指称性的范畴，本书中我们把政治信息拆解为意识形态、政治价值、政治文明三个层面或三种类型。

第一节　政治信息：政治传播内容总称

政治信息，意味着从“政治”中解构出来的本质因素，即“信息”只能是“政治”的。政治信息的扩散，意味着从“传播”中解构出来的本质要素，即政治信息是在被传播的过程中的。

一、信息

“信息”这一概念伴随信息科技革命，成为当代社会变迁的核心，甚至有人指出，它将人类引领至一种新形态的社会——信息社会。对“信息”的定义有很多种，这些定义从不同角度、不同侧面表明了信息的特性。如信息论的奠基人香农（Shannon）把“信息”理解为用来减少随机不确定性的东西。控制论创始人维纳强调信息的交换特质。霍顿认为信息是经过加工处理的数据。还有人认为，信息是伴随新科技的出现而不断涌现的一种新的知识类型。我国研究信息的学者钟义信在超越自然科学理论与人文社会科学理论界限的基础上从两个层面界定了信息：一是没有任何约束条件的本体论信息。在此层面上，信息是事物运动的状态以及它的状态的变化方式。它只与事物本身的因素有关，而与认识主体的因素无关。换句话说，本体论的信息不以主体的存在为前提，它客观地存在着，即使不存在主体，信息也依然存在，只是没有人去感知、表述和利用它而已。

二是受主体约束的认识论信息。在此层面上，信息是事物的运动状态及其变化方式被主体所感知和表述，包括状态及其变化方式的形式、含义和效用。信息的产生、获取和利用离不开主体——人，并且必须从主体的立场来考虑信息。没有主体，就不能认识信息，更无所谓利用信息。主体是一个约束条件，它的引入使信息的内涵变得丰富和复杂，可以划分为语法、语义和语用三个层次：作为主体的人具有感知能力，能够感知到事物的存在和运动状态，这是语法信息；人具有理解能力，能够理解事物的存在和运动状态的含义，这是语义信息；人具有目的性，能够判断事物的存在方式和运动状态对其目的而言的效用价值，这是语用信息①。

其中，语法信息是基础，是最基本的层次，它以某种抽象符号及其序列来表示事物运动状态及其变化方式，通过主体的传感系统来感受；在语法信息的基础上，语义信息赋予表示事物运动状态及其变化方式的抽象符号及其序列具体的含义，呈现“是什么”的内容。语用信息是最复杂的层次，它以语法和语义信息为基础，表述事物运动状态及其变化方式与主体的目的、效用关系，呈现“为什么”及其意义。

认识论信息包含了语法、语义和语用三个层次，可以用全信息来称谓，是进行科学研究的最基本概念，是真实存在而又具有重要作用的概念。不论是信息技术科学还是社会科学，都以它为核心展开研究。归纳不同学科对信息的分析和认识，它的一般特性可以概括为：信息存在的普遍性和客观性，信息的层次性和转化性，信息的传递性和共享性，信息对物质载体的依附性，信息的有序性，等等。信息具有的这些特性又会加强我们对信息概念的深入理解和认识。

特别值得我们注意的是，引入某种新的约束条件或减少某种约束条件时，不同层面之间的信息会发生转化，如本体论的信息和认识论的信息之间会发生转化，认识论信息的三个层次：语法、语义和语用信息之间也会发生转化。此外，引入新的约束条件或减少某种约束条件时，会增加或减少信息的层次和类型，信息的范围随之更加狭窄或广泛，信息的内涵更加特殊、丰富或普遍、一般，如表 4-1 所示。

表 4-1 信息结构

<table>
<tr><th>约束条件</th><th colspan="2">定义名称</th><th>所属层次/类型</th><th>适用范围</th><th>信息内涵</th></tr>
<tr><td>无</td><td colspan="2">本体论信息</td><td>最高/一般信息</td><td>最广</td><td>一般、普遍</td></tr>
<tr><td rowspan="3">主体（最弱）</td><td rowspan="3">认识论信息</td><td>语法信息</td><td rowspan="3">次高/社会信息</td><td rowspan="3">次广</td><td rowspan="3">较丰富</td></tr>
<tr><td>语义信息</td></tr>
<tr><td>语用信息</td></tr>
<tr><td>⋮</td><td colspan="2">⋮</td><td>⋮</td><td>⋮</td><td>⋮</td></tr>
<tr><td>（较强）</td><td colspan="2">较特殊的认识论信息</td><td>较低/社会信息</td><td>较窄</td><td>丰富</td></tr>
<tr><td>⋮</td><td colspan="2">⋮</td><td>⋮</td><td>⋮</td><td>⋮</td></tr>
<tr><td rowspan="2">政治传播（最强）</td><td rowspan="2">最特殊的认识论信息</td><td>政治信息</td><td rowspan="2">最低/社会信息</td><td rowspan="2">最窄</td><td rowspan="2">丰富、特殊</td></tr>
<tr><td>政治话语</td></tr>
</table>

① 钟义信. 信息科学原理. 5 版. 北京：北京邮电大学出版社，2013：66-68.

二、政治信息

我们引入一个更加具体的约束条件——政治传播，以政治传播为基点，我们能够从一般的社会信息中甄别出政治信息，因为政治传播是现代政治活动方式的重要体现，政治传播的内容不再是一般意义的社会信息，而是政治领域、政治系统或与政治领域、政治系统相关的信息，是具有政治属性的信息。现实的政治活动很多，有国家、政府层面的活动，社会公共事务的管理活动，社会秩序的稳定与社会中的冲突，以及权力、利益、资源的分配，等等。政治信息即是涵盖了上述所有这些活动和现象的信息，它是以中介形式对各种政治活动、政治关系相互作用，以及其运动过程、变化的表征。

正像施拉姆认为传播中的信息给决策以“确定性”一样，政治信息的表现形态虽然各异，但对政治组织的决策、政治系统的控制、政治问题的解决等都具有决定性的意义。在现代化信息社会里，充分利用政治信息对保证国家机器的正常、高效运转至关重要。政治传播的基本内容是政治信息的传递。

三、政治信息的分类

政治信息也是非常抽象而宽泛的，没有一个公认的标准可以对其进行分类。依据学者的研究①，分类见表 4－2。

表 4－2 政治信息的分类

表现形态	含义	具体形态	作用
观念形态	表现为关注政治理论、学说、思想、观念、意识等方面的政治信息	对政治实践的总结，对时事政治的阐述，对政治系统的评价，对政治斗争的论断，等等	了解一定政治行为主体在处理各种政治关系时的态度和见解
实体形态	反映国家机器及其运转状况的那部分信息	政治制度及其性质，政治系统及其结构、功能，政治关系构成，如国家形态、政治组织形式及活动方式，等等	了解一定的国家制度的性质、体系、特征及政治生活和关系
潜在形态	通过一定的状态及行为表现出的各种政治心理状态	表现为一定的情感、习俗、信念、态度与行为	对社会政治关系及政治生活的一种不系统、不定型、带有一定意识倾向的反映
流动形态	不断运动变化的政治信息，比如政治运动，也包括在经济、文化、军事等社会生活领域发生的一些事	政治斗争、政治变革、政治行动等	引起政治关系和政治局势的变化

显而易见，在政治传播中，“实体形态”与“流动形态”的政治信息都是一种特殊的“支流性”研究，比如政治象征、政治仪式、政治场景、政治建筑等，不太容易从“传

① 景跃进．政治学原理．北京：中国人民大学出版社，2011：268．

播”的角度进行描述和研究。事实上，政治传播中的政治信息也主要是指“观念形态”和“潜在形态”的政治信息。在我看来，观念形态的政治信息主要是意识形态，潜在形态的政治信息主要是政治价值和政治文明。从另一个角度看，设想政治信息为一个球体，那么其表层结构就是意识形态，中层结构就是政治价值，深层结构就是政治文明。三层结构的“可传播性”也是十分不一样的。

第二节　政治信息（一）：意识形态

说到政治传播，人们的第一反应就是：政治传播就是一种意识形态的传播。可见，意识形态在政治传播内容中的重要地位。其实，单从外观上看，政治传播给人的整体观感就是一种意识形态的传播，但实质上，新形态的政治传播学恰恰是要突破意识形态的“禁锢”，走向更加具有政治包容性的新境界。

一、意识形态是观念信息

马克思是意识形态理论史上最重要的思想家，对意识形态研究的两个最重要的方向或领域——认识论的和社会学的，都要追溯到马克思。

马克思对意识形态这个概念的规定出自《〈政治经济学批判〉序言》：

> 我所得到的，并且一经得到就用于指导我的研究工作的总的结果，可以简要地表述如下：人们在自己生活的社会生产中发生一定的、必然的、不以他们的意志为转移的关系，即同他们的物质生产力的一定发展阶段相适合的生产关系。这些生产关系的总和构成社会的经济结构，即有法律的和政治的上层建筑竖立其上并有一定的社会意识形式与之相适应的现实基础。……随着经济基础的变更，全部庞大的上层建筑也或慢或快地发生变革。在考察这些变革时，必须时刻把下面两者区别开来，一种是生产的经济条件方面所发生的物质的、可以用自然科学的精确性指明的变革，一种是人们借以意识到这个冲突并力求把它克服的那些法律的、政治的、宗教的、艺术的或哲学的，简言之，意识形态的形式。①

在这段话里，同时出现了两个概念即“意识形式”和“意识形态”。这是因为，在马克思所创立的历史唯物主义看来，社会意识形式和社会意识形态都来源于“社会意识”，都是对社会意识进一步的逻辑上的规定。马克思主要是以与经济基础的关系为根据，来界定意识形态的本质的，即以是否反映经济、是否受经济基础决定的角度，把社会意识区分为意识形态（属于上层建筑）和非意识形态（不属于上层建筑）。

意识形态的本质不是一种独立于社会存在的“实体”，而是附着于经济基础的一种“属性”。从逻辑关系上看，意识形式是对社会意识的进一步“规定”，意识形态又是对意识形式的进一步的“规定”，它们是逻辑递进关系而不是并列关系。形成它们之间区别的

---

① 马克思，恩格斯．马克思恩格斯选集：第2卷．3版．北京：人民出版社，2012：2-3．

条件是：意识形式对社会意识来说，是社会意识要经过专门的“劳动”，使之在“形态”上理论化和系统化，没有这个条件，社会意识就只是散乱的思想意识而已，不能成为社会意识形式，比如，哲学、宗教道德等等；而意识形态对社会意识形式来说，要看社会意识形式是否受“占统治地位”的特定经济基础的决定并为其服务，没有这个条件，社会意识形式就不是意识形态。

从逻辑上讲，社会意识、社会心理、社会意识形式、意识形态，都不是“体”，只有“社会存在”才是它们的“体”。但是相对来说，社会意识是社会意识形式的“体”，社会意识形式是意识形态的“体”。质言之，意识形态是“社会意识形式”在获得了某种功能——上层建筑的功能——以后的表现形态或称谓形态。它本质上还是一种社会意识形式。“意识形态性”只是它的属性或功能。作为“功能”或“属性”，从其哲学本性上看，它永远不会具有和这个事物本身的“体”同等的涵盖域，因此它不会具有绝对的普遍性。事实上，“意识形态性”并不能“套”在任何一种社会意识形式上，离开“意识形态性”，并不影响社会意识形式作为社会意识形式而存在，比如，逻辑学、语言学等，如果全部的社会意识和社会意识形式都具有这种功能或属性，那么就可以把它们都视为“意识形态”，但社会生活的实际却不是这样。

马克思对“意识形态”的贡献是：赋予其“政治”的本质属性，并进一步由于其“政治性”而成为不易传播的包裹在政治信息上的“坚硬的外壳”。

二、意识形态的三大维度

正是由于人们都生活在特定的意识形态之中，所以，人们总是从特定的价值立场和意识形态来论说认知意识形态。我们可以从科学、价值、特定政治信仰三个维度把握意识形态。科学维度的意识形态有虚假与否问题，价值维度的意识形态有正当与否问题，信仰维度的意识形态有欺骗与否问题。

第一，意识形态的科学维度。前面已经陈述，意识形态的本质内核是人的“社会意识”，而人的意识则是对外部自然或社会或外部对象的反映。因此，应该首先从科学的维度即意识是否正确反映了外部自然或社会的角度来把握意识形态的本质属性。既然是对外部自然或社会的反映，那就存在一个这种反映的“真实”与“虚假”问题。一般情况下，对外部自然反映的真实与虚假被列入自然科学，而对“社会”反映的真实与虚假，情况就比较复杂，有些“虚假”，仍属于类似于自然科学探索过程中的认识“错误”，它属于一般认识问题；而有些“虚假”属于“故意虚假”，这就属于特定的政治问题。

学术界探讨得沸沸扬扬的“意识形态虚假性”问题，需要从新的角度和新的境界来认识。我们认为，可以从“来源”与“功能”两个角度认识“虚假性”问题。从来源上讲，是不是真实地反映客观生活决定了意识形态的虚假与否。在这个意义上不能认为所有的意识形态都是虚假的，即是说，不能把虚假性视为意识形态的本质；从“功能”的意义上说，是不是用特定的意识形态去虚假性地影响甚至“统治”别人决定了意识形态的虚假与否。为区别这两种“虚假”，我们把前者称为虚假，把后者视为“欺骗”。就是在这个意义上，也不能认为所有的意识形态都是欺骗人的，即是说，同样不能把欺骗性视为意识形态的本质。

第二，意识形态的价值维度。意识形态并不都是虚假的，更不都是欺骗的，科学维度的意识形态说明，并不能仅仅从“科学”的虚假与真实这一单一的维度来把握意识形态。意识形态本质上作为人的一种“意识”，又是一种不能完全脱离人的主体状况的价值意识，就是说，我们还必须从价值的维度来把握意识形态。

价值维度意识形态与科学维度意识形态的主要差别在于，价值维度意识形态是从价值论的角度考察意识形态的，而科学维度意识形态是从认识论的角度考察意识形态的。从科学认识论的角度考察意识形态，就是要考察意识形态的虚假与真实，以及导致虚假意识的认识和社会根源。而从价值论的角度来考察意识形态就不是探讨其“虚假与真实”的问题，而是要考察其正当与否的问题。科学研究中，探讨自然、社会、人类思维客观状况的知识体系，是用来探求真理的，它们不是价值观体系，没有正当与否的问题。而各种“学说”和“主义”都是价值观念体系，都可以视为价值维度的意识形态理论。

第三，意识形态的特定信仰维度。作为一种信仰的意识形态，是对价值维度意识形态的进一步约限，其特质在于意识形态与特定政治理想和政治信仰的内在关联。一般地说，这种意识形态是真正的“占统治地位”的意识体系。这种意识形态无所谓“虚假和真实”，也无所谓“正当与否”。它是刻意和自觉所为，它公然申明自己的政治立场。要说“主观故意欺骗性”，只有这个维度的意识形态才可能具有。当然，也不是必然具有。马克思所揭露的当年的“虚假性”的德意志意识形态，正是这种意识形态。

意识形态作为一种特殊的精神现象，是一种充满着理想的精神诉求。意识形态天然地包含由特定政治理想所驱动的信仰旨归。意识形态作为“占统治地位”的思想意识，其实质必然是这个社会的一种广义的政治思想，直接表征社会的政治理想，成为某种政治话语系统及其政治行为的思想预设。因此，解释意识形态，必须深深植根于社会的政治使命、政治理想、政治信仰。意识形态常常是作为社会主体阶级权利的合法性论证。

意识形态作为一种政治信仰，深深地“洇渗”于社会的政治统治之中。意识形态作为一种政治理想，总是在不断地进行着由经济而政治、由市民而国家、由思想而制度的信息传递和社会编程，为其所属的那个阶级的精神王国礼赞。重温马克思、恩格斯当年以资本主义社会的政治为例对资本主义意识形态的批判就可以深刻领会这一点。马克思、恩格斯认定正像“封建的教会组织利用宗教把世俗的封建国家制度神圣化”一样①。一切意识形态都或多或少、或直接或间接、或理性或工艺、或观念或形象地把国家制度神圣化，变成世俗化、刚性化的宗教。

作为特定政治信仰的意识形态，在现实的政治生活中最容易成为一种“社会性的幻象”和“虚妄的精神生产”。仍以当年资本主义德国的意识形态为例，马克思、恩格斯指出，所有的德国哲学家都断言：观念、想法、概念迄今一直统治和决定着人们的现实世

① 马克思，恩格斯．马克思恩格斯全集：第8卷．2版．北京：人民出版社，2018：608.

界，现实世界是观念世界的产物，因而“德国唯心主义和其他一切民族的意识形态没有任何特殊的区别。后者也同样认为思想统治着世界，把思想和概念看作是决定性的原则，把一定的思想看作是只有哲学家们才能揭示的物质世界的秘密”①。他们把社会存在决定社会意识的原则贯彻到对意识形态幻象思维的分析中，认为其虚幻性来自对生活世界的颠倒反映，这种反映方式最终是由它所反映的那个颠倒了的世界决定的。在针砭德意志意识形态的幻象思维痼疾时，马克思、恩格斯曾给出了一个破解其隐秘的总体性方法：要说明意识形态幻象思维“这种曾经在德国占统治地位的历史方法，以及它为什么主要在德国占统治地位的原因，就必须从它与一切思想家的幻想，例如，与法学家、政治家（包括实际的国家活动家）的幻想的联系出发，就必须从这些家伙的独断的玄想和曲解出发。他们的实际生活状况、他们的职业和现存的分工非常明白地说明了这种方法”②。

三、意识形态的五大特征

当代世界仍然是一个意识形态的时代：

> 意识形态的时代，既是一个充满希望的时代，也是一个困惑失望的时代。乌托邦式的幻想接踵而来，然后暗淡无光地接踵而去。正像许多其他方面所证明的，我们的现代世界又被意识形态证明，确是一个不断变化的世界。③

这是克拉莫尼克与华特金斯在其著作《意识形态的时代》中的看法。他们认为现代意识形态仍不失其“革命性”和“民众性”的本质性特征。认为自从美国革命和法国大革命以来，政治意识形态一直立足于一个革命的信念。这个信念深信：人类的知识和力量可以让人世间的生活臻于完美。因此可以断言，“好斗的革命性”是现代意识形态的典型特征。因此，自觉地唤起民众，强调民众是进步与意识形态胜利之后的最终受益者，进一步显示了现代意识形态的革命特征。与历史上的任何运动相比，现代意识形态运动由于宣称权威的合法基础是民众的赞同，因而是史无前例的从根本上属于民众的运动。

在他们看来，现代意识形态不仅具有革命性和民众性这两个特征，而且具有三个其他的特征：第一个特征，现代意识形态致力的目标是典型的乌托邦式和天启式的。由于让人民群众期待一个明确的建立新的理想秩序的胜利，能够比较容易保持人们的勇气，现代意识形态家一般倾向于用确然而乐观的措辞来界定他们的目标。第二个特征，现代意识形态家惯于按照简单的“我们与他们”即朋友与敌人的关系思考问题。而这一特征，实际上，正是他们立足乌托邦主义的一个自然结果和自然征兆。相信自己的目标符合民众利益因而他是绝对不能抗拒的人，总是怀疑反对者的动机包藏祸心。第三个特征，虽然普遍性不及刚才提到的两个特征，却也值得我们牢记于心。在19世纪结束之前，成功

① 马克思，恩格斯. 马克思恩格斯全集：第3卷. 北京：人民出版社，1960：16注①.

② 同①56.

③ 克拉莫尼克，华特金斯. 意识形态的时代. 章必功，译. 上海：同济大学出版社，2006：8.

的意识形态运动一直从意识形态家对人类进步所抱的乐观积极的展望中吸取了许多力量。直至到今天，大抵上，也还是这样①。

四、被传播的意识形态

在任何形态的政治系统中，意识形态都具有强大的功能。但是，不能忽略的是：离开动态的传播过程，意识形态的这些功能将不复存在。

从传播的角度，或者说，把意识形态作为一种政治信息放在传播学中考察的是英国学者汤普森。他的《意识形态与现代文化》一书开辟了对意识形态研究的崭新路径。汤普森对意识形态研究的贡献，与其说是意识形态与现代文化的关系②，不如说是他从政治传播的角度探讨了意识形态。

汤普森首先突破了传统意识形态批判将意识形态概念中性化或彻底消除的思路③将意识形态问题视为某种更广泛的问题域的组成部分，权力与统治的形式、社会结构的性质、社会再生产与社会变革，尤其是象征形式及其在社会生活中的作用，构成了这种更广泛的问题域。所谓的“象征形式”源自文化人类学家格尔兹的“象征性概念”，即文化是体现于行动、语言和各种有意义的事物中的意义形式，人们依靠它们进行相互交流并且分享某些经验、观念及信仰。汤普森在借用格尔兹的“象征性概念”分析意识形态和文化现象的同时，进一步深化了这一概念，强调象征形式的生产与被接受是发生在结构性社会背景内的过程，即在具体社会历史背景和进程中产生、传输和接收。如此，意识形态便不再是简单的“社会胶合剂”或某种寻求集体共有价值观的努力，而是某种象征形式通过政治系统中的产生、传输和接收在社会中的应用，是意义服务于创立和支撑政治统治关系的方式。

在他看来，任何象征形式的意识形态要“价值化”即成为具体发生影响的象征形式，不仅需要生产，还必须传播。因此，汤普森将近现代以来大众传播的发展与转变，作为透视意识形态与现代文化本质的独特视角。他认为，在现代大众传播时代，意识形态象征形式的传输与交换，已经不再局限于面对面的互动场景中，而是由大众传播作为中介所左右。由于大众传播的流动主要是单向度的，因此势必在生产者与接受者之间发生某种基本的“断裂”，这种因技术媒介的部署而造成的“断裂”使得社会互动与具体的场所分开。这一方面最大限度地提高了潜在的、不可见的受众的被覆盖率，通过意识形态的传播极大地影响了他们的政治生活；另一方面却也带来了新的威胁，即传媒对意识形态的再造与控制。

---

① 克拉莫尼克，华特金斯. 意识形态的时代. 章必功，译. 上海：同济大学出版社，2006：5-8.

② 这一论题并不新鲜，此前有太多的人都从不同的角度探求了意识形态与文化的关系。

③ 他的原话是这样的：“提议对意识形态概念作重新阐述，使我们能避免败坏许多近来理论著作的若干倾向。首先，它使我们避免先前提到的那种倾向：把意识形态视为一种‘社会胶合剂’，它通过把社会成员联合到一起并提供集体共有的价值观与规范，成功地稳定社会。这种设想盛行于当代著作中，然而它所根据的设想是可疑的而且不可行的。没有什么证据能说明某种价值观或信仰是现代工业社会中全体（或者即使大多数）成员所共有的。而且，没有理由认为复杂的工业社会的稳定要求并依靠对特定价值观与规范的一种共识。”汤普森. 意识形态与现代文化. 高铦，文涓，高戈，等译. 南京：译林出版社，2005：8.

汤普森把意识形态置于大众传播时代大众传播内容的核心位置，向我们详尽展示了意识形态在传播过程中被媒介化的状态。

论点一：现代社会中的意识形态分析必须把大众传播的性质与影响放在核心位置，虽然大众传播不是意识形态运作的唯一场所。在以大众传播的发展为特点的社会里，意识形态分析应当集中关注大众传播的技术媒体所传输的象征形式。意识形态分析不应集中于由政治集团所制定和信奉的世俗信仰体系，而应首先面向象征现象在社会领域中流通并与权力关系相交叉的多种复杂方式。大众传播的技术媒体是中心关注点，它不但是象征形式的流通与传播渠道，而且是一种新型社会关系的机制。

论点二：大众传播的发展，大大扩大了意识形态在现代社会中运作的范围，因为它使象征形式能传输到时间与空间上分散的、广大的潜在受众。如果我们根据象征形式所传达的意义用于建立和支撑统治关系的方式来构想意识形态，可以看到大众传媒尤其是电子媒体的发展对意识形态现象的宣传与传播具有巨大的影响。

论点三：我们不能只通过分析传媒机构的组织特征或传媒信息的特点来认识大众传播的意识形态性质，而必须根据受众的背景加以分析。

论点四：大众传播的各种媒体所传输的信息具有意识形态性质。①

五、被“终结”的意识形态

自从人类社会有了意识形态，人类社会的政治就被绑在这架“战车”上滚动、传播、砥砺。由于人类政治的相容性，意识形态形成并传播了人类的政治文明；又由于人类政治的差异性，意识形态越来越形成坚硬的政治外壳。终于，意识形态成了如下这个状貌：

> 意识形态是一套有或多或少内在一致性的思想观念，不管目的是维护、修正还是推翻现存的权力关系体系，它都提供了有组织政治行动的基础。因而所有的意识形态都（a）通常以世界观的形式解释现存秩序，（b）提供一个理想未来的模式和美好社会的构想，（c）勾画政治变迁何以产生并应该如何发生。但各种意识形态并非封闭的思想体系，相反，它们是由流动的思想观念组成，这些思想在某些方面互有重合。在“基础”的层次上，意识形态类似政治哲学；在“操作”层次上，它们表现为一般的政治运动。②

意识形态传播、砥砺的历史，可以以“国家与社会”或“国家与个人”的关系为轴线划出“自由主义”与“保守主义”两大阵营。种种“主义”形态的“意识形态”，无一不是这两大阵营的延伸和变种。“自由主义”与“保守主义”支配并伴随着人类的政治走过了“热战”“冷战”“博弈”“亲和”的历史。在这种历史的过程中，人们在特定意识形态的支配下的一个共同的愿望是“终结”意识形态——一种意识形态“消灭”另一种意识形态。“意识形态终结论”并不只是一种思想和理论领域的斗争，而是紧密伴随着现实的政治斗争。

---

① 汤普森．意识形态与现代文化．高铦，文涓，高戈，等译．南京：译林出版社，2005：286-291.

② 海伍德．政治学：第2版．张立鹏，译．北京：中国人民大学出版社，2006：51.

1960年，美国社会学学者丹尼尔·贝尔发表了题为《意识形态的终结？——50年代政治观念衰微之考察》的文章。他认为法西斯主义政治意识形态在整个世界已经失去了吸引力，而其他政党之间的分歧仅仅在于它们当中谁更有资格或能力领导国家和社会，促进经济增长和繁荣，因此经济压倒了政治，而政治则简化为怎样实现繁荣及诸如此类的技术型问题，或者是什么样的社会是好社会这样的道德和哲学问题。显然，当丹尼尔·贝尔只是将法西斯主义看作意识形态，而认为自由民主并非意识形态时，这种观点本身就是意识形态的。从当时国际政治的实际情况看，西方社会度过了20世纪50年代和60年代初期的“黄金时代”，到60年代后很快见证了意识形态的汹涌。“冷战”时期的历史表明，意识形态冲突始终运行在政治之中。1989年，苏联和东欧国家的政权发生剧变，“意识形态终结论”又卷土重来，美国学者弗朗西斯·福山再次发表《历史的终结》。福山并不是认为意识形态变得不重要，而是说某种意识形态——自由主义民主——业已战胜敌手，并且这是决定性的最终胜利。福山仍然将一种意识形态占主导地位的格局称为意识形态的终结——只是这回显得更加有信心了，连带历史也终结了。

安东尼·吉登斯则认为，传统的“左”与“右”的意识形态，在一个以全球化、传统衰落和社会反思性扩展为特征的社会中愈发变得不适用。“后现代主义”以另外一种方式解释上述发展，该理论指出，主要的意识形态——或者说“宏大叙事”——本质上都是过去现代化时期的产物。从关于“意识形态终结”的意识形态之争可以看出，“所谓意识形态终结、历史终结以及现代性终结的论断本身也可看成一种意识形态，它们不仅没有带来意识形态的最终消亡，反而显示出意识形态争论仍然存在且很激烈；意识形态的演化还在继续，或许这是个永无休止的进程”①。

“无休止的进程”意味着意识形态会被无休止地传播。同一般事物均有产生、发展、灭亡一样，意识形态不会终结是指意识形态的斗争不会终结。对于任何一种具体的意识形态而言，虽然政治统治者即意识形态的创立者极力维系旧有的意识形态，但是终结也免不了特定意识形态的灭亡。这其中，意识形态的“传播”（宣传）在其中具有举足轻重的作用。正像我们过去十分不理解当年的法西斯意识形态，明明很荒谬却依赖“宣传”而那样地“深入心灵”，使人“弯曲了脊梁”。当然，文明最终会战胜野蛮，意识形态的生命，依赖于“传播与宣传”但是却不取决于传播与宣传。当年拉斯韦尔在他的《政治学》中说到意识形态，曾无比感慨地写下这段精辟的文字：

> 一种公认的意识形态是能够自己长期存在下去的，不需要那些受益最多的人去进行什么有计划的宣传。当有人为了寻求传播某种信念的方法而煞费苦心的时候，就表明该信念早已奄奄一息了，社会的基本前景已经衰败了，要不就是一种新的胜利的前景还没有获得男女老少各色人等的自发的忠诚。一个对自己毫无忧虑的国家多么幸福啊！至少少数几个从普遍默认中得到主要好处的人多么幸福啊！在群众受着信心的驱使，而精英又满怀自信的情况下，那些将特殊利益给予他人的生活制度是没有必要去搞什么阴谋诡计之类的活动的。②

---

① 海伍德．政治学：第2版．张立鹏，译．北京：中国人民大学出版社，2006：79．

② 拉斯韦尔．政治学：谁得到什么？何时和如何得到?．杨昌裕，译．北京：商务印书馆，1992：19．

第三节　政治信息（二）：政治价值

长期以来，人们把意识形态与政治价值不加区分，认为政治价值就是意识形态，其实不然，意识形态蕴含着政治价值，但并不等同于政治价值。政治价值是一种政治规范，或者说是从规范分析角度对政治生活的规定，其要旨是建立在现实政治生活基础上的面向理想政治生活的诉求。而意识形态虽然也包含着面向未来政治理想政治生活的政治信仰，但是，其要旨是用于指导、约束现实政治生活的经验性诉求。在政治传播中，二者均可属于可传播的“政治信息”范畴。但是，如前所述，意识形态由于其特定政治经验所具有的坚硬的“政治性”，在被传播中充满着拒斥和斗争。而政治价值，由于其“面向未来”所提供的“理想空间”，虽然在被传播中也有一定程度的“歧见”，但总体上相容性更强。

一、政治价值的三个级态

政治价值“洇渗”于政治制度、政治行为的深层，对人类的政治生活有着举足轻重的影响。西方政治学者对这一概念有不同理解。如拉斯韦尔认为，人们希望得到的事物——权力、尊重、正直、仁爱、财富、幸福、技能和启迪等，都是有价值的事物；伊斯顿认为，价值指权力、财富、技能、知识、安全、声誉等有形或无形的事物，而政治就是对“价值的权威性分配”。多数西方学者主要用政治价值指人们对政治活动和政治现象的道德、伦理的评价和判断，以及人们“应该做什么”的信仰、规范等观念，如欧洲大陆哲学的代表人物赫费、英美哲学的代表人物罗尔斯等，认为政治价值就是政治的正义性。国内理论界对于政治价值也是众说纷纭。

政治价值可分为“三个级态”：经验价值级态、规范价值级态和终极价值级态。

经验级态的政治价值，是人们从功利主义的立场出发，以满足自己的感官欲望为尺度，对政治生活采取的一种价值评价态度。凡是政治上“有益”的东西，能满足人的感性层面的政治需求的，即是有政治价值的。经验级态的政治价值主要诉诸人的感性行为，诉诸个体的感性层次需要，因此，在这里，政治价值的普遍有效性被湮没于感性经验之中，政治价值形而上意义被经验的物质性取代了。规范级态的政治价值则是一种依附理性命令而建立起来的社会性、规约性极强的价值系统。规范级态的政治价值，是靠理性逻辑来建构的规约性的社会价值系统，虽然它使政治价值具有了普遍有效性，从而消除了经验级态层面的价差别性与不可靠性，但是，规范级态政治价值的确立，并不是像康德所说的自律性的价值确立，而是一种外在的他律性的规约甚至强制。规范级态政治价值的实现必须通过“命令”的形式。但是，倘若规范级态的政治价值只能建立在“命令”的基础上，那么谁来“命令”命令者呢？命令者“命令”的根据又是什么？这将是一个“恶的无限”。在一个不民主的政治社会里，这种命令者往往依附特定的政治意志。康德也正因如此才赫然转向“自律”——依靠自己内心的信仰而规范自己。因此，从价值本体论的角度看，无论是诉诸感性经验的经验政治价值，还是诉诸理性规范的规范政治价值，都无以对人确立一个真实可靠的政治价值系统，都无以安置一个人所真正能够栖居的政治价值世界。这样，终极级态的政治价值便应运而生。与诉诸经验感性的经验级态的政治价值不同，也与诉诸理性规范的规范级态的政治价值不同，终极级态的政治价值要诉诸人的超验的、超理性的政治信仰。而且，经验级态的政治价值和规范级态的政治价值，其作用和意义也只有在终极级态政治价值的感召和牵引下才具有现实性。

政治价值是人们对政治的价值和意义的一种肯认，可传播的是这种肯认的观念和形态即政治价值观。所谓政治价值观，是人们对政治价值基本判断的观念形态。在不同的国家有不同的政治价值观，处于不同经济地位的人们在政治价值观上也显然有别。在社会政治生活中，每个政治个体或集团都会面临着这样那样的价值选择，政治价值的选择是在政治价值判断的基础上进行的，即对一定政治目标——如政治观点、政治理论、统治行为、政治系统及运作的肯定或否定。在这方面，不仅不同的国家、民族的政治个体及不同的社会集团的选择取向大不相同，而且在同一地区、国家、民族的不同的历史时期，人们的选择也会大异其趣。正因如此，政治价值需要通过不同的政治价值观进行传播。

二、政治价值能不能传播

一种事物的“可传播性”，取决于这种事物的“有用性”的可扩展性。有些事物十分有用，但是可能仅适应于其原发环境和系统而不适宜扩展。产生于特定政治系统中的政治价值，除了在本系统的“内传播”之外能不能在本系统之外传播，取决于其对别的系统是否有用，多大程度上有用。这是在意识形态纷争基础上，政治价值传播首先遇到的一个问题。

美国政治学家达尔在分析现代政治时指出，对一个问题的研究中存在着四种“取向”和相应的分析方法，它们是政策分析、规范分析、经验分析与意义分析，每一种关于“政治”的理论以这种或那种方式同时包含了它们，只是构成的比例不同而已。他是这样说的：

> 每一个问题代表着对世界的一个不同的取向，提出第一个问题，人们的取向是要发现一项政策。提出第二个问题，人们的取向是要寻求规范，亦即价值或标准，去判断可供选择的政策。提出第三个问题，人们力图找出现实世界中各种因素之间的经验的关系。提出第四个问题，人们力图澄清意义。因此，我们可以说政策取向、规范取向、经验取向以及语义取向。根据政治分析在特定时间里注重于哪一个问题，人们分别可以说政策分析、规范分析、经验分析和意义分析（有时称为概念或语义分析）。①

---

① 达尔. 现代政治分析：第4版. 王沪宁，陈峰，译. 上海：上海译文出版社，1987：10. 这里我们之所以引用了达尔《现代政治分析》的旧版本，即第4版，因为达尔在此后的新版本中删去了分析政治“四种取向”的理论。但我们认为，这个理论很有价值。达尔虽然不再提了，也不等于说就否定了这个观点。

达尔的这种理论适合于我们对政治价值的可传播性的分析。四个取向中，“政策”与“语义”层面我们暂且不论，仅就其经验和规范两个层面对其可传播性加以分析。所谓政治价值规范层面的可传播性，是指首先在西方或东方社会形成的政治价值是否具有普遍性。比如，首先产生于西方社会的民主、自由、平等、人权等术语所体现的基本政治价值，许多东方国家也已经吸纳或逐步吸纳，已经努力使之成为自身文化的组成部分。在这一意义上，这些政治价值是全人类的财富，是政治文明的结晶。这可称为政治价值的普遍性。政治价值的普遍性具有相对的独立性和超越性，而不依赖于经验政治的实证。即使政治经验生活中不存在承载这些价值的制度安排和经验事实，它们也依然是有效的，这种有效性建立在政治信念的基础之上。但是，经验层面政治价值的可传播性与此不同，它受到实证政治资料的严格检验。其可传播性程度直接受制于两种政治现实之间的相似程度。这样一来，由于各国历史传统、宗教信仰和政治制度存在差异，经验层面的西方政治价值很难直接转移到非西方国家中去，反之，非西方国家的政治价值也很难直接转移到西方国家中去。在这一意义上，我们可以将经验层面的西方或非西方的政治价值的视为一种地方性知识。当然，地方性知识并不意味着它不能提供关于经验事实的规律性认识，只是这种规律具有适用边界的限制①。

经验层面政治价值的可传播性（特殊有效性）建立在现实政治的实证基础上，而规范层面政治价值的可传播性（普遍有效性）建立在超越特定政治现实的政治信仰基础上，但是这两者却不是割裂的。由特殊有效性（适应于地区政治）到普遍有效性（适应于所有政治）的传播和扩展，体现了人类的政治由具有巨大分歧的现实状态不断走向没有分歧的理想状态的历史过程。首先从研究分析方法上对政治价值的经验分析和规范分析是相辅相成的。因为“没有明显的理由表明，为什么在政治研究中科学方法与规范取向是根本不相容的。每种方法都可以丰富别的方法。如果没有经验导向的分析所提供的对现实的测绘，规范分析就容易变得缺乏说服力或干脆分文不值。如果对政治哲学家（即我们通常对那些从事规范政治分析的人的称呼）特意提到的某些根本性问题失去关切，不论是古代的还是当代的，经验分析就有沦落为浅薄之谈的危险”②。既然如此，正像达尔所说：“其一，关于政治的陈述通常包含着规范的和经验的双重成分；其二，即使是纯经验的研究或纯经验的陈述也无一例外地具有其规范的关切，从而把人们的注意力引向正

---

① 景跃进先生在他主编的《政治学原理》中，借鉴了达尔的分析方法，我们这里的分析进一步借鉴了景跃进先生的分析。不过，他是用“知识的可转移性”来分析的。我们是直接分析政治价值的“可传播性”问题。景跃进先生在分析完政治“知识的可转移性”之后，针对中国，创新性地提出了“政治学国别风格”问题——“价值知识和经验知识之间形成了一种辩证的互动关系。价值知识一旦为人们接受，便能成为指导政治行动的信条，从而将价值知识转化成为政治现实。一旦体现了这些价值的新政治制度建立起来，人们的政治行为也就发生了相应的变化。于是，在经验层面上原先存在的巨大差异开始缩小，实证知识可转移性的可能空间也就随之增大。……需要指出的是，价值知识的普遍性及其向政治现实的转化并不意味着各国的政治现实都将趋于一致。例如，民主价值的普遍性并不意味着民主制度的具体形式必然也是一致的。……政治价值与经验现实之间存在着多元的结合方式，这一方面意味着实证知识的可转移性总是会受到相当的局限，同时也为我们建设中国特色的社会主义民主政治提供了一个基本依据。”参见：景跃进．政治学原理．北京：中国人民大学出版社，2011：53-55．我们之所以引用这段话，是因为政治价值的传播问题是政治学国别风格的重要因素，很值得作专门的探讨。

② 达尔．现代政治分析：第6版．吴勇，译．北京：中国人民大学出版社，2012：172．

在加以述说的经验世界的那个特定的部分。”①

第四节 政治信息（三）：政治文明

当我们剥开意识形态的坚硬的外壳，区分出政治价值的分层次可传播性，作为政治传播内容的政治信息的内核——政治文明就显现在我们面前。从传播的角度看，没有人会否认政治文明的传播的可能性和必要性，相反，人们渴望政治文明的交融，渴望各种形态的政治文明通过最广最深最精确的传播与覆盖给整个人类带来的福祉。

一、文明与政治文明

对于“文明”，可以从三个角度来理解和把握。

第一是从人类社会发展的历史阶段这个角度来理解。这种意义上的文明是与野蛮、未开化、原始、兽性相对的，往往与文化、教育、艺术等的发达相联系，这种文明有先进与落后之分、优劣之别。比如，马克思在他的一些著作中就把人类社会从低级向高级发展的历史划分为“蒙昧、野蛮、文明”三个时期；再比如，西方社会学家孔多塞认为文明是一个发展的过程，人类从原始状态到野蛮状态再到文明状态，经历了多个发展阶段，文明作为人类社会整体的进步状态，是指整个人类从野蛮状态向一个从未达到过的高级社会状态的不断发展。他在《人类理性进步的历史概观》一书中描绘人类文明的渐进发展图景，列举了十个阶段。

第二是从人类改造自然和改造社会的积极成果这个角度来理解。这种文明表示着人类社会物质、精神等的不断发展和进步状态。马克思曾把文化的发展、海上贸易的扩大、农业和手工业的发展、劳动的分工和结合等等，都视为文明的应有之义。恩格斯也曾把人类社会所出现的一切物质财富、精神财富看作文明的内容。他在《家庭、私有制和国家的起源》一文中指出，人类创造的物质财富和精神财富的社会形式同文明直接联系，三大奴役形式与三大文明时期相适应。

第三是从一个民族、一个国家、一个地域或具有共同精神信仰的群体的文化遗产、精神财富和物质财富的总和这个角度来理解的。比如像古希腊文明、两河流域文明、中华文明、伊斯兰文明、西方文明等这样的表述。这时的文明，既可以指特定历史阶段的某一社会，也可以指该社会的特定历史延续。既可以是地域性概念，又可以是跨地域、民族、国家的宗教概念。

根据上述文明的定义，政治文明应更多地从第二个角度来理解。政治文明不仅是社会一定历史阶段的特有现象，具有时空的特定意义，同时也是普遍性与特殊性的辩证统一，不同的民族和国家有不同的含义。在目前众多的关于政治文明的讨论中，我们比较赞赏这个看法：政治文明是指人类社会政治生活的进步状态。从静态的角度看，它是人

① 达尔. 现代政治分析：第6版. 吴勇，译. 北京：中国人民大学出版社，2012：10.

类社会政治进程中取得的全部进步政治成果；从动态的角度看，它是人类社会政治进化发展的具体过程。政治文明包括政治意识文明、政治制度文明和政治行为文明三个组成部分，是由这三个部分组成的有机整体①。

在关于政治文明的认识上，很多人不愿意把政治文明与政治文化区别开来。文明与文化的关系本来已经是在哲学上解决了的问题，这就是，文明是文化中的积极的、进步的精华部分，文化中包含着文明却不等于文明，文化不能代替文明，文化“大”，文明“小”。按照这种逻辑，理应先有文化，后有文明。但是，近年来却有一种观点，把文化与文明的关系颠倒过来了，认为先有文明，后有文化，文明与文化并无“精华”与“积极”之分。国内外学术界都存在着这样的看法。这样一来，把本来就十分复杂的“文化”与文明交织在一起搞得更加复杂。

因此，在关于政治文明的认识上，还是要坚持一个基本的要点：即“政治文明是一个褒义的概念。政治文明是人类政治生活包括政治文化的进步状态，野蛮的、落后的、颓废的政治生活、政治文化不能划入政治文明之列。有些人在理解文明时，往往是将文明与文明时代的产物等同起来的，而没有将文明时代的产物区分为进步的和落后的、文明的和野蛮的。这里所说的政治文明，应该是进步的、健康的、民主的、法治的、正义的、和平的、宽容的政治生活。尽管不同时代的政治文明其具体内容是不同的，但必须是本时代进步的政治状态。否则，人们就完全没有必要将政治划分为文明政治和野蛮政治了”②。

可以看出，因为政治文明是进步的、健康的、民主的、法治的、正义的、和平的、宽容的，是人类在政治理性和政治理想的支配下，在长期的历史中积淀的、适应于各种政治环境的政治价值，所以，政治文明恰恰没有政治冲突性。这是作为一种政治信息具体内容被传播的政治文明区别于前述意识形态和政治价值的特质。

二、政治文明依赖传播而生成

人类的政治传播，传播的内容归根结底是一种政治文明。若把人类的政治文明用“西方”和“东方”作最简单的形态划分（当然不是最科学的，这里的“西方”与“东方”具有空间的、地域的、文化形态的、意识形态的等综合性的意义），那么西方的政治文明发展至今，可以归纳为一些基本的理念或原则，比如，代议制民主原理、分权与制衡原理、政府职能有限原理、政党政治原理、政治监督原理、正当法律程序原理、违宪审查原理等。比如，属于东方政治文明、基于中国政治实践的中国特色政治文明也有一些基本的理念：广泛吸收民意与注重集中落实相结合的组织原则，执政党与参政党相互合作、相互监督、相互统一的政党制度，投票式民主与协商式民主相结合的民主形式，总揽全局与各司其职相结合的政权运行体制；社会力量求同存异与团结联合相统一的社会治理模式，自主自治与多元一体相结合的多民族共处共促体制；司法审判与人民信访、人民调解有机结合的矛盾纠纷处理机制，直接表达个人诉求与维护社会根本利益相结合的利益传达机制；等等。

从政治传播的特有角度看，作为没有“政治性”的政治文明是特殊性和普遍性的统一，

①② 虞崇胜. 政治文明概念辨析. 理论前沿，2002（4）.

也是经验与规范的统一。但是，无论是其特殊性还是其普遍性都离不开政治传播。特殊性意味着其在特定的经验政治中生成，这种生成的过程也是一个传播的过程；普遍性意味着其规范价值意蕴在其生成的政治系统以外被接纳、认同，这更是一个传播的过程。即是说，无论在特定的政治系统中，还是不同的政治系统间，政治文明与政治传播都是共生共荣的。

三、政治文明依赖传播而融合

“政治文明的产生很少有重复发明的例子，政治文明的扩散往往是通过政治传播（无论是暴力方式的还是和平方式的传播）而实现的。迄今为止，在人类社会历史上还不曾有过完全雷同的政治模式。”[①] 谢维扬教授在研究中国早期国家形成过程时指出：

> 国家的形成毫无疑问是人类政治智慧的产物。对于早期国家的形成来说，最直接的、历史性的原因应该存在于人群的政治性行为中。没有相应的政治上的创造，任何其他因素都不可能最终使一个民族走上国家制度的道路。而这种政治上的创造或者发明，并不是所有民族都能独立做到的。因此，政治发明对于解释为什么有些地区产生了早期国家，而有些地区则始终未能进入国家进程或并非独立地进入这一进程，有着特殊的说服力。从人类文化发展的角度看，许多比较简单的文化因素（如陶器）在许多地区都有重复的发明。而越是高级的文化因素，重复发明的可能性和概率越是小。国家政治是一种非常高级的文化因素，历史表明，它在世界各地区的重复发明是非常少的。大量的早期国家是某个地区内国家政治文化传播的结果。因此对于那些独立进入早期国家进程的世界上少数几个个案来说，独特的政治发明毫无疑问是导致这些早期国家进程发生的最重要的和最具历史性的原因之一。[②]

正如前面政治价值中关于其“国别风格”的论述中所指出的那样，政治文明的特殊性与经验性说明其有“国别”之分（假设“国家”代表特定政治系统是不同政治文明的载体）。这样，经济发展水平、历史和文化传统等政治经验的差异，在尚存在“国家”的条件下，政治文明是有国别的。既然有“国别”，就不应在政治文明的形态上总是企图“抹杀”这种国别。这一点，就连提出“文明冲突论”的美国政治学家亨廷顿也认同，他说：“正如我们已经看到的，其他国家的领导者有时企图摒弃本国的文化遗产，使自己国家的认同从一种文明转向另一种文明。然而迄今为止，他们非但没有成功，反而使自己的国家成为精神分裂的无所适从的国家。美国的多元文化主义者同样拒绝接受本国的文化遗产。然而，他们并非要美国认同另一种文明，而是要建立一个拥有众多文明的国家，即一个不属于任何文明的、缺少一个文化核心的国家。历史表明，如此构成的国家不可能作为一个具有内聚力的社会而长期存在。一个多文明的美国将不再是美利坚合众国，而是联合国。”[③] 这也就是说，一个国家之所以能作为国家而存在，必定有其能够将该国人民凝聚起来的独特的政治文明。一个国家如果没有一种区别于他国的政治文明，而是

---

① 虞崇胜．政治文明论．武汉：武汉大学出版社，2003：210.

② 谢维扬．中国早期国家．杭州：浙江人民出版社，1995：64-65.

③ 亨廷顿．文明的冲突与世界秩序的重建．周琪，刘绯，张立平，等译．北京：新华出版社，1998：353.

众多文明的大杂烩，那就不能成其为具有内聚力的国家，至多只能是一个松散的联合体。正因为政治文明的产生和发展是有国别的，因此，一个国家的政治文明能否被另一个国家所接受，要取决于被接受国的政治资源和政治环境的可容纳度，即所谓政治文明本土资源的可容纳度。如果一个国家毫无选择地照搬另一国家的政治模式，不仅不可能成功，反而会导致原有政治秩序的混乱，阻碍本国政治文明的正常发展。

政治文明的特殊性决定政治文明有国别，同时，政治文明的普遍性决定政治文明无国界。政治文化有差别、有壁垒，但是政治文明顽强传播，生生不息。正像美国著名文明史研究学者威尔·杜兰所言："文明不会死亡，只会迁移；其住地及装束虽有所改变，但必继续生存。正如个人的死亡为他人留下生存的空间一样，一种文明的凋谢也会有另一种文明代之兴起；生命脱去老皮，而死亡之时突然现出新鲜的少年时期。"他以希腊文明为例，指出：希腊文明并未死亡，它在死亡之前仍然继续生存了几个世纪，而当它死亡之时，却成为留给欧洲及远东诸国无可比拟的遗产。每一处希腊殖民地皆曾将希腊艺术思想的精髓倾注于其内陆的文化血液之中，包括西班牙、高卢、伊特鲁里亚、罗马、埃及、巴勒斯坦、叙利亚、小亚细亚，以及黑海沿岸。罗马也原封不动地接受了希腊世界的遗产：其剧作家改编了米南德与菲利门的作品，其诗人模仿了亚历山大城文学的风格、韵律和主题，其后来的帝国组织则以东方化的希腊君主政体为蓝本；罗马权力的每一次扩张都播撒了希腊文明的酵母。叙利亚的基督教徒接下了希腊的杰作译成意大利文，首先激起了文艺复兴的狂潮。自欧洲的心理再生以来，希腊文明已彻底渗入现代文明，以至今日"一切文明国家在一切有关智能的活动方面，都是希腊的殖民地"。具体到政治文明遗产，他指出："我们的民主政制与独裁政制同样是沿着希腊的先例；虽然国家的权力推广之后所演成的代议制度还是希腊所没有的，但政府对人民负责，由陪审团审判，公民所享思想、言论、写作、集会、信仰的自由观念，都受希腊的更大刺激。"① 如果从历史的角度来看，大凡进步的政治变革，它的政治影响都是超出国界的，它创造的政治文明尽管出自于某一国度，但却是属于全人类的。对此，马克思当年曾以 1648 年的英国和 1789 年的法国革命为例，深刻论述过这个问题。他认为：1648 年革命和 1789 年革命，并不是英国的革命和法国的革命，而是欧洲范围的革命。它们不是社会中某一阶级对旧政治制度的胜利，它们宣告了欧洲新社会的政治制度。资产阶级在这两次革命中获得了胜利；然而，当时资产阶级的胜利意味着新社会制度的胜利，资产阶级所有制对封建所有制的胜利，民族对地方主义的胜利，竞争对行会制度的胜利，遗产分割制对长子继承制的胜利，土地所有者支配土地对土地所有者隶属于土地的胜利，启蒙运动对迷信的胜利，家庭对宗族的胜利，勤劳对游手好闲的胜利，资产阶级权利对中世纪特权的胜利。1648 年革命是 17 世纪对 16 世纪的胜利，1789 年革命是 18 世纪对 17 世纪的胜利。这两次革命不仅反映了发生革命的地区即英法两国的要求，而且在更大程度上反映了当时整个世界的要求②。当我们将某国的某项政治成果称为政治文明时，并不是因为它是在哪一国产生的，而是因为它是顺应历史发展潮流而产生的，带有普遍的指导意义。

---

① 杜兰．世界文明史：第 2 卷．幼狮文化公司，译．北京：东方出版社，1998：869．

② 马克思，恩格斯．马克思恩格斯选集：第 1 卷．3 版．北京：人民出版社，2012：442．

第五章

政治传播渠道

传播需要渠道，政治传播需要更为特殊的渠道。或者说，一般的传播渠道具备传播交流政治信息的性质或功能才可能成为政治传播渠道。现在的传播学中，很多用“中介”一词来说明渠道，这当然不能说是错误的，但应该说是不准确的。因为“渠道”不一定必须借助于“中介”或成为“中介”，也并不是所有的中介都能成为渠道。传播中的“媒介”可以是某种“中介”，但却未必能成为传播的渠道。所以，我们在此使用“渠道”这个概念①。

第一节　人际渠道

“人际”是政治传播中最原始、最朴素、最直接、最有效的渠道。但是，随着人类社会的发展，随着人类交往方式和交往形态的越来越“中介化”，“人际渠道”越来越狭窄和减少。当然，这丝毫不影响人际渠道在政治传播中的重要地位和作用。

一、传播学中对“人际传播”的定义

在一般的传播学中，“人际传播”是最不陌生的概念，甚至据此独立建构了非常流行的“人际传播学”的学科体系。我们首先需要大致了解一下“人际传播学”对“人际传播”的研究。

第一，人际传播的定义及文化渊源。关于“人际传播”有两个比较经典的定义。其

① 在我之前撰写的《政治传播简明原理》一书中，我还是使用“政治传播中介”概念来阐释的。这本新教材使用“渠道”概念，相应的内容布局也有较大的变化。可对比《政治传播简明原理》一书中“第四章”。参见：荆学民. 政治传播简明原理. 北京：中国传媒大学出版社，2015：115.

一，美国学者迈克尔·E. 罗洛夫认为人们最早把人际传播理解为一种“社会交换”。他把人际传播直接定义为：“人际传播是处于一个关系之中的甲乙双方借以相互提供资源或协商交换资源的符号传递过程。”① 其二，美国学者约瑟夫·A. 德维托在研究的思路上收缩了“社会资源交换论”的视野，把人际传播置放于真正的“传播”的意义上，其在《人际传播教程》中把人际传播更为简洁地定义为：“两人或者多人之间的语言和非语言互动。”②

第二，人际传播的文化渊源。人际传播的起源可以追溯到古希腊时期就有的诸如小组讨论、家庭传播、口语传播等各类活动。一大批诸如亚里士多德、柏拉图等哲学家都以谈论“修辞”为题对此类传播进行了研究。人际传播的现代知识起源可以追溯到 20 世纪 20 年代的芝加哥学派。到了 20 世纪 60 年代，人际传播成为传播学的核心研究领域。随着美国市民权利运动的发展，人们对大众媒介的操纵性和欺骗性产生了厌恶，强调个人日常生活的质量由其个人关系的完整性决定，而不是由媒体机构和政治顾问的劝服把戏塑造。20 世纪 70 年代，人际传播走向了学科化道路，一系列教科书应运而生。

第三，人际传播的基本要素。人际传播虽然是“两人或者多人之间的语言和非语言互动”，但互动的过程却涉及信息源-接收者、编码-解码、信息、渠道、噪声、语境、伦理、能力等要素，构成了复杂的结构或过程。其模型③如图 5－1 所示。

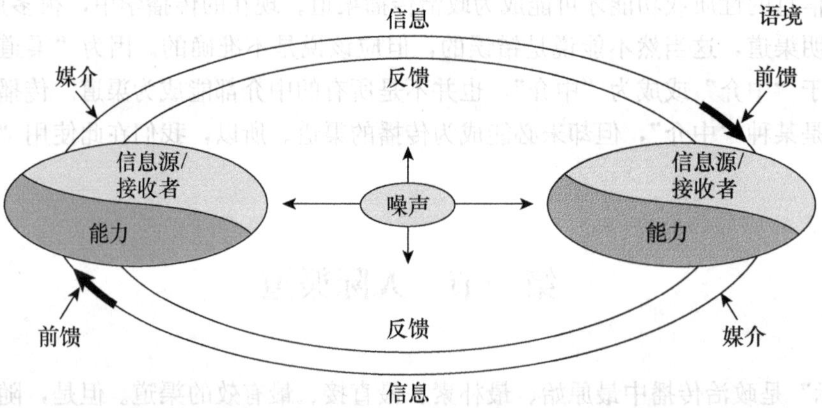

图 5－1　人际传播要素

二、“人际传播”的主要特征

罗洛夫以他的“社会交换论”为基准，综合了他之前的研究成果，提出了人际传播的三大特征。第一个特征是，人际传播发生于有关系存在的环境里。关系的约束至少来源于两个方面。一是排他性，关系双方彼此认为自己是某种关系的仅有成员；二是受到关系双方彼此怎样看待对方的约束。第二个特征是，它受对对方的了解程度的指导，即

① 罗洛夫. 人际传播：社会交换论. 王江龙，译. 上海：上海译文出版社，1997：22.
② 德维托. 人际传播教程. 余瑞祥，汪潇，程国静，等译. 北京：中国人民大学出版社，2011：7.
③ 同②11.

关系双方使用何种信息来作出关于彼此的传播预测。预测可以用有关文化的、社会学的以及心理学的信息作为依据，主要建立于心理学信息基础上的传播称为人际传播。第三个特征是，人际传播所传递的符号类型各不相同。既然交流基于不同类型的信息，我们应该发现这在关系双方使用的符号代码中有所反映。比如“语言代码”就有四类：有限词汇代码、复杂代码和有限句法代码等。人际传播的第四特征是其功能性，即是为某一目的服务的。有人认为人际传播的目的是帮助人们控制他们的环境，也有人认为人际传播证实了我们的自我概念，还有人指出人际传播有助于我们满足自身的要求①。

我国有学者认为人际传播的主要特点，是传播者与接受者之间的深层传播处于“熟人圈”中，他们彼此熟悉，时有往来；传播以单个的面对面的传播形式为主；信息的交流性强，信息反馈直接、快速、及时、集中，因此传受双方都可以现场把握信息的流向、流量和清晰度、准确度；适用于在较短的时间内改变接受者的态度和行为。它的基本功能是：协调人际关系，交流思想感情，统一社会态度，支配他人行动，等等②。

三、政治传播之“人际”渠道的特殊内涵

可以看出人际传播学中对“人际”的研究，事实上已经不再是一种传播学的研究了，从“人际是一种社会资源交换”这一理念出发，人际传播学无限拓宽，走向了人际关系学、人际经济学、人际文化学、人际社会学、人际生物学的研究。这与这里所要讲的政治传播中作为一种“渠道”的“人际”的含义有很大的区别。作为一种政治传播“渠道”的“人际”有其特殊的规定性。

第一，对“人际”的理解。“人际”即人与人之间，包括个体与个体之间、个体与群体之间及群体与群体之间。人类社会的本质就是人际关系，所以，从广义上讲，所有人类的社会活动都是人际活动，但是，自“人猿相揖别”之后，人类的社会活动以社会分工为基础，以“工具”革新为变量越来越“中介化”。所以，“人际”这个词的特质在于：其一，是人对人而不是人对“物”；其二，没有任何中介的人与人的“面对面”；其三，是特定的人对特定的人，而不是特定的人对宽泛的“其他人”或“所有人”。

第二，对于第一点的理解分歧较大，需要进一步解释。德维托在他的《人际传播教程》中明确提出，人际传播有“面对面交流”和“线上交流”两种形式，并对二者进行了详细的比较③。现在的问题是，“线上交流”算不算我们这里所讲的政治传播的人际渠道？从广义上讲，“线上交流”也是人与人的交流，因而，说属于“人际”似乎没错，但是，如此一来，人类社会活动本来就都是人际活动，不是人的社会活动还有没有呢？若没有，那“人际”及“人际传播”这个词就没有什么意义了。所以，“线上交流”的“线”是横亘在人与人之间的“中介物”，它使“人际”失去了最元初的意涵。所以，理论上讲，“线上交流”超出了“人际”的外延，当不属于人类交流的“人际”渠道范畴。这里所讲的作为一种政治传播“渠道”的“人际”无法包括“线上交流”这一形式，我

---

① 罗洛夫. 人际传播：社会交换论. 王江龙，译. 上海：上海译文出版社，1997：22.

② 邵培仁. 传播学. 北京：高等教育出版社，2000：34.

③ 德维托. 人际传播教程. 余瑞祥，汪潇，程国静，等译. 北京：中国人民大学出版社，2011：9.

们把其列入“媒体渠道”论述。

第三，“人际渠道”本身没有更多的“形式”。政治传播对人际传播的特殊要求是人对人的“面对面”，而且在面对面中以内涵清晰表达准确的“政治话语”为主要形式，其余所谓的“姿势”“气味”“形象”等均没有实质性的意义。

第四，随着人类社会政治文明的进步和政治治理的现代化，特别是随着信息传播技术的迅猛发展，政治传播的人际渠道的发展趋势是“使用得越来越少”。但是，政治传播的人际渠道的效力却并不随此减弱。相反，使用得越少，其效力可能越来越强。

第二节 组织渠道

政治传播的主体说到底是人，政治思想在人类进入政治文明社会以来，最强大的传播渠道就是各种政治组织。对于一般的传播来说，这一点还不怎么明显，但是，对于政治传播来说，对政治组织的依赖是政治传播研究中最不能忽略的问题。现在在传播学中有“组织传播”理论，但是，与我们在政治传播中谈政治组织的角度和着力点还是不一样的。

一、组织与政治组织

人类社会是一个以各种组织形态运转的社会。正像美国学者厄佐尼所说：“我们的社会是一个组织的社会，我们出生在组织中，受教育于组织中，而且，我们中的大多数耗去大量的生命为组织工作。即使是在许多闲暇的时间里，我们也在组织中娱乐，在组织中祈祷。我们中的大多数将死在组织中，并在葬礼到来的时候，还须得到最大的组织——政府——所赐予的官方许可。”① 世界研究组织的著名专家美国学者霍尔对组织的定义是：

> 组织是有相对明确的边界、规范的秩序（规则）、权威级层（等级）、沟通系统及成员协调系统（程序）的集合体；这一集合体具有一定的连续性，它存在于环境之中，从事的活动往往与多个目标相关；活动对组织成员、组织本身及社会产生结果。②

可以把组织这个概念再简单地定义为：组织是存在于特定社会环境中的一系列个体为实现某种目标，按照一定的等级秩序和结构方式建立起来的人群系统。

帕森斯把组织分为如下四类：第一类是为社会生产消费品的生产组织；第二类是政治组织，这类组织的目的是保证整个社会达到自己的目标以及在社会中获取权力、进行权力配置；第三类是整合组织，其目的是调解争端、引导社会实现制度化的期望、保证社会各组成部分共同工作；最后一类是模式维护型组织，目的在于通过教育、文化及表达活动来维持社会的延续性③。

---

① 胡正荣．传播学总论．2版．北京：清华大学出版社，2008：104．

② 霍尔．组织：结构、过程及结果：第8版．张友星，译．上海：上海财经大学出版社，2003：35．

③ 同②44．

可以看出，“政治组织”被置于重要的位置，它有以下特征：第一，政治组织属于非营利性组织，据此政治与企业组织区别开来。第二，政治组织是具有“公共性”的组织。第三，政治组织是追求民主的组织。

政治组织最基本的功能有：第一，政治组织结构有利于产生组织政治思想输出并达到组织政治目标。第二，政治组织有利于使个人差异和个人分歧对政治组织的影响最小化，至少能规制个人差异对政治组织的影响。其结构强行规定个人适应组织的要求而不是组织适应个人的要求。第三，政治组织是社会中运用权力的场所，组织首先决定或规定哪些职位具有权力，是作出政治决策的场所，组织在很大程度上决定了政治信息流通是否能用于政治决策。

二、政治组织渠道的设置

政治组织传播首先依托特定的政治组织机构。在不同的政治体系中，政治组织的机构设置以及相应传播机构不尽相同。但组织担负强大的传播职能，这一点则没有什么不同。比如政党这样的政治组织，就曾被西方学者称为“有组织的舆论”。这里以中国共产党为例作示范性的说明①。

第一，中国共产党的组织机构构成一个庞大的组织传播网络。中国共产党是一个覆盖全国的、成员来自各个领域的政党。这保证了党的覆盖面和影响面。中国共产党在组织结构上是严密有序高度一体化的组织。中国共产党在组织机构和组织形式以及成员方面的特点成为中国共产党组织结构传播的基础设施。中国共产党在长期的组织发展过程中为自身传播积累了丰富的组织资源，通过一定的制度保证了党的组织传播功能的发挥。

第二，党的组织制度和组织纪律保障了党的组织传播机制的正常运行。中国共产党的一些组织制度和工作制度将党的组织结构具有的传播优势固定为党的传播机制。这样的制度主要包括：民主集中制作为党的根本组织原则在党的制度建设中得到贯彻，保证了党的各级组织在传播方面目标和行动的一致；覆盖到每个党员的管理制度为党组织内部的信息传播和党内学习教育提供了保障；党员权利制度为党员在党组织中发挥政治传播作用创造了条件。

第三，对党组织和党员传播义务的规定确立了党的组织结构的传播功能。党的宣传工作是全党的事业，是党的工作的重要组成部分。党的宣传不仅仅是党组织的职责也是党员个人的职责。党章对于党组织和党员个人在宣传方面的职责都作出了明确规定。党章要求党的各级组织和党员都有传播党的理论、政策的义务。党组织中不只是专门从事传播的宣传部门、党的媒体要从事传播工作，党的所有组织都应担负这样的责任。党章对党的组织结构传播功能的实现有明确规定。党章规定了上下级组织之间进行信息沟通的形式和传播权限，并对基层党组织的政治传播功能作了具体规定。

---

① 在政党组织担负传播（宣传）职责方面，无论过去还是现在，中国共产党都是典型，具有重要的学术研究意义。这里对中国共产党组织传播的案例说明，来自原中共中央党校宋黎明的博士论文《中国共产党的政治传播机制研究》第二章，特此说明。

三、政治组织渠道的机制

政治组织传播机制是指政治组织作为一种中介是如何运转政治信息的，揭示的政治组织中围绕政治信息流动的机构、目的、途径、功效和方式①。政治组织传播机制有以下几点：

第一，以正规传播为主，非正规传播为辅，正规传播与非正规传播相结合。所谓正规传播，就是发生在组织内部的具有组织目的、遵循组织规范进行的传播活动。传播的参与者与其在组织中的正式地位、角色和网络相联系，严格按照组织正规的权力关系、职能结构、等级系统和交流渠道等进行信息传播。一个组织召开全体会议或部门会议，一位领导向下属传达政治任务，一位下属与同事交流政治信息等，都属于正规的组织传播。正规的组织传播经常采用的形式包括：会议、文件的传递，通过电话、传真等工具进行的政治信息传递，面对面的交流，等等。非正规的组织传播发生于组织内部的非正规的传播活动，是一种没有与组织的正规结构等级和交流网络相对应的政治信息交流。非正规的组织传播有任务指向性和情感指向性两种交流形式。在实际情境中，这种传播主要以联络感情的满足性交流为目的，单从传播效率来看，它的传播效率更高。可以说，这类组织传播“是组织关系的黏合剂”“组织功能的润滑油”②。

第二，以自上而下传播为主，自下而上传播为辅，自上而下传播与自下而上传播相结合。所谓自上而下的传播指的是政治信息由高一级向低一级流动。这是在大多数政治组织中占据主导地位的传播方式。政治组织的规范、政治传统及政治领导人的权威等都依此维持和发展，它对确保一个政治组织的统一完整和政治管理职能的正常发挥起到了关键作用。这种传播通常以上级领导及领导部门向下属及下级部门传达指令、召开会议等形式进行。但由于依赖于逐层向下传播，互动较少，传播的信息量小、冗余信息多、精确度降低等问题也随之而生。自下而上的传播即政治信息由系统低层级向高层级的流动，包括下级或下级部门向上级领导汇报、反映问题、提出建议等，是上级领导及领导部门获取政治信息反馈的重要途径，也是一个组织内部不可或缺的传播活动。它有利于提高组织的传播效率、完善组织管理和加强政治决策的民主化。如果是逐层自下而上传播，那么传播过程中也会出现信息散失、精确度降低等问题。

第三，以纵向传播为主，横向传播为辅，纵向传播与横向传播相结合。政治组织不同于其他组织的特质是，政治组织以严格的“等级”为构成秩序和联结纽带。因此，以政治组织为载体和中介的政治信息传播，主要是纵向传播。在纵向传播的基础上，辅之以横向水平传播。横向水平传播是组织内部具有相近或相似权力和地位的成员之间进行的一种政治信息交流。由于参加者在权力、地位等方面大致平等，双方均无思想负担和精神压力，所以一般来说都可以开诚布公、坦诚相见，但也容易导致意见冲突。内部的横向传播，“往往是使各种纵向消息‘抵达’终极目标的手段，担负着具体处理——即

---

① 政治组织对于政治信息的传播在传播学中属于“组织传播”范畴。学者们在“组织传播”中所揭示的“正规的组织传播”与“非正规的组织传播”实际上是对组织传播机制的研究，可以用来说明政治组织传播机制。

② 胡正荣．传播学总论．2版．北京：清华大学出版社，2008：105.

‘消化’来自纵向渠道的信息的任务。更重要的是，它往往具有产生出新的消息的重要功能，要使这些新信息进入组织内部的大循环，还须经过纵向交流的渠道”①。

第四，以不对等传播为主，对等传播为辅，不对等传播与对等传播相结合。不对等传播是指政治组织中成员的地位、身份不对等以及掌握的政治信息的不对称。“等级制最大的贡献是有助于‘协调’。等级制组织中，一个共同的沟通模式是：随着信息从上往下流动，信息覆盖面会不断扩大。这一模式可以清晰地反映出等级制的功能。在组织中，是由上司决定谁在什么时候得到什么样的信息，上司是信息发送及过滤的中心。如果一个组织能获得大量信息，那么，这个功能就很关键。”② 正因如此，在政治组织中，对等传播是少之甚少的，可能仅限于同等地位、同样身份的政治成员之间的有限交流，这种交流所采用的政治信息的来源归根结底又是不对等的。这一点除了表现在组织上，还渗透在政治组织中的人际传播中：人与人之间并不是平等交流和沟通，政治中的人各有各的岗位、身份和职责，虽然自然人格上平等，但是政治身份和地位却等级森严。政治信息在政治组织中的人际传播总有上下等级之别。比如，自下而上的人际传播是“汇报”，自上而下的人际传播是“指示”，即便是平行的横向人际传播也是“帮助”或“传达”。

四、政治组织渠道的变革

随着社会的发展，组织面临挑战。随着人类政治文明的发展，政治组织同样面临挑战。政治组织面临挑战，组织内的传播自然也面临挑战。我们用政治组织传播的“走向”来表述。

犹如其他的组织一样，传统的政治组织有三大思想基础。第一，政治分工思想。分工可以提高效率的观点，首先在亚当·斯密《国富论》中得到理论证明。此后，泰罗、法约尔、马克斯·韦伯的官僚组织理论都把分工作为自己组织理论的核心要素。第二，传统的“政治统治”思想。强调政治控制效能是形成传统政治组织的第二块思想基石。第三，政治竞争思想。这一点在发达国家最为突出。政治家都设想通过竞争带领自己的政治组织（比如政党）登上历史舞台，都想通过政治霸权率领自己的政治组织（比如国家）控制全世界。

这种政治组织具有鲜明的特征：第一，功能化。每个政治组织都具有完善的功能，而且这些功能还得到专门化的分工。这一特点主要是因分工思想对政治组织的影响而形成的。每个政治组织首先为完整地完成某种政治任务和政治职责而存在，然后在组织内进行专门化分工。第二，科层化。传统政治组织在结构上呈金字塔状，雄居其上的是最高政治决策层屈居最下的是政治民众“塔腰”是中间管理层。该特点的形成，主要与过去时代的政治统治思想有关，强调统一指挥和有效控制，导致政治组织的这种层层控制的科层体系。第三，集中化和规模化。集中化也可称作一体化，规模化是集中化的结果。该特点的形成，主要归因于该时代的政治竞争思想。试图在政治体系中占据优势地位，

① 周晓明. 人类交流与沟通. 上海：上海文艺出版社，1990：309. 以上关于正规的组织传播、非正规的组织传播与组织传播方向的论述，参见：胡正荣. 传播学总论. 2版. 北京：清华大学出版社，2008：106-107.

② 霍尔. 组织：结构、过程及结果：第8版. 张友星，译. 上海：上海财经大学出版社，2003：193.

扩大政治规模是一种很自然的行动。第四，实体化。传统的政治组织都是有形的，而且集中在一个地方。表现为：一个围墙划出政治组织的边界，办公室是政治组织的“物质”形态；一个个标识清晰的部、局、室，是政治组织的“社会”形状；工业时代政治组织还追求功能上的完整，“大而全”是它们的理想模式。

随着人类政治文明的发展，特别是人类社会传播技术的发展，传统的政治组织已经在发生变化，其发展变化的趋势是：

第一，组织结构扁平化。在传统政治组织中，组织按照“一对多”（一个上级下管数名下级）式的信息传递方式层层传达政治指令，下层管理者则逐级向上级管理者请示报告，这种逐级纵向授权和传递信息的体制变成了高高耸立的“金字塔”组织。现在这种结构逐渐失去了应有的活力和应变能力。在现代信息传递和网络技术的推动下，信息可以在同一层次上传递和共享。政治组织中，成员之间政治信息传播的纵向关系在信息网络平台上变成了纵横交错的“平等”关系。政治成员既是信息的接受者，又是信息的发出者，并且相互之间可以实现信息驱动下的工作互动。在此种情况下，“一对多”式的单向信息传递方式和组织结构已经变成了组织信息流通的“障碍”，因此，取消中间环节，取消政治信息的纸媒体传递，建立扁平化政治组织成为一种趋势和走向。

第二，组织关系网络化。自 20 世纪 70 年代在发达国家出现了普遍的机构臃肿、官僚作风、懒于进取和变革等种种弊端后，发达国家的政治组织结构在调整方面进行了广泛的探索。随着组织数据信息系统和网络系统的应用、发展以及完善，过去以控制命令链条为核心建立起来的矩阵组织和多维组织发生了较大的变化。传统的职能管理部门的大部分重复性管理控制工作由管理软件自动完成。职能部门逐步变为由为数不多的专家组成。

总之，政治组织的扁平化、网络化走向，将使政治组织传播时间缩短，传播空间扩张、信息流动加速、信息数量加大、等级级差缩小、纵向传播弱化、人际传播淡化、传播机制复杂、信息真假难辨、认同质量降低、组织功能退化。但政治组织作为政治传播中介的重要地位却不会因此而改变。

第三节　媒介渠道

进入信息化社会，政治传播的“媒介渠道”日益崛起并迅速强大。就是在政治组织内的政治信息的流通也越来越依赖媒介。媒介并不是为政治传播而产生、发展的，但是，政治传播却越来越离不开媒介。换句话说，媒介的政治传播功能随着人类社会传播的发展越来越强，现在可以说，政治越来越媒介化，媒介越来越政治化。但是，媒介本身永远不能产生政治，因而不能成为政治传播的“主体”，它始终只能是政治传播的渠道。

一、中介、媒介、媒体

首先需要区分三个常用但容易混淆的概念。

第一，关于“中介”。

在哲学意义上讲，中介是指主体作用于客体的工具、组织、途径等载体的总称，在人与人之间，还包括语言、表情、行为等。中介概念是对活动主体与活动客体之间“连接带”的一种概括，因而中介的形态是纷繁复杂的。中介这个概念的基本要义是用来说明人的活动的，因而，举凡与人的活动相关的事物都有可能被视为中介，或者被看作具有人的活动“中介性”功能。比如，在麦克卢汉从传播角度看世界的思想中，中介即万物，万物皆中介，所有中介都可以与人体发生某种联系，如石斧是手的延伸，车轮是脚的延伸，书籍是眼的延伸，广播是耳的延伸，衣服是皮肤的延伸……中介无时不有，无处不在。凡是能使人与人、人与事物或事物与事物之间产生联系的物质都是中介。中介“居中”，既不是主体这边，也不是客体这边，当主体或客体在特定条件下自己也成为中介的时候，意味着它已经是别的主体或客体的中介。中介一般仅对主体作用于客体而言，具有鲜明的“主体立场”和“主体视角”。就是说，仅对于主体来说才存在所谓中介，对客体而言无所谓中介，即中介的本质是“关系”范畴，是“属性”范畴，而不是可以脱离主体与客体概念的“实体”范畴。中介本身具有“居中”性而不具有“流动性”，它是主客体之间各种信息和作用“传递和流动”的载体，但是它本身不流动。

第二，关于“媒介”。

“媒介”是“中介”，但不是中介的全部。比如，一个人用一块石头打人，这个时候，石头作为这个人的武器或工具是中介，但却无法把石头理解成“媒介”。媒介在约定俗成的意义上与传播紧密联系在一起，或者可以说，中介在传播学中，在传播过程中就被视为“媒介”，据此，“媒介”与“传媒”往往重合，即“传播中的媒介”。正像施拉姆所说：“媒介的概念不像看起来那么简单。首先，显而易见的是，大众传播媒介出现之前就有了传媒。无疑，在大众媒介出现之前，传播信息的手段都应该纳入传媒的范畴，例子有传递信息的鼓声、烽火，甚至包括市镇公告人和集市等，因为它们都使人的传播能力得到延伸。市镇公告人是一种正式的职务，而传递信息的鼓可以称为机器，它们介入传播过程，就像今天的播音员和电台一样。……媒介通常是指一种传播渠道里有中介的媒介，这样的中介可能是复制和发送信息符号的机器，也可能是报社或电台之类的传播机构。”①

从传播学角度看，英国学者丹尼斯·麦奎尔把中介与媒介“糅合”在一起作了较好的解释：

> 中介包括几个不同的过程。……第一，它代表了那些我们无法直接亲自观察的事件与情境二手的（或第三者的）传递。第二，它指社会中的其他参与者和机构出于他们自己的目的（或我们自己假定的利益）与我们联系的各种努力。这是指政客、政府、广告客户、教育者、专家以及各种各样的权威人士。“中介”指我们对我们身外的集团和文化形成的认识的间接方式。这里定义的中介的一个基本因素是那些介于感知和感知之外的技术设备。
>
> 中介也意味某种关系形式。通过媒介中介形成的关系可能比直接的私人关系更遥远，更超脱个人感情，也更薄弱。媒介并不垄断我们接收的信息，也不能介入我

---

① 施拉姆，波特. 传播学概论：第2版. 何道宽，译. 北京：中国人民大学出版社，2010：114-115.

们的社会关系。但它们的存在不可避免地非常具有渗透性。有关“现实的中介”思想的早期形式倾向认为，在由媒介信息构成的对现实的共同认识的公共地带，和个人能够自由、直接交流的私人领域之间存在一个分界，而更近的技术发展逐渐使得这种简单的观点产生动摇，因为透过技术（电话、计算机、传真和电子邮件等）的中介，形成了更广泛的传播分享，还有因此而来的更广泛的个人与他人及个人与环境真实的接触，尽管这种分享与接触是个人的和私人的。这些变化的意义仍然不明显，而且对于技术变迁所带来的意义也有不同的看法。①

麦奎尔站在广阔的社会视角，把媒介在传播中扮演的中介“角色”总结为以下几个方面：是观察事件、获得体验的窗户，延伸我们的感觉，使我们能够自己发现正在发生的事情，而无须他人的介入；是社会中及世界上发生的事件的镜子，意味着一种如实的反映，尽管镜子的角度和方向是由他人决定的，我们较少有看我们想看的东西的自由；是过滤器或守门人，选择部分经历以引起特别注意，有意或无意地封锁其他观点和意见；是路标、向导或讲解员，指引道路并搞清令人迷惑或零散的东西；将信息或思想介绍给受众的论坛或讲台，常常可能引起反应和回馈；作为传播者承载或者制造无用的信息；是对话者或者谈话中消息灵通的搭档，它不只传递信息，而且会以互动的方式对问题作出响应②。

媒介研究是传播学中历史最为悠久、探讨最为深入、观点最为分歧的热门话题，形成了种种理论与流派。比如，从宏观角度研究媒介的有伊尼斯的媒介偏向论、麦克卢汉的媒介决定论、梅罗维茨的媒介情境论、布热津斯基的媒介失控论、保罗·威尔金森等的媒介恐慌论等，从微观角度研究媒介的有热媒介与冷媒介论、主流媒介与另类媒介论等，这些理论在传播学中已经是耳熟能详的普及性知识了。

第三，关于“媒体”。

在关于媒介的研究中，人们还热衷使用的另外一个词就是“媒体”。很多人认为媒介就是媒体，媒体就是媒介。其实，二者还是应该区别开的。媒体可以理解为具有实体性的媒介的载体。这就是说，并不是所有的媒介都可以视为媒体，正像并不是所有的中介都可以视为媒介一样。中介、媒介、媒体三者构成了逻辑上的“层层规限”的关系。

二、媒介的发展

媒介经历了一个革命性的发展历程。邵培仁先生把媒介发展糅合在“传播革命”的历程中，使我们可以从时间与空间结合的广阔境界对媒介予以认识，如图 5－2 所示。

在对这种“传播革命”历程的反思与总结中，邵培仁认为，传播革命有突出的特征：第一，人类传播革命的步伐一直呈加速度状态发展。从动物传播进化到人类的语言传播用了约 140 万年，从语言传播进入文字传播用了约 9.65 万年，从文字传播跨入印刷传播花了约 4 000 年，而从印刷传播迈进电子传播只用了 1 200 多年，从电子传播进入网络传

① 麦奎尔．麦奎尔大众传播理论．崔保国，李琨，译．北京：清华大学出版社，2010：66-67.

② 同①69.

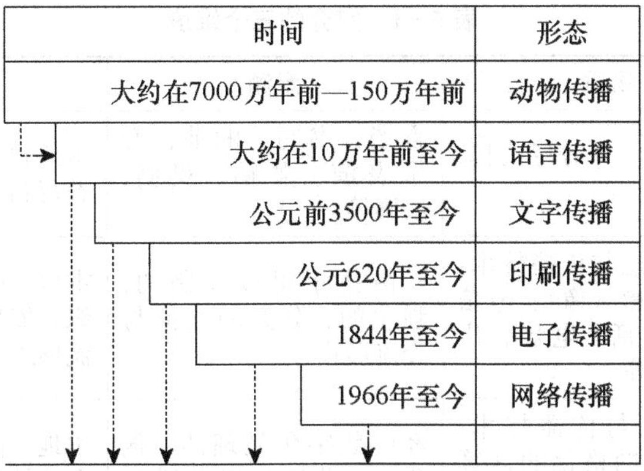

图 5-2　人类传播史上五次革命的发展轨迹

播的时间更短，只有 120 多年，而以电脑为主体的互动或网络传播至今只有 50 多年。可见，传播革命的步伐、传播技术和手段的革新在时间上是以逐步加快、越来越快的态势发展。第二，传播符号、传播媒介和传播科技始终呈叠加性状态发展。新的传播革命爆发后，人类在旧的传播革命中所使用的传播手段不会被随之抛弃，而总是以一种新的面貌又出现在新的传播活动之中。它们的生存与发展符合互动互助、共进共演的原理。第三，叠加性状态又导致了整合性状态，如电话是对语言传播和电报传播的整合，广播是对电话和唱机功能的整合，电视是对文字、声音、图像等符号以及广播与电影功能的整合，而电脑则整合了电话、书信、传真、采写编播、书籍报刊、广播电视电影等一切传播媒介。第四，信息和知识的增长与积累呈金字塔状态发展。这一状态与前三种状态是一种相辅相成、互为因果的关系。可以说，每一次传播革命都将人类带进一个新的境界、新的时代；人类传播革命与社会文明进步的互相促进和步调一致，使每一次传播革命都为人类社会进步起到巨大的推动作用①。

三、媒介的分类

在传播学中，“媒介”的分类本来就十分复杂，始终没有形成一个共识的分类标准。进入互联网时代以后，情况更为复杂，许多新的概念不断涌现。现在有学者提出了“媒介融合：网络传播、大众传播和人际传播的三重维度”的新理论，提出了媒介的“三个维度”，即“人的身体，它是面对面的交流活动得以实现的物质平台；大众传播的技术性生产手段，它以模拟信号传输为特征；数字技术，它催生了一对一、一对多以及多对多的网络化交流”②，其模型如表 5-1 所示。

这种试图从网络、大众和人际“三个维度”来说明“媒介”的理论虽然还不算十分严谨，因为网络传播、大众传播和人际传播并不是一种“平行对等”的关系，它们与“媒介”的关系，似乎也不是一种“主体”与“维度”的关系，但是，作为一种“媒介融合”的方向，倒也有一定的理论新意。

① 邵培仁. 传播学. 北京：高等教育出版社，2000：42-44.

② 延森. 媒介融合：网络传播、大众传播和人际传播的三重维度. 刘君，译. 上海：复旦大学出版社，2012：63.

表 5-1 媒介的三个维度

	物质	意涵	制度
第一维度的媒介	人体、艺术与书写工具、乐器等	言谈、书写、歌曲、音乐表演、舞蹈、戏剧、绘画等	本地和区域组织，依赖于口头、誊写和混合的交流形式
第二维度的媒介	模拟的信息与传播技术：印刷、摄影（像）、电信技术、电话、电影、广播、电视等	经由技术得以复制的、强化的、分离的表征与交流形式	本地、国家、区域以及跨国组织，依赖于印刷和电子化的交流形式
第三维度的媒介	数字信息与传播技术：单独的与网格化的计算机、内联网、互联网、移动电话等	经由数字化处理的、强化的、分离的以及激化的表征与交流形式	本地、国家、区域、跨国以及全球性组织，依赖于网络化交流形式

现在，人们把媒介与媒体混淆在一起，进而也把媒介分类与媒体分类混淆在一起。实际上，现在传播学中所讲的“媒介类型”更多的是一种媒体类型。关于媒体分类有不同的维度，比如，从历时态维度分为口传媒体、书写媒体、印刷媒体、广播媒体、影视媒体、网络媒体等，从新旧性质维度分为传统媒体与新媒体，从主动性维度分为“它媒体与自媒体”，还有“智媒体”“融媒体”“全媒体”，等等。其实，这些描述与指称，很多时候仅指对象的一种性质和特征而已，并不能构成独立而成熟的“类型”。我们认为，以网络媒体为界，可将之划分为传统媒体与新媒体，网络媒体是新媒体，网络媒体之前都是传统媒体。

四、媒介的功能

媒介的功能是综合的。政治的、经济的、文化的无一不有。“不管有多少变化，大众媒介对当代社会中政治、文化、经济和日常生活的意义是毋庸置疑的。在政治方面，大众媒介提供了辩论的平台和渠道，使得政府候选人、相关的事实和意见能够更广为人知，同时，也给政治家、利益集团和政府机构提供了在公众面前亮相并发挥影响力的可能。在文化方面，大众媒介是文化再现和表现的主要渠道，也是社会现实的最主要反映和构建、维持社会认同的要件。媒介内容的被反复使用，塑造了社会生活的模式。我们围绕着大众媒介规划我们的闲暇时间，构建我们的生活方式、话题和一切可能的行为方式。久而久之，较大的和国际的传媒集团控制了媒介市场，通过运动、旅游、休闲、食品和服装业而扩大它们的影响。同时，通过与电讯业和其他信息产业结合，大众媒介的经济价值获得了提升。”①

具体到媒介在政治传播中的地位和功能而言，麦克奈尔把媒体看得很重。她甚至认为媒体是“政治行动者”，她提醒我们注意：

> 当今自由民主社会中的媒体机构不仅仅具有传播信息的认知作用，还具有分析、估价及评论的解释功能。媒体不仅仅报道政治事件，它们还是从事政治活动的环境中的一部分。它们为政策及解决方案的讨论做出了贡献，这不仅仅因为它们设置了公共议程，或者说提供了一个平台，让政治家将自己的观点公之于众，还在于它们

① 麦奎尔. 麦奎尔大众传播理论. 崔保国，李琨，译. 北京：清华大学出版社，2010：4.

褒贬评议了各式各样流通着的政治观点。①

在麦克奈尔看来，媒体作为中介在政治传播中的作用主要是“定义政治事实”：“媒体积极地定义着政治‘事实’；通过新闻采访以及新闻生产的过程，最终把一个‘成型’的阐述呈现在受众面前，告诉他在特定的时候，政治事件中哪些事情‘真正’重要。记者向我们传递了政治的‘意义’。他们把政治生活中的事件嵌入叙述框架中，这些框架让事件以故事的方式得以陈述。当然，这些框架并不仅仅是在记者的生花之笔下构筑完成，而是通过一段时间内不同新闻媒体，以及不同政治行动者之间为了一则政治故事或是故事的来源进行的互相作用与竞争的结果。一段时间后，大多数参与竞争的框架被逐渐淘汰，直到剩下一个主导框架。尽管它会一直受到挑战与修改，然而主导框架一旦确定，就会为后续事件提供一个评估新闻价值、报道以及诠释其意义的结构。”②

五、“新媒介”的政治担当

毫无疑问，人类的政治越发达、政治治理越文明、政治制度越民主，对媒介的依赖性就越强，因而媒介在政治传播中的作用就越重要和突出。当媒介发展至“新媒介”状态时，大众媒介与政治的关系、政治与媒介的关系就越来越密切了，以至于出现“政治媒介化”和“媒介政治化”。

所谓“新媒介”，主要是指大众媒介发展到以数字互联网③为核心的阶段或者形态。人们从多个方面对“新媒介”进行界定，一时众说纷纭。权威的《新媒体手册》是从以下几个方面来界定“新媒介”的：技术硬件和设备，活动、实践和使用，围绕着硬件和应用所形成的社会和组织安排。这么一来，把新媒介弄得很复杂了。麦奎尔认为，新媒介再复杂，也应抓住其“核心特征”——“至于‘新媒体’的核心特征，似乎主要在于它的互联性，它对于作为传者又是受者的个人受众的易得性，它的交互性，它的多功能和开放式终端的属性，它的普及性和‘去地域性’”。通过研究，麦奎尔归纳了诸多学者对“新媒介”的全面看法。

第一，关于新旧媒介间的差异。新旧媒介的界说，大家基本形成共识，这就是以互联网为界，之前大体可以称为“旧媒介”或传统媒介，互联网始可称为新媒介。至于有人所说的“自媒体”“社交媒体”等另当别论。

第二，关于新媒介新在何处。美国学者赖斯等经过系统研究，总结如下：全方位数字化，涵盖不同媒介，互联网与大众传播的分野，出版角色的应运而变，受众角色更加私人化，“媒介机构”的分散与模糊，社会控制程度降低。

第三，关于新媒介的关键特征。学者总结为：互动性、社会现场感、媒介丰富性、

---

① 麦克奈尔．政治传播学引论．殷琪，译．北京：新华出版社，2005：76.

② 同①76-77.

③ 学术界对“互联网”有很多定义。我们比较赞成英国学者查德威克从“技术”和“比较”两个意义的统一角度对互联网的定义：“互联网是当地的、国家的、全球的信息和传播技术以相对开放的标准和协议以及较低的进入门槛形成的一对一、一对多、多对多、多对一的网络之网络。”参见：查德威克．互联网政治学．任孟山，译．北京：华夏出版社，2010：9.

自主性、享乐、私人化、个人化等。

第四，关于新媒介的信息传播模式。荷兰电讯传播专家包德维克与万肯从独有的角度思考，提出一种模式。他们描述了四种传播形态，指出了四种形态彼此之间的关联性（见图 5－3）。针对这四种模式及其与新媒介的内在关系，麦奎尔作了引导性的分析：图中的箭头反映出信息交流从训示到交谈与协商模式的重新分配。一般来说，这意味着从传播者到接收者的传播权力平衡已经产生了广泛变化，尽管这种变化可能因"登录"的发展还有大众媒介传送范围和吸引力的成长而抵消。"训示"模式在数量上不一定会减少，但它已经采纳了新的模式，为那些以兴趣或信息需求（"窄播"）为基础的分隔化受众，进行更多小规模的供应。

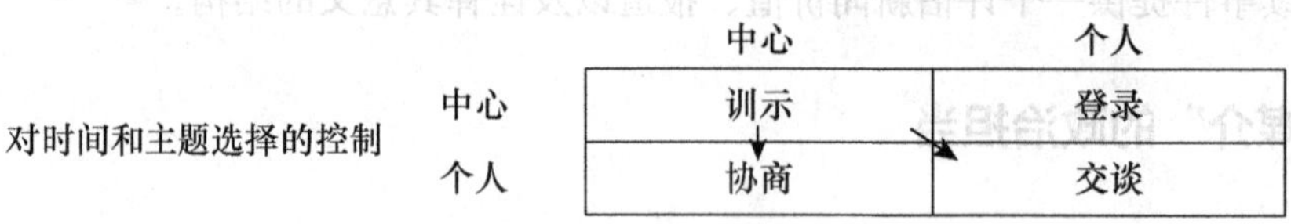

图 5－3　新媒介的信息传播模式

最后，我们可以从图中得出结论：信息交流模式之间的差别，并不像表面上看出的那么大，但由于技术和社会的原因，却产生了"重叠"与"聚合"的现象。同样的技术（如电信传播基础设施）可以为一个家庭提供上述四种模式的任何一种功能。

新媒介在政治传播中担当着至关重要的角色，履行着不可替代的功能。可以预见，以互联网为载体的新媒介政治时代已经到来。人类的政治传播亦将进入新的发展阶段。

第六章

政治传播话语

作为政治传播主要内容的意识形态、政治价值及政治文明，可以通过形象、符号、动作、仪式、活动等来传递，但是，政治话语无疑是其最为重要的载体。从这个意义上说，政治话语也是政治传播的主要内容。同时，传播主体和受众间的传播内容，均“浓缩和凝结”在政治话语中。无论是人际渠道、组织渠道，还是媒介渠道，最终也归聚在政治话语上。从这个意义上说，政治话语又是政治传播最大的渠道。可见，政治话语在政治传播中具有内容和渠道的综合意义，所以，关于它的内容需要独立成章。

第一节　话语与政治话语

虽然不能说人类的话语都是政治话语，但至少可以说，人类的话语饱含着政治意味。随着人类政治活动的发展，政治话语也逐渐成为一种越来越专业化、学科化的独立的话语体系，并在人类政治文明的进步与融合中发挥着越来越重要的作用。

一、话语与语言

研究“话语”的学者诺曼·费尔克拉夫指出：“话语是一个棘手的概念，这在很大程度上是因为存在着如此之多的相互冲突和重叠的定义，它们来自各种理论的和学科的立场。”[①] 在我们看来，话语就是语言的动态组合而已。马克思说道：“语言和意识具有同样长久的历史；语言是一种实践的、既为别人存在因而也为我自身而存在的、现实的意

① 费尔克拉夫．话语与社会变迁．殷晓蓉，译．北京：华夏出版社，2003：导言，2.

识。语言也和意识一样，只是由于需要，由于和他人交往的迫切需要才产生的。”① 可见，语言产生于人们的社会交往，又能够作用于交往，是交往得以实现的工具。那么，作为语言组合的“话语”，其本质也是来自社会实践，是在实践的具体情境之中，不断地对语言进行“组合”。也即是说，对“话语”的认识要把它还原到具体的社会生活的情境之中去把握。

“话语”饱含着社会的政治经济文化要素，折射着社会变迁。因而，“话语是一种典型的中介事业。这样，它既具解释性，又具预先解释性；它既是与解释本身的性质有关的，又是与作为它对自己进行详尽阐述的明显场合的主题有关的”②。

二、话语的政治性

话语是与社会现实交织在一起的，因而，话语重视的不是语义问题，而是如何使用的语用问题。英国学者汤普森就是在这个意义上把话语与意识形态联结起来，认为意识形态是服务于权力关系的“意义”，这种“意义”经过媒介或传播转换为话语体系并用于日常生活，由此，日常生活中的权力关系借助话语被再生产出来。

汤普森的观点，揭示了意识形态指向的现实权力关系，不仅存在于国家机器等物质化、制度化的形态中，也存在于传播的话语中。它通过前者得以确立和巩固，通过后者得以建构、辩护或重构。在传播中以话语呈现和存在的意识形态渗透和辐射到社会的各个领域、各个层面，成为社会现实的构成性因素，是社会现实的一部分，是社会生活的一部分。

所以，对话语的理解和把握，不仅要从语言学的角度来分析，更要把话语与它的社会历史条件紧密结合起来。伴随传播技术尤其是互联网的发展，从政治传播的角度对话语与其所依赖的权力关系进行剖析尤为重要。政治话语在政治传播中直接表达了为政治权力服务的意义即意识形态的本质。因而，对政治话语的深刻认识，必须将其置于政治传播中。

亚里士多德认为人是政治的动物，而美国政治传播学者尼莫干脆就说“政治就是谈论”。现在的批判话语分析学派就认为，所有的话语都可以被看作具有政治性，对话语进行的各种分析也都具有政治性，所有话语归根结底都是政治话语。他们认为，任何试图对话语进行政治和非政治区分的行为是不可想象的。

如果说，“所有的话语都是政治话语”这种判断似显极端，那么，毫无疑问，话语表达和反映着特定的政治。完全可以说，政治性是话语的本质属性。正是通过政治话语，“政治人之间的心态才能相互洞察；政治信息的传播才能够发生”③。

三、政治话语的生成

话语走向政治，或者说话语与政治的结合，是有一个历史的过程的。有学者认为，

① 马克思，恩格斯．马克思恩格斯选集：第1卷．3版．北京：人民出版社，2012：161.

② 姆贝．组织中的传播和权力：话语、意识形态和统治．陈德民，陶庆，薛梅，译．北京：中国社会科学出版社，2000：127.

③ 邵培仁．政治传播学．南京：江苏人民出版社，1991：291.

自19世纪末以来，“作为一种理论和实践的话语，在发展过程中存在着几个明显而重要的转变：从研究领域来看是语言科学向社会科学的转变，从性质上来看是现代性向后现代性的转变，从作用方式来看是权力构建向权力颠覆的转变——这几个转变相对独立但又具有一定的内在逻辑关系，并且话语通过这三个转变逐步获得了独立的政治学意义”①。

在这种话语逐步走向政治的转变之中，福柯对话语的研究实现了话语从语言科学到社会科学的转变，并在之后把话语直接与政治权力联系起来。他将话语视为构建知识领域和社会实践领域的不同方式：

> 话语不仅反映和描述社会实体与社会关系，话语还建造或“构成”社会实体与社会关系；不同的话语以不同的方式构建各种至关重要的实体，并以不同的方式将人们置于社会主体的地位，正是话语的这些社会作用才是话语分析关注的焦点。②

福柯之后，利奥塔把话语置放于后现代的语境之中，对话语的进一步走向政治作出了贡献。利奥塔认为现代性就是“通过元话语来确定自身合法性的科学”③，而后现代性“应该是一种情形，它不再从完美的形式获得安慰，不再以相同的品味来集体分享乡愁的缅怀”④。所以，后现代话语的主要特质就是打破元话语的制约，在话语的权力范畴和适用范畴中认可话语的多元化倾向。后现代主义的话语分析对现代性话语分析的颠覆，不仅表现在对话语实践的积极构建上，也呼应了话语分析向社会科学领域广泛渗透的需要。后现代主义的话语理论旨在全面摆脱以语言定位为导向的理论探讨，转向历史、文化、社会、政治、制度、阶级和性别的交叉研究⑤。其中，话语理论也从一种政治理论上升为政治实践，诸如舆论宣传、政府行政管理、社会民众的多元诉求乃至网络空间中的言论表达等，都作为话语实践在政治环境中发挥出各自的作用。话语理论的重点从判断一种言论或行为是否属于话语范畴中脱离出来，而将政治社会范围内的言论和行为视为话语的基本型构，着眼于分析其特殊的政治意蕴。

从这个意义上讲，政治话语就是人类政治生活中具体生成的语言的组合，组合的逻辑和规则产生于特定的政治。政治话语作为对社会政治生活的语言表述，产生、运用并作用于政治生活之中。

在政治话语中，政治统治的主客体是话语的主体及其对象，政治社会的结构和体制是话语的作用方式和基础文本，政治社会的存在和发展是政治话语的实践，而政治文化则是话语价值观的体现。政治社会从一出现就伴生着政治话语，在其发展过程中政治话语以不同的参与方式发挥出重要的政治作用。

政治话语的实践主要表现为政治主体行使其权力以实现特定政治目的的过程，几乎所有重要的政治元素都被涵盖在内，不仅包括常见的法律制度、政治结构、政治主体及

---

① 张凤阳. 政治哲学关键词. 南京：江苏人民出版社，2006：344.

② 费尔克拉夫. 话语与社会变迁. 殷晓蓉，译. 北京：华夏出版社，2003：3.

③ 福克斯，米勒. 后现代公共行政：话语指向. 楚艳红，曹沁颖，吴巧林，译. 北京：中国人民大学出版社，2002：43.

④ 利奥塔. 后现代状况. 岛子，译. 长沙：湖南美术出版社，1996：209.

⑤ 王治河. 后现代主义辞典. 北京：中央编译出版社，2004：304.

其行为、政治文化等政治文本、行为和价值，还包括了另一些具有相对隐蔽或者潜在政治意义的元素，比如社会舆论、经济理论及其影响、文化艺术、风俗习惯和时尚等，前者发挥着显而易见的政治作用，而后者在特定的情势下同样能够作为政治话语影响政治生活①。

第二节 政治话语的特质

人类的政治活动，建构和维系着人类社会发展和运行的基本秩序，所以，用于人类政治活动和政治生活的政治话语，有着区别于其他话语的特质。

一、政治话语的霸权性

话语与政治的结合，或者说，当话语反映政治的时候，由于政治的垄断本性，必然出现“政治话语霸权”。政治话语霸权意味着政治当政者或者操持者通过各种方式和途径对政治话语的全方位、全过程的制造、垄断和控制。从这个意义上说，政治话语霸权最能体现政治传播的内在品质与外在风格。

政治学意义上的“霸权”来源于西方马克思主义学者葛兰西。葛兰西认为：“一个社会集团的霸权地位表现在以下两个方面，即‘统治’和‘智识与道德的领导权’。”② 这里，“统治”权被理解为包含暴力在内的政治权力，“智识与道德的领导权”被理解为“意识形态霸权”（意识形态的“霸权”品质是马克思最早揭露的，显然，葛兰西继承了马克思的思想）。意识形态霸权其实就是政治话语霸权，或者说，意识形态霸权必然表现为政治话语霸权，再或者说，意识形态霸权必然通过政治话语霸权而实现其背后的政治思想统治。

虽然说，两种“霸权”是密不可分的关系，前者是后者的基础，后者是前者的表现，但是，在现实的政治生活和政治传播中，后者即政治话语霸权却“隐秘”“吊诡”“复杂”得多。通俗地说，政治霸权是强制的、暴力的、显性的，意识形态霸权是“自愿”的、温和的、隐性的。所以，对于政治话语霸权的这种特质需要更深入地把握。

在葛兰西看来，霸权主要是指统治阶级在某些历史时期实施社会与文化领导权的能力，通过这种方式——而不是对下层阶级的直接高压统治——以保持它们在国家经济、政治与文化方面的权力。霸权概念的关键内容不在于强迫人民违背自己的清醒意志或良好判断而将权力让渡给掌权者，而在于它揭示出一种情景，其间所积极寻求的乃是人们对理解世界的那些方式的认可，而这个世界“恰好”符合拥有霸权的阶级联盟或权力集团的利益。因此，我们越是积极介入对自己、对社会关系以及对世界的理解活动，结果我们就越是在自己的依附状态中与统治阶级形成共谋关系。这一点，约翰·费斯克说得

① 张凤阳．政治哲学关键词．南京：江苏人民出版社，2006：348.

② 葛兰西．狱中札记．曹雷雨，姜丽，张跃，译．北京：中国社会科学出版社，2002：220.

非常清楚：

> 霸权是在意识与表述的领域发挥作用；当社会、文化与个人的经验总和能够按照由权力集团定义、确立并付之流传的术语予以理解之际，霸权才最有可能获得成功。简言之，霸权将历史上属于某个阶级的意识形态予以自然化，使之成为一种常识。其要害在于权力不是作为强权而是作为“权威”而得到行施，生活的“文化”部分都被去政治化了。最易采用并最受官方鼓励的那些理解自己与世界的策略，不仅是作为策略而出现，而且也是作为“人性”的自然（无可争辩）属性而出现。除此之外的其他策略——基于相反的政治策略或反霸权意识——这种语境中则不仅是作为“非正式的”(unofficial) 东西而出现，而且可能被表现为名副其实的无一意义(non-sense)；它们不可设想，不能表达。①

政治话语霸权之所以能够实现，正在于其政治上的能够对政治话语实行“霸权”的权力即“话语权”。“话语权赋予了话语主体向客体单向表述的力量，比如厘定法律法规、编纂历史或者引导政治舆论等。这些话语与权力仪式长期联姻，在现实中为权力作辩护并巩固这个权力。”② 它按照政治结构和体制划分了权力的大小和范围，并在权力使用的过程中携带着相应的价值观，保证了政治话语的稳定和有效的序列，如此不仅能够巩固其地位，同时也能够带来更多的权力。当这种话语在此过程中以不容争辩的态度扼制或者干涉了其他话语系统时，则往往被视为霸权话语。因此，政治学意义上的话语霸权特指一个具有政治权力的主体对其他政治话语体系的敌视和强势的阻遏干涉行为③。

诺曼·费尔克拉夫指出，在话语理论中，出现了反霸权的“民主化”趋势。“话语的‘民主化’意思是消除话语权利和语言权利、义务和人类群体声望方面的不平等和不对称。”他考察了“话语民主化”的五个方面：语言和社会方言之间的关系，对于有名望的话语类型的进入，在具有不平等的权力关系的机构话语类型中消除明显的权力标志，偏向非正式性语言的趋势，语言中与性别有关的实践方面的变化④。费尔克拉夫对“话语民主化”的简介也非常适合于对消解政治霸权的理解。

二、政治话语的自我指涉性

特定的政治意识形态总是利用权力霸权编织一套话语体系来实现其政治话语霸权。学者霍尔就曾揭露过意识形态与政治话语之间的赤裸裸的关系。他说：

> 意识形态不通过单一的概念起作用；它们在一系列推论链环上，以成簇的方式，在语义场中，在推论的形成中发挥作用：当你进入一个意识形态场中，随意挑出处于任何结节的表述或概念，你马上会激发起整整一串涵义的联想。意识形态上的表述互相蕴涵，互相呼应。因此，在任何社会形成中都会出现形形色色的意识形态体

---

① 费斯克. 关键概念：传播与文化研究辞典. 李彬，译. 北京：新华出版社，2004：123.
② 福柯. 必须保卫社会. 钱翰，译. 上海：上海人民出版社，1999：60.
③ 张凤阳. 政治哲学关键词. 南京：江苏人民出版社，2006：349.
④ 费尔克拉夫. 话语与社会变迁. 殷晓蓉，译. 北京：华夏出版社，2003：187.

系或逻辑。居支配地位的意识形态和处于从属地位的意识形态的概念是对任何发达社会中不同的意识形态话语及其形成间的复杂性相互作用的一种不充分的解释。①

政治话语霸权由于其刻意的编织和对话语的垄断，往往形成受众不听、不信的假、大、空的“自我指涉”或者“话语独白”。

“自我指涉”“话语独白”概念出自美国学者福克斯和米勒所著的《后现代公共行政——话语指向》一书。他们认为“话语天然地是政治的”。但是到了后现代社会，“因为现代主义的普通语言在这一方面并不能起作用。……在超现实的情况下，词语失去了表示意义的能力，而成为了自我指涉，即只是在较为狭窄的语境中它才是有意义的，这一语境或者是并非被所有人共享，或者是稍纵即逝的，超出了那一时刻，就没有什么可回味的”②。“当信息交流的主要方式是独白式的而不是公共的或对话性的交流时，对抗性的紧张关系就消失了。这一辩证法的最初时刻是说话者/听者的角色的转换或一分为二。接着，单向度的语言日益以无处不在的霸权方式存在，它一点不受直接反驳的可能性的钳制。这样，公共对话变成了独白。”③

由于“自我指涉”而使政治话语变成一种自言自语的独白，其根源却在于话语霸权。可见，政治话语独白是霸权话语的一个同时具有极端意义和宽泛意义的表现。有学者认为，霸权独白是政治权力为保卫其秩序而必然使用的强势的话语述说形式，独白者常常是占据绝对优势的一方，如强大的国家、强势政府和执政党等。霸权独白主要表现为几种层面上的操控：意识形态操控、公共舆论操控和交往行政操控。在这几种操控中政治权力高度统摄了话语的核心意义，并借助操控的施行构建了独自性的话语秩序。在其述说的过程中，旁若无人的独白无须得到受众的允许或认可，即使是征求意见，那也是发生在独白的间隙，并且这种征求对独白的内容影响甚微④。

当霸权式的政治话语在政治生活和政治传播中表演“独角戏”的时候，这种话语独白有可能转化为另外一种形态——无责漫谈。无责漫谈和霸权独白相比走到了另一个极端上，它是指不承担身份责任的、去中心化的、不以共识为目的的话语述说形式。在自说自话的漫谈中，个人或者群体的政治社会身份暂时隐匿起来，没有一个统摄全局的权威，也没有必须达成共识的目的，这样的述说广泛存在于民间社会和网络世界中。漫谈并不是一个主动意义上的公共话语的伤害者，只是它所具有的无责和散漫的特质妨害了公共话语所需要的价值的有效构建。除此之外，漫谈也会时而扮演反霸权话语的角色，并部分地呈现出政治社会中民众的生活意义。

无责漫谈是随着现代政治社会的构建而出现的，因为后者提供了无责漫谈的人员和必需的时空环境。在前现代社会中，个人的政治身份如影随形，即使存在着不具普遍意义的私人交往空间，也随时随地印刻着对应于身份的政治责任。如贵族和奴隶的私人交

① 姆贝．组织中的传播和权力：话语、意识形态和统治．陈德民，陶庆，薛梅，译．北京：中国社会科学出版社，2000：138.

② 福克斯，米勒．后现代公共行政：话语指向．楚艳红，曹沁颖，吴巧林，译．北京：中国人民大学出版社，2002：7.

③ 同②50.

④ 张凤阳．政治哲学关键词．南京：江苏人民出版社，2006：350.

往空间各自独立，不可能出现大规模的身份认同和相互交往。即便是在雅典城邦之中，存在着一定限度的无责漫谈的时空环境，无责漫谈也无法有所实践。一是因为缺乏“无责”之人，能够享有这种时空的只能是城邦公民，而公民责任是公民身份得以成立的必要条件。二是因为在公民们的漫谈之中，始终存在着服务于城邦这一中心目的，这也是公民美德的核心指向①。

政治话语的无责漫谈可以用另外的“话语”来研究，这就是我们前面提到的一些学者对“扯淡”的研究。无责漫谈基本上是“扯淡”。

三、政治话语的妖魔化

在特定的意识形态系统内，政治话语可以感染、鼓动、说服、诱导、引导、动员受众，同时，对于不同的或者敌对的意识形态，它也有“妖魔化”对手的强大功能。这种功能可以说来自意识形态本身所具有的原始意蕴，正如曼海姆所言：“人们在任何一个历史发展阶段随时随地向他们的对手表示的不信任和怀疑，都可以被看做是意识形态这个概念的直接先驱。”② 现代政治传播中，通过政治话语妖魔化对手的现象已经成为一种普遍现象。

“妖魔”在中国的语境中是个地地道道的贬义词。所谓妖魔鬼怪、魑魅魍魉，在中国词汇里一般都有悖于人性，既神通广大，又逍遥法外，能上天入地，来无踪，去无影。《现代汉语词典》里的“妖魔鬼怪”比喻各色各样的邪恶势力。而“化”在《说文解字》中定义为大、多之意，任何一种事物、形态、活动、行为、标志有增多的趋势，统称为“化”。这样，“妖魔化”就相应地成为抹黑别人的不正当的行为。

“妖魔化”一词在新闻传播学中最初用来表明美国媒体在西方宗教传统的根深蒂固的影响下，简单地、一成不变地把世界分为两个极端：认同它们文化和价值的，并跟随他们的人或国家，就被视为生活在天堂里的“天使”；而不认同它们价值观的人或国家就被它们视为“妖魔”。美国媒体把西方宗教界的这种二分法用于今天的新闻报道中，用它们的意识形态作为判定事物的标准，只要被它们看作“妖魔”的国家，这个国家的一切，无论是政治、经济、军事、文化都“应该”作为敌人加以抨击和丑化。德国学者哈拉尔德·米勒教授对这种两分法称为“政治学摩尼教”。他说：摩尼教徒是古代晚期某种宗教的狂热信徒，他们把世界分为对抗的两极。他们坚信，这两极之间的争斗——即光明和黑暗的对抗决定着世界的命运。摩尼教徒根据自己所拥护的派别分化为对立的两派，即“我们”反对“他们”③。

---

① 我国学者对政治话语的研究，其主要问题在于：预设了政治话语的天然“公共性”本质和立场，因此对政治话语由于“霸权”而产生的“独白”与“无责化”偏颇的纠正目标是，使其回归政治话语的公共性。所以，政治话语的“独白”与“无责”也被视为通向公共性的“藩篱”。其实，政治话语从公共性出发走向特定的政治性是一条不归之路。现实的政治话语从来都不是、也永远不可能是真正的公共的。关于“话语”的政治学研究成果，请参见：张凤阳. 政治哲学关键词. 南京：江苏人民出版社，2006.

② 曼海姆. 意识形态和乌托邦. 艾彦，译. 北京：华夏出版社，2001：71.

③ 米勒. 文明的共存：对塞缪尔·亨廷顿“文明冲突论”的批判. 郦红，那滨，译. 北京：新华出版社，2002：19.

政治话语妖魔化的背后是政治、经济利益，因此，更多的时候，妖魔化对手就直接采用政治话语。比如，现在人们认为，美国一直在通过媒体妖魔化中国，但是，媒体只是前台的表演者而已，政治的后台主体是政客和政客背后的利益集团。就是说，意识形态的对立、差异并不是妖魔化的最后动机。主要原因还是利益集团在起作用，政客是妖魔化的主宰，政客是吃利益集团“奶水”长大的，为了拿到政治捐献，政客也是利益集团的打工一族。但是，不利用政治话语，妖魔化是难以实现的。经济强大、政治强盛的意识形态主体总是在政治话语上下足功夫的。现代政治中的意识形态之战，首先表现为政治话语定义权、解释权的争夺之战。

第三节　政治话语的建构

在现代政治生活中，政治话语无处不在，是政治交流及其他政治活动展开的重要工具。一旦当政者或操持者掌握了政治话语的建构权，实现了对政治话语的自主建构，就在很大程度上控制了民众对自我政治价值、政治关系和政治环境的感知和定义。因此，对政治话语的建构过程实质上是政治主体实施其权力的过程。

一、政治话语建构的必要

英国学者费尔克拉夫提出：话语具有身份功能、关系功能和观念功能。它们分别对应三个方面的建构效果，其中，身份功能关涉社会身份得以在话语中确立的方式，有助于对社会身份、社会主体的主体地位等的建构；关系功能关涉话语参与者之间的社会关系如何被制定和协商，有助于建构人与人之间的社会关系；观念功能关涉文本说明及其过程、实体和关系的途径，有助于知识和信仰体系的建设①。费尔克拉夫的话语建构理论中话语的权力关系被条分缕析，实际上更适合对政治话语建构功能的分析。

现实中政治话语的建构需要条件。如福柯所言：“在每个社会，话语的制造是同时受一定数量程序的控制、选择、组织和重新分配的，这些程序的作用在于消除话语的力量和危险，控制其偶发事件，避开其沉重而可怕的物质性。”②

第一，在政治共同体内，政治话语是当政者和公众展开政治活动所必不可少的工具。就当政者而言，唤起和维持民众对政治统治的合法性信仰是其他政治活动顺利展开的前提。而对政治合法性信仰的唤起和维持，就需要使民众相信政治结构、程序、行为、决定、政策的正确性，相信官员或国家的政治领导人具有在道德上良好的品质，进而认可某种政治秩序。在政治合法性的唤起和维持中，政治话语是不可或缺的工具之一。无论是以传统、领袖魅力作为来源，还是以程序、制度与绩效作为基础的政治合法性，任何一个政治合法性的唤起和维持过程，除了以上合法性来源发挥各自作用以外，都离不开

---

① 费尔克拉夫．话语与社会变迁．殷晓蓉，译．北京：华夏出版社，2003：60．

② 许宝强，袁伟．语言与翻译的政治．北京：中央编译出版社，2000：3．

政治话语的辅助，都需要借助政治话语在持续不断的说明、宣扬和辩论中，加强自身存在的合理性和有效性。除了构建政治合法性之外，政治动员的开展、政治决策的商定、政治辩论的开展等任何一项政治活动的开展都离不开政治话语。就公众而言，借助政治话语，公众可以更加积极地进行政治表达，更加有效地实现政治参与。

第二，在政治共同体之间，政治话语是开展国际交往活动的基础，掌握政治话语权是衡量主权国家综合国力的重要标准。在全球化时代，民族国家作为一个独立的政治主体，不可能不开展任何的国际交往活动。而为了能够顺利地进行国际交往，最大化地维护本国的国家利益，就有必要建构起一套系统而全面的能够准确表达自身政治价值理念、准确描述其发展现状以及未来发展方向的话语体系。就是说，政治话语是展开国际交往不可或缺的工具，国家形象的塑造、国家行为的界定和国家仪式的描绘离不开话语的界定、阐释和说明。

二、政治话语建构的内容

在现实的政治活动中，政治话语具有强大的建构功能。其建构的主要内容有以下几个方面：

第一，政治话语对个人政治属性和政治身份的建构。个人作为政治生活中最基础的构成，其政治属性和身份很大程度上依赖于话语的建构或者加强。同一个人，在不同的政治话语实践中，可能就会具有不同的政治属性和身份，成为不同的政治主体。政治话语对个人政治属性和身份的建构通过意识形态-话语-主体机制来发挥作用。譬如，阶级和阶层都是用来表征政治主体的个人属性和身份的话语，但二者具有不同的政治色彩和政治价值取向。阶级话语按照阶级地位和阶级利益对个体进行识别与划分，使个人按照阶级意识来认知自我，并鼓励个体进行阶级斗争；而阶层话语则综合经济、政治和社会因素进行社会分层，强调阶层流动和和谐建设。当分别运用阶级话语和阶层话语来对个人进行界定和解释时，个体就会成为不同的政治主体，产生相应的政治认知、政治价值和政治行为。

第二，政治话语对政治共同体的建构。本尼迪克特·安德森认为，民族是想象的，即使是一个最小的民族的成员。这是因为一个人不可能认识所有的民族同胞，也不可能和所有人相遇，甚至也不可能听说过他们的名字，但是作为同一个民族的成员，血脉相连的意向却存在于每个人的心中，而话语就是其中关键的联结机制之一——当他们使用同一种国家语言时，一种连带意识就会出现——他们会思考为什么我们……一起……在这里①。政治话语对政治共同体的建构是基于其对政治主体的建构，当不同的政治主体意识到大家处在同一政治共同体内，并且共享着相同的政治资源，承担着同样的政治责任之后，就会产生政治共同体的归属意识和荣誉意识。所以，在每一个民族国家的构建过程中，统治者都着力构建统一的能够统合商业语言、科学语言、印刷语言或文字语言

① 安德森. 想象的共同体. 吴叡人，译. 上海：上海人民出版社，2011：54.

的国家语言①。

第三，政治话语对政治事实的建构。“众口铄金、积毁销骨”“三人成虎”“聚蚊成雷”这些成语其实都意在表达话语对社会事实的建构力量。而所谓的“事实”实质上并非事情真相，而是“一种许多人加以反复填充、不断变动的特殊空间”。政治话语就是如此，它能够在人们头脑中建构出关于某一政治事件的所谓“真相”。当然，随着信息多元化社会的到来，越来越多的政治个体所接收到的政治信息，不可能再仅仅由一种偏向的政治话语所构成，而是可以在多样的话语中进行信息的筛选和判断，从而形成对特定事件的更加全面的认知。但无论如何，这都说明政治话语是对政治现实的镜像反映和刻意加工，它通过将某种纷繁复杂的社会现实进行抽象、描述和定性，使人们根据话语背后所预设的政治认知框架去理解和感知。

三、政治话语建构的修饰

“修饰”是一种外在的“形式”，也可以说是一种“形式的形式”。正如人的五官器官骨骼肢体是人的构成“形式”、人的衣着打扮是人的“外在修饰”一样，政治话语也是越来越讲究修饰。政治话语的修饰直接影响着其传播效果。

第一，数字修辞。“数字使得经验能够完全地客观化……定量数据精确、简洁，连最苛求的语言都无法匹及”②，数字符号具有确定性、简洁性和公允性。因而，“精确语言（数字语言）对‘使用意识形态手段进行统治’是绝对必需的”③。在政治话语中使用数字修辞，不仅能够使政治话语更加直观、简洁与精确，以提高政治话语的说服性和可信性，还能够降低信息解码的难度，提升信息编码和解码之间一致性，从而增强政治话语的可传播性。

第二，政治隐喻。理解隐喻不仅要理解隐喻的字面含义，还要关注隐喻所联结的亲和关系或对比关系。隐喻通过将具象与抽象、熟悉与新生相联结，引发人们的公式化认知，帮助人们认识相关事物和理解个中寓意。政治隐喻通过两大作用机制发挥作用：一是将政治事物形象化和具象化。隐喻并非通过设定新的存在来实现其认知的目的，而是通过使人们对既有存在进行重新认知，达到阐释的效果。因此，政治隐喻的第一步就是将既有事物与新生事物、具象存在与抽象表达相联结，触发人们大脑中已有的认知，建构起人们对特定事物的理解。二是引发对相关政治事物的联想和想象。在第一步的基础上，通过联想、类比架起话语和思维之间的映射，用更加隐晦的方式进行政治价值或政治情感的输出。在日常政治生活中，常常使用的隐喻有战争隐喻、人体隐喻、建筑隐喻等。例如，多伊奇曾将政治沟通比作“政府的神经”，阿尔蒙德也将政治传播看作“血液的流通”，而媒介则是“中立的媒介”。这些隐喻能够使我们对政治传播的功能和定位具有更为形象的认知。

第三，大众化修辞。政治话语的大众修辞，指的是运用通俗化、大众化甚至娱乐化

---

① 安德森. 想象的共同体. 吴叡人，译. 上海：上海人民出版社，2011：75.

② 赫布斯特. 用数字说话：民意调查如何塑造美国政治. 张健，译. 北京：北京大学出版社，2018：29.

③ 穆尔扎. 论意识操纵. 徐昌翰，宋嗣喜，王晶，等译. 北京：社会科学文献出版社，2004：74.

的语言以及语言形式进行政治表达。政治话语的大众化，一方面使严肃的政治话语显得更加活泼，由此提高话语的吸引力，进而吸引受众对政治问题的关注；另一方面降低了政治话语的理解门槛，使政治话语更易被公众所理解和接受。不过，大众化修辞虽然可以使政治话语避免僵化空泛和沉闷，但它也需要被规制在一定的限度内。过度娱乐化也会适得其反，使受众沉溺于猎奇和寻乐的心理中而忽视真正需要关心的政治问题。

政治话语建构的修饰类型很多，除以上列举之外，政治话语的抽象化和具象化的转换，政治话语框架的使用、政治情感的激发也都是必须得到充分重视的政治话语的修饰手段。

第四节　政治话语的博弈

由于政治活动在人类社会运行中的主轴作用，政治话语的建构和传播就成为一个充满政治权力博弈的过程。现实政治生活中处处存在着话语之间的博弈，我们将其分为政治共同体内的政治话语博弈和政治共同体间的政治话语博弈。

一、政治共同体内的政治话语博弈

政治共同体内的政治话语博弈主要有三种形态。

第一，官方话语与民间话语的博弈。在国家-社会二元结构中，官方话语与民间话语是两种分别代表国家和社会的话语体系。随着市场经济的发展，社会利益主体变得更加多元化，其政治表达的需求和欲望也愈来愈强烈。互联网平台和媒介技术的迅猛发展，更是为政治参与和政治表达提供了方便，激活了民间话语的发展。自此，官方无法完全地垄断媒介资源和话语资源，民间话语对官方话语形成了巨大冲击和挑战。

一般意义上，官方话语和民间话语在主题、叙事方式、特质、态度以及主要传播渠道等方面都有着很大的差异。其中，官方话语体系作为体系化的信息发布和政策输出，往往采取宏大叙事的方式，呈现出明确的政治性、规范性和严谨性等特征，其态度理性、积极，通过官方主流媒体、组织、文件进行传播；而民间话语体系则是各种分散的社会思潮的意见表达，常常聚焦于鲜活、微小意象，呈现出零碎、临时和随意等特征，其态度囊括了从极度非理性至极度理性的光谱轨迹，更多通过互联网和自媒体进行传播。当特定政治社会事件发生后，具有不同特性的官方话语和民间话语常常会发生碰撞，不断争取和扩大各自的舆论空间，形成博弈之态。一般表现为：政府利用官方话语对某一事件进行阐释和定性，企图破除谣言、稳定民心和修复政府公信力；民众则围绕官方的反应速度、话语立场和责任划分情况，利用民间话语来表达对事件的看法和对官方处理的不满。并且，网络中的民间话语常常众声喧哗，进一步增加了官方话语和民间话语的对抗。

官方话语与民间话语的博弈，并不意味着二者的完全对立。要实现官方话语与民间话语的一致和共振，需要做到以下几点：其一，官方话语要避免假大空的“话语独白”，必须积极回应民间舆论所反映的问题，有效吸纳民间话语，达至真实有效有力之境界。

其二，设置政治表达的法律底线，提升民众的政治参与能力和媒介素养。民间话语中颇有谣言、非理性和极端化的舆论存在，这些舆论不仅不能起到情绪疏通的作用，反而会引起更大范围的对立。因此，要提升民众的媒介素养，设置自由表达的法律底线。

第二，官方话语与学术话语的博弈。学术话语是由知识精英建构的颇具理论性和逻辑性的话语体系，是政治话语的学术表达。官方话语与学术话语在很多方面存在差异：学术话语更倾向于使用逻辑论证与推理的方式对现实生活进行经验总结和规律提炼，官方话语则是在特定政治价值的指引下直接进行观点的表达和意识形态的灌输。

官方话语和学术话语在各自的领域按照特定逻辑，也常常会纷纷陷入“自说自话”的境地。当政治生活中所出现的各种问题同为政界和学界所关注时，两种论证逻辑不一的话语体系便会相遇，当学术话语所表达的逻辑与观点与官方相悖时，二者就会发生激烈的博弈。博弈形态包括以下几种情况：其一，官方话语完全主导了学术话语。在这种情况下，学术话语就会丧失独立性，成为官方话语的注脚，无法起到引导官方话语的作用。其二，学术话语占领上风，官方话语受到学术话语的挟制。这种情况意味着现有意识形态已经不再具有解释力。其三，官方话语与学术话语的合力。在这一情境中，学术话语能够依据现实政治发展进行规律总结，实现学术创新，同时支撑官方话语。官方话语也能在不断吸收学术话语的基础上增强自身的论述逻辑和理论支撑，提升自身的传播力和影响力。正如马克思所说，“理论只要说服人，就能掌握群众；而理论只要彻底，就能说服人。所谓彻底，就是抓住事物的根本”①。

第三，不同政党之间的话语博弈。在西方政治竞选体制中，能够通过选举成功组织起政治机器并行使政治权力的党被称为执政党或参政党，外在于政府的政党被称为在野党，它们中最大的政党被称为反对党②。无论是组成联盟政府的党派之间，还是执（参）政党与在野党之间，它们都会在日常政治生活中因为具体政治理念和政治主张的不同而发生话语博弈。

政治竞选期间的不同政党之间的政治辩论，可以使选民对竞选者进行更加直观的比较，激发政治竞选的活力与意义；日常政治生活中的政党间话语博弈，则可以作为对现任政府和执政党的一种制约机制，督促其最大化地实现其竞选期间所作出的政治承诺，承担应有的责任。

二、政治共同体间的政治话语博弈

政治共同体之间的话语博弈，主要表现为民族国家之间和不同政治文明之间的话语博弈。

第一，国家间政治话语博弈。当前的国际政治依旧处于丛林状态中，各个民族国家在争夺生存空间和保护国家利益与安全中不断发生摩擦，除了战争这一暴力对抗以外，在政治话语方面的博弈也成为国家间政治较量的重要维度。国际政治话语作为不同国家

① 马克思，恩格斯. 马克思恩格斯文集：第1卷. 北京：人民出版社，2009：11.

② 海伍德. 政治学核心概念. 吴勇，译. 北京：中国人民大学出版社，2012：140.

的自我展现和利益表达，围绕它所产生的博弈更像是一种零和博弈：一方话语权控制力的增强和影响力的扩大，必然意味着另一方话语权减弱和收缩。因此，各国在政治话语方面不存在平等的权力。不过这种话语博弈是“流动的”——随着国际秩序的不断重塑，展开话语博弈的焦点国家也随之改变。其一，守成大国与新兴国家的话语博弈。这两类国家的话语博弈主要围绕重构国际话语秩序这一主题展开。“话语的权利‘总是’与物质也就是资本主义全球秩序的经济权力连属”①，在守成大国继续维持国家话语霸权的同时，新兴国家随着社会经济的发展，也渴望拥有更多的国际话语权。因此，守成国家不断以“人权”“民主”等话语为武器，对新兴民族国家进行意识形态灌输，或抨击其现有政权的合法性，来维护其既有的国际话语霸权；而新兴国家则以“公平”“发展”“多样化”等话语，对目前的国际话语进行反击，主张重构更加公平、合理的国际话语秩序。其二，不同政治体制的国家间的话语博弈。意识形态和政治体制的差异会带来天然的敌意，因此围绕政治价值和政治体制优劣的讨论，依旧是国际上话语博弈的主题之一。其三，各个国家围绕各自国家安全和国家利益针对特定国际事件或冲突而展开的话语角力。第二次世界大战以后，世界地区性冲突依旧不断。这一现象外溢到话语层面，表现为国家间的政治话语的博弈。当前在关于世界政治和经济发展的国际话语结构中，主流的叙事方式和分析框架依然是基于权力政治的逻辑②。政治话语权成为不同民族国家在国际交往中争夺的关键。

第二，不同政治文明之间的话语博弈。亨廷顿曾将世界上的文明划分为中华文明、日本文明、印度文明、伊斯兰文明、东正教文明、西方文明和拉丁美洲文明等七大文明。并认为这些文明之间会有冲突。我们认为，文明之间有冲突，也有互鉴。“互鉴”就会相互融通认可，“冲突”则会充满博弈。从历史的视野来看，文明之间的话语博弈还会长期存在，需要我们保持高度的理论自觉和警觉。

---

① 汤林森. 文化帝国主义. 冯建三，译. 上海：上海人民出版社，1999：33.

② 威默. 国家建构：聚合与崩溃. 叶江，译. 上海：格致出版社，2019：丛书总序，4.

第七章

政治传播受众

在政治传播中，政治信息通过渠道流向受众。受众即客体，“客体”这个词是个哲学用语，是相对于主体而言的，其主要意涵是人作为主体活动时所面对的包括人自身在内的外部事物。从理论逻辑上讲，既然有政治传播主体一说，就相应地有政治传播客体，但是，“客体”这个概念终归还是一种哲学式表述，所以，在此我们还是采用传播学中的“受众”这个概念。

第一节　客体、对象、受众三个概念的辨析

不同的学科对于主体以外的事物的指称使用不同的概念和范畴。与前面我们对“传播主体”进行哲学式界说一样，在此，也从哲学意义上对“传播客体”进行说明。

一、哲学意义上的客体与对象

人类生活在世界上，就要进行认识活动和实践活动，而认识活动、实践活动，都是指向客体的。人的认识是以观念的形式去把握客体。人的实践活动是贯彻人的意志去改造客体。不存在没有对象的活动，客体既是人类实践的对象，又是人类认识的对象。因此，客体既是认识和实践的出发点，又是认识和实践活动的归宿。人的认识和实践归根结底就是为了认识客体、把握客体和改造客体。

客体是存在于主体以外，作为主体——人的活动的一切对象的东西。这是客体这一范畴的基本含义。但是，主体还把主体自身作为认识的对象，这样主体自身就被两重化了，它既是认识活动、实践活动的主体，又可以是主体自身活动的对象。因而，广义地说，客体是包括人自身在内的人所生活的世界的总体。在这一意义上，人所生活的世界

都是人的活动的对象，关于客体的认识，就是对作为人的对象的整个世界的认识。

客体是相对于主体的哲学范畴。客体的基本属性就在于它是主体活动的对象。从一定意义上讲，客体与对象是同义的，因为只有作为主体的对象，才能成为客体，不是主体的对象便不能成为客体。认识客体的性质，就在于认识对象的性质。但是，作为对象的东西却并不是任何客观的存在着的东西，而只是那些和主体发生联系的东西。客观的存在只有进入主体活动的范围，才能实现主体对象化的活动，获得作为主体活动的对象的性质；否则，它可以是客观存在着的东西，却与主体无关，因而也不具有作为主体活动的对象的性质。正如马克思所指出的，“非对象性的存在物，是一种非现实的、非感性的、只是思想上的即只是虚构出来的存在物，是抽象的东西”①，“被抽象地孤立地理解的、被固定为与人分离的自然界，对人说来也是无”②。这就是说，不是主体对象性的存在物，与主体不发生关系，对人来说是毫无意义的，因而也就不能看作主体的对象。客观存在的东西作为存在来说，是不以主体的存在为前提，也不受主体制约的，但作为对象来说，它却必须以主体的存在为前提，并受主体所制约。什么东西能够成为对象，不仅同这个东西自身的性质有关，与主体的性质也有关。作为主体活动对象的客体，不是固定不变的，而是处于经常变化之中，同主体一样具有历史性的。这种历史性主要表现为，主体能力的不同发展程度具有不同的对象，对象、客体受人类历史发展制约。随着人的主体能力的不断提高，作为主体的对象的范围在日益扩大，不断地把原来不是对象的东西转化为对象。

二、对传播学“受众”概念的反思

在传播学中，就像很少使用“主体”一词一样，也很少使用“客体”这个词，也不常用“对象”这个词，传播学中多使用“传者”“受众”这两个概念。从概念内涵与外延上看，“客体”一词包括人之外的事物，而“受众”仅指人。这大概是传播学使用“受众”一词的主要原因。但是，“受”的对应词是什么？传播学中也是有争论的。麦奎尔在《受众分析》中，开门见山地指出：

> “受众”（audience）一词作为对“接受者”（receiver）的总体指称，早已为人们所熟悉。在这个业已建立的话语中，受众被简单地认为是一个或另一个媒介渠道、这一类或那一类媒介内容或表演的读者、听众或观众。受众还被划归为大众传播研究的一个分支，是经验性研究的一个重要领域。这一术语，不仅被媒介实务人员和理论家们所熟知并用于日常生活当中，而且被媒介使用者们所认可和接受，用来清晰地描述其自身特征。然而，对受众一词，除了常规性的使用之外，对其意义的理解还存在相当多的分歧、误读和理论冲突。围绕这一概念之所以产生种种问题，其原因主要在于，如此单一且简单的术语却被用来概括一个不断多元化和复杂化的现实，并且还被应用于另类的、对抗性的理论模式，对此，一位评论家指出：“正在发

① 马克思，恩格斯．马克思恩格斯全集：第42卷．北京：人民出版社，1972：169.

② 同①178.

生的情况是，无论在人文科学还是社会科学领域，传播研究中受众一词的所指对象（referent）正在消解。”换言之，我们仍在沿用熟悉的词语去指称事物，而事物本身却正在消逝。对于多数大众传媒来说，除了零散、间接地接触受众外，受众通常都是看不见、摸不着的。所以，受众一词，与社会科学领域中其他诸如社会（society）、公众舆论（public opinion）等一些看似简单的概念一样，是一个抽象的、众说纷纭的概念，它所指称的现实事物，通常也是多种多样和不断变化的。……这显示出一个简单概念的优势和迷人之处，但是，如果对这个概念缺乏清晰一致的理解，我们就要注意这个简单概念潜在的隐患了。①

现在的传播学对“受众”的研究，可以说，铺设了关于受众研究的宏大叙事框架。以下这些概念和命题，出自国内学者在传播学中对受众的研究：受众的形貌、受众的角色、受众的特点（自在性、自主性、自述性、归属性）、受众的类型（积极选择者和随意旁观者，纯粹受众与介质受众，预期受众、现实受众与潜在受众，俯视型受众、仰视型受众与平视型受众）、受众的基本权利（选择权、知情权、表达权、监督权、隐私权）、受众的心理倾向（共性心理、个性心理、顺向心理、逆向心理）、受众的选择机制（选择性注意、选择性理解、创造性理解、歪曲性理解、卷入性理解、选择性记忆）、受众的反馈（简单反馈与复杂反馈、消极反馈与积极反馈、真性反馈与假性反馈、及时反馈与迟延反馈）。可以看出，这种宏大的叙事框架，基本上是把诸如心理学、社会学等学科概念移植到对受众的研究上来。这些说法其实适应于任何的作为人的研究对象。

综合起来，对于“受众”的研究，有以下几个方面值得重视。

第一，研究方法的多样性与深度。传播学对受众的研究可以说已经远远突破了传播学本身，既有广度即多样性，又有深度即专业性。除了传播学的主流研究方法即偏重于大众媒介角度对受众的研究之外，詹森和罗森格伦曾经将受众研究传统划分为五类：效果研究、使用与满足研究、文学批评、文化研究和接受分析。麦奎尔在此基础上，重新抽象归纳为三大类：结构性研究、行为性研究、社会文化性研究②。

麦奎尔认为，结构性受众研究源于媒介工业的需要，其目的是获得有关受众规模、媒介接触、到达率、流动情况等方面的量化信息，这些数据对于媒介广告经营来说是必不可少的，由此催生出了一个与广告和媒介市场研究密切相关的庞大产业。结构性研究也有助于区分受众类别，探讨社会背景、大众传媒系统与个人媒介使用之间的关系；行为性受众研究的目的，重在改进和强化媒介传播效果，即通过考察受众外在的而非内在的表现，比如受众的媒介选择、使用、意见和态度等，来解释媒介的影响，预测受众的行为，为传播决策提供参考。在行为性受众研究中，受众被视若“黑箱”，不必了解其内在机理，通过察其言观其行，便可描述受众经验，推知其行为动机和传播效果；社会文化性受众研究内容广泛，广义上包括批判研究、文学批评、文化研究和接受分析在内，狭义上则主要指后者。它与结构性与行为性研究的不同在于，它抛弃了传播效果的刺激-反应模式，也不再遵从媒介文本或媒介信息万能的观点，更扬弃了传统批判学派所谓受

---

① 麦奎尔．受众分析．刘燕南，译．北京：中国人民大学出版社，2006：2.
② 同①30.

众臣服于传媒体系的观点，它认为受众具有主动性和选择性，受众的媒介使用是特定社会文化环境的一种反映，也是赋予文化产品和文化经验意义的过程。接受分析还特别强调了受众在对媒介文本进行“解码”中的能动作用，认为受众对于大众媒介所提供的支配性和霸权性意义，具有抵抗和颠覆的力量。

麦奎尔所概括的三种研究传统，其区别不仅在于研究目的的不同和受众观的差异，还在于研究方法的不同。结构性和行为性受众研究主要采用调查统计和心理实验等定量研究方法，这种方法常常为所谓“主流”的受众研究所采用。社会文化性受众研究则主要采用民族志和定性的研究方法，试图在社会和文化的意义上全面深入地把握受众，强调对“人”的再发现。按照麦奎尔的观点，受众研究目的的不同，根源于研究者立场的不同。实际上，不同研究流派的差别，已经暗示了不同的研究目的和不同的研究方法。针对这些研究方法的状态，我国学者刘燕南认为，近年来，受众研究虽然出现了由“受众控制”向“受众自治”方向迁移、从传播者视角向受众视角转变的趋向，但是，整体上并未跳脱“主流”研究传统的窠臼。

第二，关于“意见领袖”的理论。意见领袖理论由美国传播学者拉扎斯菲尔德最早提出，经卡茨完善形成“二级传播”理论。显而易见，这个理论是在对“受众”的深入细致研究中提出的，当归属于受众理论，对受众理论具有“革命性”的影响。虽然，意见领袖和二级传播理论被后来的施拉姆等严厉批判和反驳，但是，这动摇不了这个理论的历史意义。我认为，这是对受众“性质”和“类型”最经典的划分。此后传播学对受众的“性质”和“类型”的研究无法超出其思想。我们前面涉及了这个理论，但是把它置放于“传播主体”中论述的①。这从一个侧面反映了意见领袖和二级传播理论对传播主体也产生了根本性的影响。

第三，关于一般受众和大众受众区别的理论。“大众”是社会学概念，受众是传播学概念。大众与受众的勾连，即大众成为受众所形成的“大众受众”，深刻地反映了传播学背后历史与社会发展的事件轨迹和内在逻辑。按照大众社会理论，大众是现代工业化社会的产物，也是大众传播发展的结果，反映了脱离家庭、血缘、土地等传统纽带，相互依赖却又彼此陌生的人们的生存形态。大众具有规模大、分散、匿名和无根性的特点，既不同于有一定组织性的社会群体，又不同于松散的群集，以及有政治自觉意识的公众，他们没有任何组织性，没有稳定的结构、规则和领导者，也缺乏为实现自身目的而行动的意愿和手段。而按照麦奎尔的说法，受众是社会环境和特定媒介供应方式的产物。

最早用“大众”概念框架来分析“受众”的，是美国社会学芝加哥学派的代表人物之一布卢默。他从更广泛的社会生活变化特征的角度进行思考，将受众这一新型集合体的形成，视为现代社会各种因素相互作用的结果，并称为“大众”，以与此前的“群体”、“群集”和“公众”区别开来。大众或受众的形成，都离不开工业化都市化的发展、人们识字能力的提高、交通运输的发达、信息传播的普及、社会的集中化程度提升等因素的影响。大众传播的受众，不仅人数众多、分布广泛、层次参差、互不知晓，而且缺乏自我认同意识，也没有任何组织性，不为自己行动，却受外部力量的驱使。由此观之，用

① 参见本书第三章“政治传播主体”。

典型的大众社会论观点说，“大众传播的受众无疑就是大众本身，受众具备着大众的一切特点”。

当然，以我们之见，自从传播走进“大众传播”时代，由于大众媒介在传播中对传播过程的垄断，传播学认为，“受众”基本上是大众媒介的受众，因而，对于受众的研究就进入大众媒介受众的“深水区”——围绕着“大众媒介”，所谓林林总总的“受众”分析，同时也一定程度陷入了诸如“收视率”“阅读率”“受众细分”“选民细分”等几乎使人头昏目眩的技术化、工具化的研究之中。

第四，尝试从社会、文化、政治角度对受众的细分。20世纪20年代之后，传播学对受众的研究逐步走出传播学本身的狭隘视界，逐渐把研究目光投向作为整体和类别的受众群，力图通过社会在分化过程中形成的种种社会、文化、政治类别来区分受众，甚至性别、年龄、种族、宗教、政党、文化程度、收入、职业等社会文化要素都被融入受众分类的要素当中。这种理论的实质是以群体差异性来替代个体差异性，通过分析受众群体上的可变因素，揭示这些属性与人们信息接收行为和理解图示之间的关联。这种理论在传播形态上的例证便是媒介的分众化和小众化，一种传播方式和内容只试图触及某一特别群体。一些学者甚至从文化人类学和社会学的角度来丰富这种受众理论，提出专属于某种类群的亚文化传播受众和传播群体。这些受众不仅区别于大众，而且是普通的社会类别标准难以区分的，他们有着自己的话语、价值观和意识形态，甚至重构了一种传播的部落，拥有自己的文化和传播媒介。

从一般受众中区别出“大众受众”，并进而尝试对其作社会、文化、政治方面的“细分”，凸显了大众媒介对人类社会文化和政治的改变，彰显了传播学研究的文化、社会和政治意义，是传播学生存价值和研究价值的展现。

第五，关于受众的未来形态研究。随着社会的发展，特别是传播新技术的发展，“受众”一路走来千变万化，其未来形态究竟如何，传播学作出了探讨。麦奎尔以“大众受众的消解：新类型出现”，甚至“受众的终结”为题来探讨受众的未来。他说道：“大众传播是一种‘中心-边缘’式的传播流，对于信息的‘发送者’而言，‘接受者’是与之分离的、未知的。传媒的生产、发行、消费也是彼此分开的。从历史上看，‘受众’的发展，始于那些聚集在某处一起观看或收听的人群。随着规模的逐渐扩大，这个人群也变得更加分散、更加非人格化。最终，大众媒介受众成为在同一时间关注同一信息的巨大的集合。不过很明显，即便如此，在我们所说的‘大众传播’中，依然有许多不同的受众类型，也有各种各样的‘受众-发送者’关系；而规模大、匿名、有大量的各种受众这样一种‘发送者-媒介’关系，也并非唯一可能的存在。实际上，有许多媒介受众群不仅规模小，而且通过社会和情感纽带，与传播源紧密地联系在一起。”① 对于受众的“终结”，麦奎尔说道：“受众概念本身所产生的问题总是多于其表面，因为能够用来定义和建构受众的方式非常多，而且也不固定。当我们从受众而非媒介的角度来看时，问题还会更加严重。人们本身依据某种共同的兴趣或自我认同，来建构新兴而且各不相同的受众。传播者和接收者之间的界限是媒介受众原始观念的关键所在，而新技术以及新形态

---

① 麦奎尔．受众分析．刘燕南，译．北京：中国人民大学出版社，2006：49-50.

媒介的使用却使得这两者之间原本清晰的界限开始出现问题。互动性和咨询性的媒介使用，已经使具有传统大众受众特征的收看权不复存在。除了极端的新兴传播技术之外，许多'旧技术'和媒介产业也出现许多变革，并都会隐约对受众造成影响。"①

这些理论对于政治传播受众的分析当然是有益的，但还是不能清楚地解释政治传播受众的整体脉络。在第三章"政治传播主体"中，我们把政治传播主体界说为"政治共同体"，在目前人类政治体系和政治生活中，固然有诸多形态的政治共同体，但是最基本、最坚实的政治共同体是"国家（政府）、政党"。"国家（政府）、政党"作为政治传播主体，有着自己的传播对象，同时自身也可以是别的"国家（政府）、政党"政治传播的受众。

第二节　受众分类（一）：国内受众与国际受众

政治传播的受众，可从政治共同体内外角度分析。由于现实政治生活中，国家与政党是最稳定、最有政治权力因而也是最现实可见的政治共同体，这里的政治传播受众的"内外之分"，就主要是所谓国内对象与国外对象。国家（政府）、政党，作为政治传播的主体，其传播受众，一个明显的特征是内外区分的，即所谓"内外有别"。从内外维度对政治传播受众的分析，即可以划分出国家的对内、对外政治传播。

一、国际政治传播受众的性质

传播学对国际政治传播受众的分析，基本上是把传播学中对于受众的分析移植进来。比如，有学者对国际传播受众的特征用"广泛性、复杂性、多样性"来描述；对其分类从重要程度上分为"重点受众、次重点受众、一般受众"，从接受态度上分为"顺意受众、逆意受众、中立受众"，从发展过程上分为"潜在受众、知晓受众、行动受众"等。"与国内传播相比，国际传播面对的受众群体以及传播环境的多样性更加突出。这种多样性具体表现在：首先，国际传播的受众不但包括一般公众，也包括各国政府（或对象国政府）。受国际政治、经济格局的影响，国与国之间的关系状态十分复杂：既有友好国家、结盟国家、战略伙伴关系国家，也有敌对国家、交战国家或中立国家，随着国际政治、经济格局的调整、变化，国与国之间的关系状态也会相应地发生变化。而国家之间的利益格局和关系状态，在很大程度上影响着各国对彼此传播的信息内容的解读方式：友好国家、结盟国家是一种解读方式，敌对国家是一种解读方式，中立国家又是另外一种解读方式。这就使传播主体国发出的同一个信息有了多样化的认知呈现。"②

固然，国际政治传播受众首先是传播对象，因而，传播学中的这些一般性的描述也适合国际政治传播受众（其实，这些描述也是适应于国内传播受众的）。但是，它们似乎

① 麦奎尔．麦奎尔大众传播理论．崔保国，李琨，译．北京：清华大学出版社，2010：363-364.

② 程曼丽．国际传播学教程．北京：北京大学出版社，2007：177.

还不足以表达国际政治传播的本质性特征。国际政治传播受众，其特殊性正在于他是“政治性对象”。这种“政治性”主要体现在：作为一种共同体间的政治传播，主要是一种政治价值的输出，是一种政治意识形态的较量。所以，国际政治传播的受众就是典型的政治意识形态受众，不论这种政治意识形态采取什么样的形式和包装。

国际政治传播的受众，一般是事先假设的、整体性的特定政治意识形态传播的对象。这里所谓的整体性，是相对于国内的意识形态教育而言的，一般的情况是，特定政治共同体（比如国家或者政党）是在这个政治共同体的特有意识形态内进行教育；而国际政治传播受众，事先设想了别的国家的意识形态的不同，进行的是两个整体的意识形态之间的传播、交流、碰撞、砥砺。当这种意识形态被冠之以“政治文明”的时候，就是不同政治文明之间的传播、交流、碰撞、砥砺、融合。所以，国内政治传播不是不同的意识形态之间的传播，其“受众”的分类也不能以意识形态为标准而划分。而国际政治传播对象的核心差异正是意识形态。这就是“国家间政治”对国际政治传播受众的制约。正如汉斯·摩根索所言：

> 所有类型的政治而言，不管是国内政策还是国际政策，都有一个特点，即它的基本表现往往与其本来面目——对权力的争夺——不一样。更甚者，权力因素作为一项政策所追逐的第一目标会被伦理、法律或是生物学等理由加以解释和正名。就是说，政策的真实本质被意识形态方面的辩护和文饰所掩盖。①
>
> ……这些就是国际政策中不可避免地带有意识形态因素的精神力量，这些精神力量还把意识形态变成国际间权力斗争的武器。一个其外交政策能够赢得本国人民知识信念和道德价值支持的政府，就获得了相对于那些在选目标时未能成功地赢得或者表面上赢得这种支持的政府无可比拟的优势。意识形态，也像所有的思想理念一样，是可以提升国民士气和国家力量的武器，并在实际的行动中降低对手的士气。②

摩根索认为，通过对国际政治本质的分析，可以推论出帝国主义政策实际上也是以意识形态为伪装的，而维持现状政策则更多的是以其本来面目出现的。从这里又可以推导出，某些形式的意识形态是与某些形式的国际政策相协调的。因此，在他看来，大体有三种“典型的意识形态”受众。一是“维持现状政策的意识形态”。一项维持现状的政策常常能够将其真正的本质暴露出来而无须意识形态的掩盖，因为现状是早已经存在的，并且取得了一定的道义合法性。存在的事物必定有有利于其存在的理由，否则它将不可能存在。二是“帝国主义的意识形态”。一项帝国主义政策永远需要一种意识形态，因为，与一项维持现状政策相比照，帝国主义总是有证明的需要。它必须证明它所要推翻的现状为什么要被推翻，在许多人头脑中现存事物所具有的道义合法性必须让位于更高的道义准则，而后者要求新的力量分配。三是“模棱两可的意识形态”。反帝国主义意识形态的效力来自它的模糊性，它让观察者产生困惑，观察者无法做到永远能够清楚判断出其所研究的是帝国主义意识形态还是维持现状政策的真实表达。每当一个意识形态不

① 摩根索．国家间政治：为了权力与和平的斗争．徐昕，等译．海口：海南出版社，2008：112.

② 同①115.

是为某一具体的政策形态所定制，而是既可以由现状的守护者也可以被帝国主义的推行者所使用时，这种疑惑作用就会出现①。

“特定政治意识形态受众”是国际政治传播受众的一种最本质的特征。需要说明的是，这种意识形态就是政治意识形态，而不是泛化的类似于“文化”的所谓“广义意识形态”，若超出“政治”范畴则不是意识形态，这种传播，就可能是国际传播中的文化传播、知识传播之类，而不是政治传播。

以美国帝国主义为例，达尔就认为：“美利坚是一个重视意识形态的民族，只是作为个人，他们通常不重视（忽视）他们的意识形态，因为他们都认同同样的意识形态，其一致程度令人吃惊。”② 美国并不怀疑国内民众对自己意识形态的忠诚。来自宗教的神圣信仰捍卫了这种忠诚。“盎格鲁-撒克逊”所造就的“美国精神”积淀为一种“救世主”般的唯我独尊的优越感。以“自由”“民主”为核心的政治意识形态成为美国国际政治传播的主要内容和最终目的。美国学者斯特林·约翰逊在谈到美国的政治文化时指出：“从历史上讲，美国人对世界的看法是‘二分法’，他们拥有这样一种信念，即美国过去是、现在还是世界上最好的国家。他们认为，美国所信仰的理念过去是、现在还是不仅对美国是正确的，而且对其他国家也是正确的。因此，为了使美国的使命得到传播，要么劝导，要么强迫弱小国家接受这些信条，文明由此带到了非文明国家。”③ 从传播的角度，麦奎尔针对美国这种“文化帝国主义”说道：“大多数有关全球化大众传播的议题都和‘文化帝国主义’，或者更特指的‘媒介帝国主义’观念有着直接或间接的联系。这两个概念都意味着一种有意的支配、入侵或者破坏其他‘文化空间’的行为，且暗示了一种‘强制’的关系。这当然是一种很不平等的权力关系。这里还包含着所传播内容中所具有的终极文化或意识形态模式。这些模式常以‘西方价值’的角度来表达。……它具有政治和文化的意涵，最重要的就是属服于美国资本主义的全球计划之下。”④

政治意识形态背后隐藏着国际政治权力的争斗和国家利益的争夺。因此，国际政治传播的对象的选择与国际政治权力与利益紧密相关。“有利可图”“有权可掌”成为选定对象的通俗说明。与此相应，利益大小、权力轻重，是制定政治传播战略战术的基本依据。正像摩根索所说：

> 与所有政治一样，国际政治是对权力的角逐。无论国际政治的终极目的是什么，权力永远是其现实的目标。政治家和民众所追求的最终或许是自由、安全、繁荣或权势。他们或许将这些目标定义为宗教、哲学、经济或社会理想。他们或许希望理想的最终实现依靠的是其内在的动力，或者是上天的意志，或者是人类万物的自然发展。他们或许还试图以非政治的手段，如与别国或国家组织举行技术合作，以进一步实现其理想。但无论在什么时候，只要他们通过国际政治途径迈向自己的目标，他们就是在握取权力。伍德罗·威尔逊想要使民主大行于天下；纳粹想要把东欧殖民化、统治欧洲并征服世界。因为他们都是选择权力来实现自己的目的，所以他们

---

① 摩根索．国家间政治．徐昕，等译．海口：海南出版社，2008：116-122.

② 罗赛蒂．美国对外政策的政治学．周启朋，傅耀祖，等译．北京：世界知识出版社，1997：354.

③ 李智．国际政治传播：控制与效果．北京：北京大学出版社，2007：54.

④ 麦奎尔．麦奎尔大众传播理论．崔保国，李琨，译．北京：清华大学出版社，2010：205.

成为国际政治舞台上的表演者。①

国际政治传播受众的另外一个特征是“被选择”“被教育”。造成受众这种品性的是国际政治传播主体的“帝国”心态。国际政治是一种实力政治，只有在政治上比别人“强大”“优越”的国家，才会想着去向别人传播输出自己的政治价值观，才会以政治意识形态去劝服别人，才会是国际政治传播的“传者”。经济帝国、军事帝国、文化帝国中，最强大的还是文化帝国。文化帝国的实质是政治帝国，难怪有人称文化帝国就是政治意识形态帝国。“我们建议称之为文化帝国主义的东西是最难以把握的，并且，如果它能够独自获得成功的话，就将是最为成功的帝国主义政策。它要征服和控制的目标不是领土或经济生活，而是人的头脑，同时将之作为改变两个国家权力关系的手段。如果一个人能够想象出，控制着国家B所有政策制定人的头脑的国家A在文化上，或更具体地说，在政治的意识形态上的具体的帝国主义目标，国家A就可以赢得对国家B更彻底的胜利，并且建立起比军事上的征服者或经济上的宗主国基础更为稳固的优势地位。国家A将无须威胁或诉诸武力，以及使用经济压力来达到其目的；国家B由于认同国家A的文化及政治哲学对于本国的优越和吸引，其自身的奴性就会导致其早已帮助国家A实现了这样的目的。”②

二、国内受众与国际受众的关系

“内外有别”是一个以国家为载体的政治共同体区别于对内与对外传播的通俗而典型的“国际通行”原则。内外有别，虽然强调在传播内容、传播过程、传播载体、传播对象上都要“有所区别”，但是，主要的旨趣还是要强调传播对象的区别，是由于传播对象的特殊，才强调传播内容、传播过程、传播载体的不同。

一般来说，国际政治传播最强调内外有别，或者说，由于政治的差异性和不通融性，才需要对特定的政治内容以内外不同的方式进行传播。而诸如文化传播、知识传播等则恰恰相反，强调传播内容、传播过程、传播载体、传播对象的一致性，强调要对政治共同体外受众对象的“不歧视”，不分彼此、不分你我，可谓“所传无类”。但是，政治传播则不同，正因为知道其他政治共同体与自己的成员在政治的各个方面不尽相同，才可以通过传播而使其改变，使其在政治的各个方面理解自己、支持自己、认同自己，进而趋同自己。所谓国际政治传播就正是这样。所以，分析国际政治传播，其重点不是重点分析国际政治传播主体、国际政治传播内容、国际政治传播原则、国际政治传播手段等，而是深入国际政治传播的受众。“受众决定论”非常适合国际政治传播。现在的国际政治传播理论多少有些“偏向”，恰恰比较忽略对国际政治传播受众的分析。原因可能在于：第一，认为与政治共同体内的对象即国内受众没有什么区别；第二，由于对外部了解条件的限制，寻找不出区别；第三，认为国内政治传播受众与国际政治传播受众就不应该有区别。

---

① 摩根索．国家间政治．徐昕，等译．海口：海南出版社，2008：35.

② 同①83.

毫无疑问，从人类政治文明的发展趋势看，随着人类的“类政治”的形成，作为政治传播的对象是越来越没有区别。但是，这是一种理想类型的目标，实现这种目标恰恰需要通过政治传播来逐步缩小政治共同体之间的政治差别。据此而言，要达到内外无别，目前需要的是内外有别。

中国作为政治传播主体的国家，在“政治宣传”上是最讲内外有别的。1944 年 9 月，在延安的窑洞中，中国共产党的对外宣传和传播起步，就提出了对外宣传的三个原则：“选择和编发最重要的、最有国际意义的新闻；消息必须绝对正确；照顾外国读者的理解程度、力求清晰易懂。”① 其中第三条“照顾外国读者的理解程度、力求清晰易懂”，已经蕴含了“内外有别”的含义，可以说这是“内外有别”原则的滥觞。1956 年 5 月 28 日，刘少奇在《对广播事业局工作的指示》中针对对外广播谈道：“我看对外广播不请外国人恐怕办不好，以外国顾问为基础办起来，他们懂得对象的民族感情，语言也比我们好，政治上由我们主持，语言、技术等以他们为主，这样，搞它二三年就好了。”② 1990 年的全国宣传工作会议认为：“外国人和海外同胞，由于生活在不同的社会中，他们的生活方式、思维方式和语言习惯都和我们有很大不同，而各个国家和地区的情况也很不相同。必须认真研究这些特点，区别对待，不能照搬国内的方式方法进行工作。”③ 可以看到，从新中国成立初期探索建立“内外有别”的原则到“文化大革命”后主动恢复这一原则，再到历年的全国对外宣传会议，“内外有别”这一原则在内涵上集中强调了两点：一是强调传播对象国受众的差异性。他们有自己的民族情感、自己的文化、自己的语言，这造成了他们不同的接受心理状态。二是强调针对性。针对性有两个方面的要求：对传播者来说，要求进行宣传和传播活动的时候作区分，对自己的媒介定位要作区分；对外传播对象国的受众来说要对他们按照不同的标准（诸如地域、文化、语言、种族等）进行区分；发送信息的文本内容、目的、方法也要作区分。因此，归纳起来，所谓内外有别就是“针对不同的传播对象，通过设置职能相异的内宣与外宣机构，发送不同的信息文本，以期取得不同的传播效果”④。

国际政治传播的“内外有别”原则，在我国的对外政治传播历史中起到了积极的作用。改革开放程度前国外受众在隔绝状态下只能通过中国的外宣机构来了解中国，这样他们就变成了有组织的国外受众，国内外的大众传媒是有可能在这些有组织的国外受众心目中建构一个“想象的共同体”的。20 世纪 90 年代以后，我国社会内部发生了巨大的变化，这种变化对我们过去对外政治传播的“内外有别”原则形成挑战。第一，社会主义市场经济的建立使“内外有别”的原则失去了存在的内在根据。市场经济条件下，封闭的国家共同体转变为开放的、需要大多数人参与的共同体；这种情况下“内外有别”的必要性减弱。第二，网络社会的崛起彻底改变了世界的面貌，使全球化的浪潮加速，任何国家的信息传递已经不再是一国的事情，信息的全球瞬间传递已经获得了强大的信息技术支撑，原来阻碍信息传递的距离因素已经不复存在。在此情况之下，对外传播的“内外有别”原则在实践上操作困难。“内外有别”这一原则受到了诸多的挑战，但是，

---

① 沈苏儒. 对外传播的理论与实践. 北京：五洲传播出版社，2004：79-81.

② 中国社会科学院新闻研究所. 中国共产党新闻工作文件汇编. 北京：新华出版社，1980：372.

③④ 要更好地向世界介绍中国. 人民日报，1990-11-02.

并不能据此彻底放弃这一原则。我们的看法是：保其“战略地位”，放其“战术地位”，即从国家政治战略高度还是要“内外有别”，但是，具体的传播内容、传播过程、传播手段则不必“内外有别”，避免由于“内外有别”而形成现代“政治肠梗阻”。

强调政治传播受众的不同而形成的“内外有别”原则，不能人为地在对内政治传播与对外政治传播之间划出一道鸿沟，而是应该根据“内外有别”原则对传播对象进行分类，架起一座桥梁，以实现更好的政治传播效果。事实上，对内政治传播是对外政治传播的基础，所有对内政治传播的原理基本上也适合于对外政治传播。对此，麦克奈尔已经讲得非常清楚：

> 国际关系就是一个国内问题。一个政府处理国际问题的优劣将会大大影响其在国内选民中的支持率，进而直接影响下一次大选的结果。在处理国际关系问题的时候，一个政府有机会登上国际舞台，在全球几亿观众面前献演。演出的好坏与否不可避免地将在国内观众中间引起反响。因此，政府若能成功控制媒体报道，就会进一步促进政治成功。……国际政治领域的传播还在一个更深层的意义上影响着国内辩论。整个20世纪以来，政府、商业、军队以及媒体领域的精英一直通过操纵“敌人”这一象征符号与形象来服务于国内政治目的。“敌人”的性质随着时间几经改变，然而这一种传播手段背后的原则却始终如一：那就是明修栈道，暗度陈仓，利用看上去瞄准“外国”敌人的宣传攻势来动员国内舆论支持带有国内政治目的的运动。“冷战”就是这种战术在20世纪中持续时间最长的一个案例。①

第三节　受众分类（二）：政治精英与普通民众

前面的受众分类，是把“国家”作为“政治共同体”的最基本单位而划分为“国内受众和国际受众”。对于政治传播受众来说，“政治传播的对象是人而不是物”，这是本质性的判断。但是，这些“人”却可以进一步分类。传播学中以“大众媒介”为依据对传播对象作细细的分类，诸如“电视受众”“广播受众”等，但用来分析政治传播对象即政治信息受众，还是不太准确。在此，我们从政治属性这个维度把政治传播受众划分为政治精英与普通民众。

一、作为受众的政治精英与普通民众

我们在“政治传播主体”一章中已经对政治精英概念有过分析。政治精英，既可以是政治传播主体又可以是政治传播受众，既可以从传播主体又可以从传播客体角度分析。在本书中，我们既把它作为政治传播主体来分析，也把它作为政治传播受众来分析。作为政治传播主体分析的时候，我们把它规限为“政治领袖”，重点分析了政治领袖。本来，作为传播受众的政治精英被视为“意见领袖”，“意见领袖”在传播学中是作为“受

① 麦克奈尔．政治传播学引论．殷琪，译．北京：新华出版社，2005：184．

众”被分析的。其实，对于政治精英来说，实际的情况是，他们首先可能只是一般的受众，诚如勒庞所言：

> 领袖最初往往不过是被领导者中的一员。他本人也是被一些观念所迷惑，然后才变成了它的信徒。他对这些观念十分着迷，以至除此之外的一切事情都消失了。在他看来，一切相反的意见都是谬论或迷信。①

随着传播技术的革命性变化，“意见领袖”正在由“对象”向主体转变，其对政治信息的创新性甚至原创性越来越大于其解读性和“二级传播性”。在自媒体时代，人人都可以是政治传播主体，因而，未来的趋势是很难再在“受众”中划分意见领袖与一般受众。当然，就人类现代政治的整体状貌和基本性质来说，政治传播仍然是少数人对多数人的传播，因而政治精英与普通民众仍然是政治人群的基本分类。

说到“普通民众”，情况就更为复杂。在日常的用语中，与政治精英对应的被称为群众、民众、老百姓等等。在规范的政治话语中可称为“普通民众”，但政治学中与“政治精英”的“普通民众”有多种解释。

首先，马克思的“无产阶级”这一概念中具有政治上的“普通民众”的含义。1848年，在《共产党宣言》第一节“资产者和无产者”开篇，马克思说道：“至今一切社会的历史都是阶级斗争的历史。自由民和奴隶、贵族和平民、领主和农奴、行会师傅和帮工，一句话，压迫者和被压迫者，始终处于相互对立的地位，进行不断的、有时隐蔽有时公开的斗争，而每一次斗争的结局都是整个社会受到革命改造或者斗争的各阶级同归于尽。”② 这是马克思站在人类社会发展史高度俯视观察“阶级”“阶级斗争”及其作用，是从阶级对立的视角去解析社会。1852年，马克思在《致约·魏德迈》的信中谈到自己在阶级研究中的贡献时，写下了关于阶级和阶级斗争的最为著名的一段话：“无论是发现现代社会中有阶级存在或发现各阶级间的斗争，都不是我的功劳。在我以前很久，资产阶级历史编纂学家就已经叙述过阶级斗争的历史发展，资产阶级的经济学家也已经对各个阶级作过经济上的分析。我所加上的新内容就是证明了下列几点：（1）阶级的存在仅仅同生产发展的一定历史阶段相联系；（2）阶级斗争必然导致无产阶级专政；（3）这个专政不过是达到消灭一切阶级和进入无阶级社会的过渡。”③

有观点认为，马克思讲的“阶级”只是一种经济意义的范畴，仅适用于对社会成员的经济分析。但实际上，马克思的阶级及阶级分析理论，同时具有经济、历史、文化、心理、政治多种意蕴。其中，最为重要的是其政治意蕴。当马克思发出“全世界无产者联合起来”敲响资本主义丧钟的号召时，其阶级理论的政治意蕴就格外凸显了。

马克思之后，西方发达国家的许多思想家和学者，如马克斯·韦伯、布迪厄、赖特等，他们从各自不同的视角对社会分化、社会分层之后的“民众”阶层都有过极富特色的研究，提出了不同于马克思阶级理论的见解，形成了多视角的研究范式。比如，学者莫斯科维奇，视马克思所讲的“无产阶级”群体为普通民众，他在《群氓的时代》一书

---

① 勒庞. 乌合之众. 冯克利，译. 北京：中央编译局出版社，2000：96.

② 马克思，恩格斯. 马克思恩格斯选集：第1卷. 2版. 北京：人民出版社，1995：272.

③ 同②547.

中针对马克思的研究总结道：

> 马克思和韦伯对阶级社会进行了理论阐述。他们为此都运用了政治经济学。在这门学科中，群体被认为是一种新社会形式的惊人象征。这种新群体尤其体现在背井离乡的穷困民众身上。他们被鼓动起来，反对官僚和资本的压迫。资本把人和机器大量地集中起来，把生产力社会化，把社会变成了一个巨大的市场。其中所有的事物，包括劳动都可以自由买卖。在这个过程中，已创造了一个全新的阶级——无产阶级。我们可以接受或者反对这种思想，但是这种思想无疑是把阶级看作历史舞台上的演员，其中无产阶级这个特定阶级的诞生预告了近代社会的产生，也是即将来临的革命的信号。民众们蜂拥着进入城镇，参加内战和每个起义。他们被看成是原材料，是劳动民众的原型。他们的意识水平参差不齐，有的是被动的半无产阶级，有的则是被欢呼为英雄的真正积极有为的无产阶级。①

马克思之后，对政治上的普通民众的研究，出现了既继承马克思阶级理论的传统血脉同时也另辟蹊径的"大众社会理论"。

大众社会理论深度揭示了"社会大众"的历史来源。"大众社会"的原初含义，是指20世纪早期工业化过程中的西方资本主义社会的社会组织模式。这个时期，随着工业技术的飞速发展，社会呈现出两个方面的特点：一是社会的工业化和都市化，导致传统的社会结构、等级秩序和统一的价值体系被打破；二是人们失去了统一的行为参照系，人与人之间的关系变得隔离和疏远，每一个个体都变成了孤立、分散、均质的、原子式的存在，即"大众"。这里"大众"是指大面积分散的、不定量多数的、具有不同社会归属但有着相同的行为倾向的、易受外界刺激和动员的流动的特殊社群。大众社会理论认为，社会主要由两个部分构成，一部分是广泛的大众，另一部分是少数权力精英。大众虽然是孤立而分散的，但是因其庞大的数量，能够产生不可抗拒的"多数"压力和力量。因此，权力精英试图控制和影响大众。进入20世纪50年代，大众社会理论有了新的发现：社会具有双重性质——非精英的大众容易受到精英的操纵和控制，而同时精英人物也容易受到大众的压力和影响。

对于作为大众社会中"大众"的研究，早期西方马克思主义对意识形态领域的关注，开启了传播学分析的崭新视角；在这一视角下，葛兰西"意识形态霸权"理论、阿尔都塞的"意识形态国家机器"理论、法兰克福学派的意识形态商品化理论、后现代主义的意识形态解构理论等，从不同的角度和深度对以资本主义为统治地位的现代社会的"大众"进行了研究。

把"大众"进一步规限为"受众"的是一批传播学研究者。在他们眼中的大众，即是以大众媒介为中介的大众传播的受众。这种概念界定基本上与媒介以外的社会（比如政治、经济、文化）因素不大。或者说，即便是从政治、经济、文化角度对受众进行归类，也是对大众媒介受众的政治、经济、文化角度的归类。

在马克思的阶级理论之后，关于"大众"作为受众研究的一个基本趋势是"去政治化"。这使我们意识到，普通民众作为政治传播的受众，由于其"政治性"的丧失或者政

---

① 莫斯科维奇．群氓的时代．李继红，许列民，薛丹云，译．南京：江苏人民出版社，2003：30-31.

治传播被“一般传播化”，离我们越来越远了。这唤醒了我们在政治传播中对作为政治传播对象的“普通民众”的重新研究。甚至我们有理由认为，政治传播中的普通民众，不能等同于传播学中的“大众受众”。正像政治传播中的组织传播并不依靠媒介一样，“普通民众”这个概念是通过政治批判对社会民众的一种政治性规定。将普通民众作为一种政治传播的受众来研究，对于构建新的政治传播理论很有意义。

二、作为受众的普通民众的基本特征

法国学者古斯塔夫·勒庞的《乌合之众》一书从多个角度研究了传播中的一般大众群体，人们将其视为“群体心理学”。在这部著作中，勒庞对“乌合之众”的群体特征的研究，对于我们有一定的启发作用。他指出：

> 一个心理群体表现出来的最惊人的特点如下：构成这个群体的个人不管是谁，他们的生活方式、职业、性格或智力不管相同还是不同，他们变成了一个群体这个事实，便使他们获得了一种集体心理，这使他们的感情、思想和行为变得与他们单独一人时的感情、思想和行为颇为不同。若不是形成了一个群体，有些闪念或感情在个人身上根本就不会产生，或不可能变成行动。心理群体是一个由异质成分组成的暂时现象，当他们结合在一起时，就像因为结合成一种新的存在而构成一个生命体的细胞一样，会表现出一些特点，它们与单个细胞所具有的特点大不相同。①

勒庞用“群氓”来贬低“普通民众”，也用了大量的“贬义词”来描述普通民众的各个层面的特征：第一，冲动、易变和急躁。所有刺激因素都对其有支配作用；第二，易受暗示和轻信。“群氓”受暗示的左右，它把头脑中产生的幻觉当作现实，这些幻觉对组成“群氓”的所有个人都是一样的，“群氓”中有教养的人和无知的人没有区别。第三，情绪的夸张与单纯。“群氓”不允许怀疑和不确定，他们的感情总是走极端。第四，偏执、专横和保守。“群氓”面对强权总是卑躬屈膝，一时的革命本能不妨碍他们极端保守，对变化和进步的本能敌视。第五，“群氓”的道德可以比个人高尚或低劣，“群氓”很少被利益的考虑所左右，“群氓”对个体的道德有极大的“净化”作用。可以看出，勒庞的结论虽然不一定全面和正确，但是，对于我们观察互联网时代的作为受众的普通民众的特征具有一定的警示作用。

那么，作为受众的普通民众为什么会这样呢？文学作家莫泊桑连用多个“为什么”而呐喊：

> 如果其中每个个人都推理，为什么群体就不推理呢？为什么一个群体会不假思索地去做组成它的所有个体成员都不会去做的事呢？为什么一个群体会屈从于强烈的欲望和不可遏制的愚蠢冲动呢？为什么一个群体中的成员会如此受到群体的支配，并做出其任何成员都不会去做的事情呢？一个陌生人大声喊叫，然后突然间，所有人都被一种狂热所支配，都陷入了同一种不假思索的活动。没有人想要拒绝。一种

① 勒庞．乌合之众．冯克利，译．北京：中央编译局出版社，2000：18.

> 相同的思想在人群中迅速地传开，并支配着大家。尽管人们属于不同的社会阶层，有着不同的观点、信仰、风俗和道德，但是，他们都会向他猛扑过去，都会屠杀他、淹死他，不需要任何理由。而他们中的任何一个，如果是独自一人，那就会飞奔向前，冒着生命危险去拯救那个他现在正在杀害的人。①

米歇尔斯以“政党”这种政治组织为对象，从传播心理学角度认为在政党中，“群体感到一种迫切的需求去接受伟大的思想以及他们认为能代表他们的个体”，并解释其原因有三：

> 第一是崇拜。有了这种崇拜，群体就会团结在其领袖周围。第二是热心。有了这种热心，他们就会反对任何指向领袖的攻击或批评。甚至当领袖们自相矛盾或犯错误时，群体也拒绝相信它。他们认为其他人，比如领袖的随从，必定是有责任的，这样就保持了领袖形象的完美无损。第三，满足的顺从是一种常常让观察者吃惊的现象。这种顺从对服从决定或命令是有帮助的，这样就可以避免动用武力，也可以避免采取强制的手段。②

可以看出，在对政治传播受众的研究中，几位学者的论断有一定价值。在现代政治传播生态中，大部分受众仍然是普通民众。重新唤起对普通民众的研究有着不可忽略的意义。

第四节　政治传播受众与政治文明进步的互动过程

政治传播无论在本体的意义上还是在过程的意义上都有着自己一些独特的地方，因此我们分析其受众，很难仅用传播学的现有范畴就能说透彻。当我们从“属性”维度来说明政治传播对象的时候，只是提供一个观察的角度。下面再从政治文明进步的动态的维度进一步说明。人类政治生活发展至今，“国家”始终是最大的政治共同体，据此，我们把政治传播受众与政治文明进步的互动过程，置放于“国家与社会的关系”的演变过程中来分析。

一、国家与社会合一中的政治传播受众

从理论逻辑上讲，人类早期的“政治”是与“社会”合一的。这种政治中的政治传播的“受众”，由于对“政治”的自觉性较弱，因而其作为受众的被动性或者“臣服性”很强。在这个意义上，政治学中有“臣民”一词，可来形容“国家与社会合一”中的政治传播受众的基本特征。

第一，“臣服性”并不是只在古代的政治体制中才有，它是对特定政治体制中“奴性”对象的一种指称。比如，古希腊时期，区别于私域的公共政治生活刚刚兴起，在人们的政治生活中，在人们的各种形态的政治传播中，人们是最原始、最淳朴的政治公民，

① 莫斯科维奇．群氓的时代．李继红，许列民，薛丹云，译．南京：江苏人民出版社，2003：21．
② 同①234．

在公权面前，人人在直接地成为政治传播的主体的同时，也作为政治传播的享受性或批判性对象；而在现代政治中，在已经远离或高高在上或强大无比的政治权力面前，一些人可能仅仅是一种“机械的受众”，失去了独立性和批判性。

第二，政治传播的“原始本性”决定了政治传播中首先会把传播对象作为一种“说服”或“灌输”的对象来对待。政治思想、政治价值、政治信息的流动与传播过程，必然是从少数人传向多数人的“政治教化”过程。这个过程也必然是“居高临下”的传播过程。政治传播的源头和过程，就设置了传播的终端即对象是“服从者”。

第三，从国家与社会的关系上看，作为政治传播对象的“被教化者”往往在以下两种情况下存在：一是在政治国家与社会混沌不分的情况下，二是在国家吞噬社会的情况下。这两种情况都是国家与社会“合一”，不过前者是原始的混沌不分，后者是国家吞噬了社会。两者中的政治传播对象都可视为“服从者”。

第四，从传播的角度看，政治国家是一个系统，具备输入与输出之功能，这一功能是否为统治集团所垄断，正是区分普通民众作为受众性质的关键。如果个人只是被动地为政治系统所塑造，接受政治系统的输出，而被排斥在与自身紧密相关的公共事务之外，那么，此时的受众就被视为“臣民”；相反，如果个人以输入的形式将自身的利益诉求指向政治系统，政治系统形成输入与输出的良性循环，政治成为个体主动塑造的存在，个人接收政治系统的输出正是自身的输入，个人因而是在参与公共事务的管理之中，那么，这个时候的普通民众作为“受众”就具备了“公民”属性，成为政治的“主人”。

二、国家与社会分离中的政治传播受众

在政治学的论域中，有“市民”一词。“市民”有其特殊的含义，马克思当年对德国古典哲学中的“市民”概念和理论进行过唯物主义的彻底改造，是我们正确理解和把握“市民理论”的指南。

从理论逻辑上讲，普通民众作为“市民”相比于“臣民”有更多的“自由”民主意识和政治权利，也有更多的“资本”和“力量”与政治国家相“对应”。

第一，马克思主义认为，市民生存于市民社会之中，市民社会是政治国家的基础。市民社会是指直接从生产和交往中发展起来的社会组织，市民社会包括各个个人在生产力发展的一定阶段上的一切物质交往，市民社会因而总是与人的物质生产能力即生产力相对应，在过去一切历史阶段上受生产力制约同时又制约生产力的交往形式，就是市民社会。市民社会是全部历史的真正发源地和舞台。市民社会是在一切时代都构成国家与观念上层建筑的基础。而与市民社会相对应的国家只是社会的公共权力机构，是从社会中分离又凌驾于社会之上的“虚幻共同体”，它是社会利益出现分化，特殊利益、阶级利益与公共利益、普遍利益之间的矛盾日益显现与尖锐的产物。马克思指出：“国家是统治阶级的各个人借以实现其共同利益的形式，是该时代的整个市民社会获得集中表现的形式。”① “在人们的生产力发展的一定状况下，就会有一定的交换和消费形式。在生产、

① 马克思，恩格斯．马克思恩格斯选集：第1卷．2版．北京：人民出版社，1995：132.

交换和消费发展的一定阶段上，就会有相应的社会制度、相应的家庭、等级或阶级组织，一句话，就会有相应的市民社会。有一定的市民社会，就会有不过是市民社会的正式表现的相应的政治国家。”①

第二，市民社会中的普通民众相对来说是个体自由。在封建主义的臣民社会中，生产力作为个体自主活动集合的“类能力”尚不发达，个体自由与个人生产能力只能处于一种潜在的、尚未凸显的状态，个人只能以臣民的方式生活。臣民社会，其“社会”的基本单位不是个人而是其所属的共同体，依照藤尼斯的观点，共同体意指建立在构成成员本能的中意与习惯的适应或共同记忆之上的社会形式，是因成员的本能、习惯、职业或信仰等共同因素而导致的社会结合形式，分为血缘共同体、地缘共同体、职缘共同体、信仰共同体等不同形式②。个体对共同体的依赖，导致了对公共权力与国家的依赖，由于国家脱胎于共同体，从一定意义上讲，其自身就是社会中最大的共同体，因而这个“群体自由”的时代必然呈现出国家与社会合一的形态，个体权利尚未从群体中凸显，法权关系仅表现为统治阶级的特权。因此，国家与社会之间的关系表现为国家与共同体之间的关系。到了市民社会阶段，生产力的发展与由此产生的广泛社会联系，直接拓展了人类生产与生存的空间。个体需要的满足因而从依赖共同体变为依赖市场与交换本身，个体自由与个人生产能力逐渐凸显，最终摆脱了共同体的束缚，成为为了自身利益自主交往、自主生产的自由主体，国家与社会从合一走向分离。这一社会重大变迁的实质正是在于人类的生产方式获得巨大进步。

第三，市民所处的市民社会，国家与社会的关系整体上是分离的，这种分离状态下，国家与社会的关系是对立关系。所谓“良性互动”也只是一种对这种对立关系的描述。以西方社会发展为例，西方从文艺复兴到尼德兰资产阶级革命、英国资产阶级革命、法国大革命、美国独立战争这一历史时期，资产阶级的国家诞生了，相应的政治思想也产生了。国家与市民社会的关系，始终是资产阶级政治思想家们十分关注的问题。

近代资产阶级政治思想的奠基人之一，意大利的马基雅维利认为，人性是恶的，追求权力和财产是人的基本欲望。人性恶必然引起人们的争斗，这样人们就选出自己队伍中勇敢的人作为领袖，颁布法律，产生了国家。其后，英国资产阶级政治思想家霍布斯认为，人的理性所发现的自然法则驱使人们为了和平而相互订立契约，这就是资产阶级关于国家起源的社会契约论。这种社会契约论是对阿奎那认为的“人天然是个社会动物”的观点的一种批判：既然国家不是从来就有的，封建国家也不是天经地义的，资产阶级国家的出现是合乎人的理性要求的，公民必须服从主权者的统治，不能破坏契约，否则就可能回到自然状态中去。英国资产阶级的另一位著名思想家洛克则提出比霍布斯更为革命的政治理论。洛克认为，国家权力的本质是人们交给它的立法权力，国家的目的仅仅在于保护人的自由、生命和财产。如果立法权或君主危害了人民的自由和财产，那么人民就有权起来革命，把国家权力收回，交给自己认为最能保证他们安全的人。

到了18—19世纪，政治学意义上的国家与市民社会的问题更为突出地表现出来。法

① 马克思，恩格斯. 马克思恩格斯选集：第4卷. 2版. 北京：人民出版社，1995：532.

② 藤尼斯. 共同体与社会. 林荣远，译. 北京：商务印书馆，1999：52-68.

国启蒙运动中最为激进的资产阶级政治思想家卢梭认为，私有制的出现使人类出现了不平等。为了保护私有财产和个人自由，人们订立社会契约，建立了国家。德国资产阶级著名政治思想家康德把卢梭的公意改造成一种绝对命令，他几乎照搬了卢梭的社会契约思想说明了国家。他认为国家应该建立在社会成员都是自由、平等、独立的原则之上，并且主张一种分权和法治的共和国。康德之后的黑格尔，第一次在理论自觉的意义上明确界分了国家与市民社会，在他的理论体系中，国家和市民社会都是他的绝对理念展开的不同阶段，市民社会处在家庭和国家之间。国家是市民社会的前提，“国家决定市民社会”。在黑格尔的眼中，政治国家是他的绝对理念发展的最高阶段。在他看来，市民社会虽然作为私人领域与政治国家相对，但是它并不自足，为了规避市民社会的不自足，黑格尔将政治国家凌驾于市民社会之上，建立了国家至上的国家主义。

明显可以看出，自近代资产阶级革命、资本主义产生以来，国家与市民社会一直处于分离之后的对立关系。这种关系的紧张程度在不同的国度和历史阶段有所不同。虽然表面上看起来都比较注重于国家的理论研究而很少顾及市民社会该怎样，但是却正好说明了国家对市民社会的“强势”地位。这种理论到了黑格尔这里通过他的政治哲学的严密论证发展到了顶峰。国家与市民社会对峙紧张关系在黑格尔的理论里得到了充分的体现。

第四，从传播角度看，正是因为国家与社会的分离与对立，才造就了民主政治的种种模式，进而造就了民主政治模式下的种种政治传播模式，才会有公共舆论的产生以及对国家的制约和监督，才会有国家作为政治传播主体对“市民”这种传播对象的重视，才会把臣民社会那种政治传播的灌输、教化乃至愚化的状态转化为平等的政治沟通、民意反馈、民意检测等，才会有为了市民的支持与投票的种种竞选政治传播甚至政治营销。

三、国家与社会融合中的政治传播受众

历史总是在一种国家与社会互生互长的互动关系中前进。随着人类社会的进步，国家与社会的关系都要被改变，国家与社会的关系可能通过良性互动而走向融合。

就西方社会的发展而言，马克思承袭了黑格尔关于国家和市民社会分野的理论。他同意黑格尔的国家是作为普遍利益领域发展起来的观点，并且对黑格尔提出的政治国家与市民社会分别代表普遍利益和特殊利益两个不同领域的观点作了充分的肯定。马克思说：“黑格尔觉得市民社会和政治社会的分离是一种矛盾，这是他的著作中比较深刻的地方。”① 但是马克思同时指出，黑格尔把两者之间的关系颠倒了。马克思认为，不是国家决定市民社会，而是市民社会决定国家。马克思指出，黑格尔在这一问题上的认识，是在现实经验关系上进行的思辨解释，他将国家理念当作了主体，而将活生生的处于市民社会中的人当作了受国家理念支配的客体，这是典型的头足倒置。马克思主张要把他再颠倒过来。

马克思在批判了黑格尔的国家与市民社会理论之后，真正建树了自己的国家与市民

① 马克思，恩格斯. 马克思恩格斯全集：第3卷. 2版. 北京：人民出版社，2002：94.

社会理论，这就是他的国家与市民高度融合的共产主义理论。对于马克思的共产主义理论，可以从多个角度研究它的价值与意义，但是，从“国家与市民社会关系”的角度来看却意义独特。马克思和恩格斯在《共产党宣言》中向世人宣布：“代替那存在着阶级和阶级对立的资产阶级旧社会的，将是这样一个联合体，在那里，每个人的自由发展是一切人的自由发展的条件。”① 马克思声明：这样的社会，它是对人的本质的真正的占有；是对人性的彻底的自觉的复归；是人类文化以往全部丰富成果的保存；是完成了的人道主义和自然主义的直接同一；是人和自然之间、人和人之间矛盾的真正解决；是存在和本质、对象化和自我确定、自由和必然、个体和类之间的抗争的真正解决②。虽然，在这样的社会中，马克思认为作为“阶级压迫工具”的国家已经消亡，但是，绝不意味着人类社会政治生活的“公共性”或者“公共领域”的消失。作为一种理想与信仰，马克思昭示了“国家”与市民社会高度自觉的良性融合。当然，马克思也说得很清楚，达到这种目标需要一个很长的过渡时期。

从政治传播角度看，只有到了共产主义社会，在“公民”的身上才能真正实现主体与客体的统一。那时的“公民”就是再没有“公私之别”的“人民”。

四、作为政治传播受众在政治文明进步中的特点

从接受学理论上讲，作为“受众”往往有顺从性接受、认同性接受、信仰性接受三种层面或境界。

一般来说，普通民众在国家与社会合一的政治生活中对政治信息的接受是顺从性的。这种顺从性是在外来压力和内心恐惧的双重作用下产生的。服从性接受的心理是典型的“从众心理”。

在国家与社会相对分离的政治生活中，由于社会的相对独立性以及对政治国家的制约作用，普通民众对政治信息的接受可称为认同性接受。顾名思义，认同性接受的前提就是认同了才接受，不认同则就可能拒斥。从这个意义上讲，现代政治传播尚处于“受众时代”。西方资本主义国家的一切围绕政治选票的政治传播正在证明着这一点。

在国家与社会融合的理想社会中，普通民众作为政治传播的受众，由于其同时也就是政治传播的主体，所以对政治生活中的政治理想是一种政治信仰，可成为信仰性接受。这种信仰不是一种非理性的盲目信仰，而是在高度认同基础上的理性信仰。这种信仰是对外部事物的一种自觉内化，是一种很高的精神境界。当然，国家与社会合一政治传播中普通民众的顺从性接受也可能是一种信仰式接受，但是，那种信仰可能是一种愚昧的非理性的信仰，是一种盲目崇拜式的信仰。

有鉴于此，“人民”这个概念在政治传播受众理论中便具有独特的意义。有学者研究指出：

> 公民不仅指具有自主性的单个的人，而且指平等地作为政治国家的成员的每一

① 马克思，恩格斯. 马克思恩格斯选集：第4卷. 2版. 北京：人民出版社，1995：730.
② 马克思，恩格斯. 马克思恩格斯全集：第42卷. 北京：人民出版社，1972：120.

个人。由作为“每一个人”的公民形成了公民共同体。人民一词正是指由公民集合而成的共同体。公民与人民表述的是同一个问题的两个方面。只有个人对于政治国家具有公民身份，才可能有人民的存在，也只有公民集合成人民，个人才能真正地具有自主性。①

当然，有一点一定要认识到：以西方资本主义政治发展为例，资产阶级革命以来，由于个人在政治、法律上平等程度的不同，“人民”的范围也相应不同。在很长的时期里，个人能否参与国家事务以及能在多大程度上参与国家事务受到他的财产状况、教育程度、性别、种族等因素的限制。因此“人民”只是范围有限的一部分人，甚至是很少的一部分人。

而在“人民”这个问题上，只有中国特色社会主义政治才真正实现了人民主权、人民政治，因而，在中国特色社会主义的政治传播中，“人民”既是中国特色社会主义政治文明的创造者、传播者，也是中国特色社会主义政治文明的接受者、享有者。习近平总书记在党的二十大报告中指出：“我国是工人阶级领导的、以工农联盟为基础的人民民主专政的社会主义国家，国家一切权力属于人民。人民民主是社会主义的生命，是全面建设社会主义现代化国家的应有之义。全过程人民民主是社会主义民主政治的本质属性，是最广泛、最真实、最管用的民主。”② 这是因为，“人民的创造性实践是理论创新的不竭源泉。一切脱离人民的理论都是苍白无力的，一切不为人民造福的理论都是没有生命力的。我们要站稳人民立场、把握人民愿望、尊重人民创造、集中人民智慧，形成为人民所喜爱、所认同、所拥有的理论，使之成为指导人民认识世界和改造世界的强大思想武器”③。

---

① 陈振明．政治学：概念、理论和方法．北京：中国社会科学出版社，2004：152.

② 习近平．高举中国特色社会主义伟大旗帜　为全面建设社会主义现代化国家而团结奋斗：在中国共产党第二十次全国代表大会上的报告．北京：人民出版社，2022：37.

③ 同②19.

第八章

政治传播效应

有传播就有效果。一般情况下，效果与效应在相同的意思上使用，但是，效应这个词实际上是对效果的进一步规定和评价，侧重于表达“怎样的效果”。在政治传播中，其效果是多重的，甚至是矛盾冲突的，所以我们使用“效应”这一范畴。政治传播不同于一般的传播，因为其具有比较明确的政治意图或政治目的，所以，最终效应如何非常重要，它标志着政治传播的质量，就像传播学现在非常重视研究传播效果一样。研究政治传播效应是整个政治传播活动研究的落脚点。在我们看来，政治传播效应研究不能停留在以媒介为中心的偏向上，而是要回到政治活动本身。本章的讨论，拟从扩大民主参与、形成公共舆论、构建政治合法性、推进国家治理现代化几个方面展开。

第一节　对传播学效果论研究的检讨

传播学中对传播效果研究的成果可谓汗牛充栋。从传播学的创始者施拉姆到当代学者，其传播学研究中的传播效果研究均占据十分重要的地位。可以说，对于传播效果的研究起点高、论域宽。但是，也许正因如此，仔细研究其研究历史和检讨其研究成果，却又会进一步发现其“学术进步”还需仔细辨识。

一、传播学关于传播效果研究的状貌

从早期施拉姆等人的《传播学概论》到麦奎尔的《大众传播理论》，再到布赖恩特等人的《传媒效果概论》等几部研究传播效果的经典著作，其间历经几十年，基本停留在对传播效果的梳理、归纳、总结和评价上，关于传播效果研究本身似乎并无突破性的研究。甚至可以说，至今仍没有超越施拉姆的总结。

施拉姆酷爱“模型”式的研究方法。他说：“模型就是我们思考一种过程或结构的有用的方法，是一种清楚的描绘；模型使我们可见其重要部分，而不会见树不见林。”① 他认为我们“试图理解传播及其效果时，我们越来越需要这样的指引，借以解释已有的知识，解释新知识与旧知识的关系。因此，我们首先看看一些已知的最有用的模式，借以启动关于传播效果的讨论”②。当然，他也指出：“传播只是非常宏大而复杂的社会的部分。传播是不可或缺的一部分，因为它几乎渗透到人类社会行为的各个方面，因此，传播与社会研究的关系好比是人类的遗传研究与物质宇宙的关系。……因此，在传播效果的研究中，我们不能期望找到一个无所不包的模型；在传播研究中，宛若自然科学中那种普遍适用的模型是找不到的。我们也没有理由期望找到一种所谓正确的模型。随着知识的增长，一切研究对象都会变化。我们必须承认，在所谓传播学这个领域，我们尚处在很困难、很复杂的原始阶段，因此我们不得不研究多种模型而不是单一的总体模型，因为传播学研究有很多不同的路径。我们没有理由不去研究其中一些最有希望的模型，我们要撷取其中最有用的成分以助于我们去思考传播学，使我们逼近其精要，寻求到我们追求的知识。”③

施拉姆在《传播学概论》中列举了传播学中关于传播效果研究的“七种模型”：被抛弃的模型——魔弹论（模型一），有限传播论（模型二），使用与满足论（模型三），采用-扩散论（模型四），说服论模型（模型五），一致论模型（模型六），信息论模型（模型七）。

最后，施拉姆总结评价了这七种关于传播效果的研究模型：

> 信息论模型显然与其他诸模型大不相同，因为它首先关注的是信号的发送。对研究人类传播的学者而言，其意义与其说是有助于了解信号的效果，不如说是它模拟了人类传播过程，并为计量信号本身提供了数学模型。魔弹论模型已信誉扫地，也不同于其他六种模型，因为它只关注一种具体的效果，即宣传对人的效果。此外，魔弹论还有一个不同于其他模型的预设：被动的受传者像射击场里的靶子，大众媒介向他开火，他就应声倒地。
>
> 魔弹论之后，我们考察了一系列模型，它们都认为，受传者是能动的，效果是传送者和受传者都起作用的结果。和魔弹论一样，有限传播论主要关心大众传播的效果，但其结论几乎与魔弹论南辕北辙。有限传播论认为，媒介绝不是不可抗拒的，而是只有比较有限的效果。因为在运行过程中，它们不得不穿越迷宫一样的模型和影响因子。“使用与满足论”认为，传播效果的重要决定因素之一是受传者的特征——他如何使用传播信息以及他由此得到什么满足。和刚才提到的两种社会学取向的模型一样，采用-扩散论倾向于观察受传者，看他用讯息做什么，研究他采用讯息的社会情景。采用-扩散论的结论是，大众媒介对采用过程的直接影响不大，远不如个人影响和劝说的效果。

---

① 施拉姆，波特. 传播学概论：第2版. 何道宽，译. 北京：中国人民大学出版社，2010：169.

② 同①186-187.

③ 同①188.

> 在七种模型中，霍夫兰的说服论模型考察传播过程的视野可能是最宽广的。他从分解传播过程入手，研究传播者、传播渠道和受传者的各种变数，他用实验手段观察每一种变异和其他变异的关系，以便查证一种变化如何影响另一种变化。可见，他试图了解全貌，但他了解的是其中的要素，而不是总体的轮廓。一致论模型由心理学家提出，他们集中研究受传者处理流入信息的倾向：维护他珍视的认知概念和关系。
>
> 如前所示，这些模型（魔弹论模型除外）可以说是大同而小异。在时间流逝的过程中，它们表现出一个稳步变化的趋势：起初考虑的是传播者如何影响受传者，现在逐渐转化为考虑受传者在传播过程中主动做什么。魔弹论模型之后，没有任何一种模型假设受传者是被动的。最新的模型都倾向于认为，传播过程的双方都是积极主动的，都在试图影响对方。
>
> 近年日益增长的兴趣是所谓互动论模型，但这一理论尚未定型。……它设想传播过程中两个相对平等的参与者，各自加工对方发送的一套符号，根据自己的欲望从交流中获取自己需要的信息，同时又对接收到的符号进行解释。如此，传播过程看起来类似于商业、外交或法律的关系，双方都在行动。都根据自己的欲望既取又予。……互动论模型颇有希望，但尚待实验求证和理论定型。①

施拉姆之后，麦奎尔又作了进一步的总结和分析，到了布赖恩特的《传媒效果概论》中，他又从时间的维度，用子弹理论模型、有限效果模式、温和效果模式、强大效果模式作了更为仔细的梳理。②

二、传播学传播效果研究的偏狭性

通过这些复杂的模型的展示，可以看出，传播学对传播效果的研究仅仅只是对大众传播效果的研究。“大众传播效果研究”是大众传播研究中一个具有独特取向的领域，其特征是着重考察受众，试图确认各种影响，力图将这些影响追溯到大众媒介的某个相面，并采取实证科学的方法和语言，以检验理论的假设。在这一特征下，大众传播效果研究呈现出了诸多分类相面。第一，微观与宏观：考察媒介影响个人的心理或行为，或考察媒介对更高层次的社会单位、社会关系或社会结构的影响。第二，变化与稳定：二者的区别在于效果的形式，可能是改变已有状况（如态度、行为或社会关系），也可能是稳固现有状况（如维护现存意识形态或政治体制）。第三，累积与非累积：媒介的效果可能是短暂的，一瞬即逝的，也有可能积存于系统，由少积多、由小积大。第四，短期与长期：效果可能在媒介接触后即刻产生，但属昙花一现，也有可能孕育良久后才出现，或经久不衰。第五，态度、认知、行为：这个相面强调，媒介的效果可能发生在各个领域，无论是对于个人还是社会集合体，这三者都是理论上可区分的领域，而且，根据社会心理学的原理，也是必须区分的领域。第六，离散一般型与内容具体型：这个区别强调的是

---

① 施拉姆，波特．传播学概论：第2版．何道宽，译．北京：中国人民大学出版社，2010：229-230.

② 布赖恩特，汤普森．传媒效果概论．陆剑南，等译．北京：中国传媒大学出版社，2006：34.

产生效果的媒介元素，媒介的效果可能源自媒介的存在（如比较有媒体中介与没有媒体中介的社会或历史时期），媒介再现的一般特征（如涵化理论认为电视无处不在，其极度重复的“讯息体系”是影响群体的社会现实观念之根源），也可以源自某一具体的媒介讯息，如某一条新闻或某一集电视连续剧。第七，直接效果与条件性效果：这个区别强调媒介效果的产生形态，媒介可能直接影响某具体变量（如个人的态度、认知或行为），也可能在特定条件下才会影响到该具体变量①。

传播学把广阔的传播效果集中在“大众媒介效果”上，所进行的多相面、多学科、多方法的实证研究，使人们反而无法简单清晰地判断一种传播效果。这种结局原因复杂，其中，研究以外的种种利益可能是重要的原因之一。

1978年，美国传播学研究者托德·吉特林在其《媒介社会学：主导范式》一文中，就对以拉扎斯菲尔德为代表的传播效果研究的“主导范式”进行了猛烈的批判，他认为：“二战以来，这个领域的主导范式显然就是与保罗·F. 拉扎斯菲尔德及其学派相关的一组思想、方法和研究成果：针对媒介内容产生的具体的、可测量的、短期的、个人态度和行为的‘效果’的研究以及媒介在公众舆论形成过程中并不十分重要的结论。”② 吉特林批判他们的研究是“狭窄而微观”——关注的是精巧细致的、可重复的行为主义的测量，而脱离了媒介生产的更广阔的社会意义；方法优先于理论，过分依赖数据；高度聚焦于受众对媒介信息的抵抗，而忽视了他们的“依赖、顺从，以及易受骗”，结果导致了30年来效果研究在理论建树和连贯发现上进展甚微。随后，吉特林以卡茨和拉扎斯菲尔德的《个人影响》一书为批判“靶子”，从基本假设、适用范围等方面详尽剖析了其不足。在此基础上，吉特林最后着力从拉扎斯菲尔德个人经历尤其是与基金会和大企业之间的密切合作关系入手，抨击拉扎斯菲尔德及其哥伦比亚学派是“市场导向”的“行政研究”，是在为特殊利益集团服务③。

20年后，文化研究学者高内特继续抨击“效果研究模式”，认为“效果研究模式”对大众媒介、受众与社会整体采取了错误的研究取向和路径。他罗列了十大问题：第一，过分专注于媒介与受众个体，以媒介为研究起点，忽略了解释问题的“更大的图景”。第二，对儿童的认识不充分，从未将儿童实验结果与成人比较，忽视了儿童可能的思考与批判能力。第三，隐藏着保守的意识形态特征。第四，研究对象定义不充分。第五，以经验法为代表的“效果研究”设计实际上是虚假的研究。第六，使用不恰当或不严谨的研究方法，对相反的效果研究结论不作清楚的解释，使用相关分析时不注意因果关系的逻辑。第七，在媒介暴力效果研究中，只考虑虚构节目中的暴力，而不考虑信息类节目如新闻节目中的暴力。第八，效果研究者相对于大众有优越感，忽视大众的选择与批判能力。第九，忽略文本的“意义”在不同情境下对不同受众可能不同。第十，缺乏连贯的理论，缺乏对过程和现象的深层解释④。

综观传播学对“传播效果”的研究，还有许多问题尚待充分借鉴哲学、社会学、政

---

① 周葆华. 大众传播效果研究的历史考察. 上海：复旦大学，2005.

② 巴雷特，等. 媒介研究的进路：经典文献读本. 汪凯，刘晓红，译. 北京：新华出版社，2004：29.

③ 同②27.

④ 同①.

治学、历史学等进一步深入研究，使其更加规范、严谨，并在此基础上强化理论抽象与升华。

三、传播学传播效果研究与政治传播效应研究

传播学以大众媒介为中心的传播效果研究对于传播效应研究是十分有益的。比如，他们就民主政治中选民的细致入微的研究是其他学科无法达到的。但是，从整体上，传播学以大众媒介为中心的传播效果研究还无法移植到政治传播效应的研究上。这是因为：

> 研究政治传播效果问题的学生所遭遇的问题是效果研究学者都熟悉的，即根本上的认识论-方法论上的困难。主要就是说，我们如何能够准确地追述一次传播行为与受众行为之间的因果关系；我们如何在一个大环境里，从许多因素中辨识出其中一种的作用。①

在麦克奈尔看来：

> 不论哪一种政治传播，其效果都不仅仅由讯息的内容决定，内容甚至都不是主要的决定因素。讯息出现的历史语境，特别是当时普遍的政治氛围同样对讯息能达到怎样的传播效果至关重要。如果受众不愿意接受的话，那么讯息的“质量”、传播的技巧以及构造的精美程度都没有任何意义。②

在我们看来，传播学对于传播效果的研究所陷入的困难，固然与这里麦克奈尔所说的“根本上的认识论-方法论上的困难”有关，但主要在于对“传播”本质的理解。进入所谓大众传播时代以后，传播学基本上就是大众传播学了。又由于传播媒介和传播技术的迅猛发展和巨大作用，大众传播学的研究就走入了“媒介中心”的道路之中，所有的“传播效果”研究，等于或者就是大众媒介传播效果研究。应该说，在这种研究的认识深处，“传播”已经失去了其社会与历史的内涵，成为一种没有社会历史之血肉的媒介空壳。难怪汉诺·哈特批评这种效果研究是一种“忽略历史”的研究。

具体到政治传播效果研究，我们应把握以下几点认识：

第一，政治传播不同于一般的传播，政治在具体的社会与历史之中，政治传播的效果也要在社会历史中具体呈现。因此，政治传播效果所要置放的系统是社会历史背景下的政治系统。

第二，媒介作为一种政治传播的中介固然重要，但是，媒介或者大众媒介并不是原始政治信息的制造者即主体，因此，检测政治传播效果要透过媒介渗透到媒介背后的政治传播主体。以媒介为中心的效果研究，在传播学中是一种误区，在政治传播效果研究中更是一种误区。

第三，传播学中的传播效果研究，可谓以媒介为中心的受众论，受众论带来的问题是，只是从受众角度看受众。政治传播却不然，政治传播是一种有很明确政治目的和很

---

① 麦克奈尔．政治传播学引论．殷琪，译．北京：新华出版社，2005：31.

② 同①33.

强传播手段的传播，因此考量政治传播效果的出发点不是政治传播的受众，而是政治传播的主体，是从政治传播主体出发落脚到政治传播对象的过程与结果研究。从哲学认识论上讲，政治传播效果研究是一种“关系研究”，而不是一种单体研究。

第四，与上述对应，政治传播效应的研究方法，从总体上应该是宏观的、规范的。那种微观的、经验的研究只是对宏观分析的一种佐证，不能取代宏观的理论分析。

第五，检讨现在的政治传播的研究，不同程度地存在以上问题。有鉴于此，我们将从民主政治、公共舆论、政治合法性等几个方面对政治传播的效应作一探讨。

第二节　政治传播效应（一）：扩大民主参与

人类的政治生活的基本形态可以用“民主政治”与“专制政治”作最简单的概括。“民主政治”与“专制政治”既是对已经形成的政治形态的定性式概括，也是对人类政治发展过程和发展结果的概括。在这种过程和结果的形成中，政治传播无疑具有举足轻重的地位和作用。这就是说，应该在民主与专制这样的系统和语境中考察政治传播的效应。从理论上讲，人类政治是不断地追求和实现民主的过程，因此人类政治是在不断克服专制中走向民主。民主是人类政治的目标、目的和理想。这样一来，考察政治传播效应视角就可以分为“积极”与“消极”两种，积极的视角就是考察其在推进人类政治民主中的作用，消极的视角就是也探讨其在专制政治中起了什么样的作用。在二者的辩证之中，我们着力考察政治传播推进人类政治民主的积极效应。

一、政治学中“民主”概念的复杂性

在政治学中，对于民主概念的界定和解释非常复杂。海伍德从专业研究的角度感慨：

> 众多的政治家和政治思想家转归于民主事业麾下是政治史上最引人注目和重要的事件之一。即便在被认为是民主思想摇篮的古希腊，当时人们也往往在消极意义上看待民主。如柏拉图和亚里士多德等思想家认为，民主制不过是以牺牲智慧和财产为代价的平民统治而已。民主直到19世纪仍带有贬义，意指“暴民统治”的体制。然而到了今天，我们都是民主派了。自由主义者、保守主义者、无政府主义者甚至法西斯主义者都急切地赞颂民主制的优点，表明自己是民主的信徒。在20世纪晚期，……社会主义的吸引力减弱，资本主义的优点也受到怀疑，民主大概是后现代政治蓝图中唯一稳定和持久的原则信念了。①

美国学者麦克切斯尼也就此说道：

> 我们这个社会最令人振奋的时代特征之一，就是民主受到所有人的拥护，顽固

① 海伍德. 政治学：第2版. 张立鹏，译. 北京：中国人民大学出版社，2006：67-68.

分子、狂热症者和拒外症者除外。①

克拉莫尼克与华特金斯结合现在的世界政治布局说道：

> 东方的人民民主、西方的宪政民主，都声称自己，并且只有自己，才是名副其实的民主。由此掀起的论战，显著地证明了一个事实，即：民主政体的重要性已被一致认可，即便是那些最敌对的理论家在这一点上也能统一意见。②

那么，何谓民主？海伍德认为："民主一词的问题在于它过于受到欢迎，无法成为一个有意义的政治概念。世人几乎齐声称颂民主，差不多只把它作为'叫好词汇'来使用，暗示支持一定的思想和统治制度而已。"他借用伯纳德·克里克的话说："在公共事务的世界里，民主大概是最为混杂最让人困惑的词汇。"他认为："一个可对任何人有任何意思的术语，有陷入毫无意义之境地的危险。"他归纳了学界关于民主一词所包含的八大含义：第一，由穷人和弱势者统治的制度；第二，人民直接且不间断地进行自我统治的政府形态，无需职业政治人物和公职人员；第三，以机会平等和个人功绩，而非等级和特权为基础的社会；第四，以缩小社会不平等为目标的福利和再分配制度；第五，以多数统治原则为决策基础的制度；第六，制约多数权力以保证少数之权利和利益的制度；第七，通过竞取民众选票来确定公职人员的手段；第八，服务于人民利益的政府体制，而不管人民在政治生活中的参与怎样③。

八大内涵可以进一步归纳为：民主是一种价值性的政治理想，一种政府与人民关系的治理模式，一种具体的政治制度，一种政治生活方式，一种政治发展的进程。

在理论研究中，"民主"被搞得越来越复杂，但其实说到底，"民主"是具体的政治实践问题，是否是真正的"民主"要在实践中来检验。习近平总书记指出："民主不是装饰品，不是用来作摆设的，是要用来解决人民要解决的问题的"④，"如果人民只有在投票时被唤醒、投票后就进入休眠期，只有竞选时聆听天花乱坠的口号、竞选后就毫无发言权，只有拉票时受宠、选举后就被冷落，这样的民主不是真正的民主"⑤。针对政治实践中的中国的民主，习近平总书记指出："我国全过程人民民主不仅有完整的制度程序，而且有完整的参与实践。我国全过程人民民主实现了过程民主和成果民主、程序民主和实质民主、直接民主和间接民主、人民民主和国家意志的相统一，是全链条、全方位、全覆盖的民主，是最广泛、最真实、最管用的社会主义民主。"⑥

本书在这里并不计划讨论民主概念和民主理论本身，而是着力于讨论在民主实践中和民主化进程中，民主作为一种理想价值在何种意义上是一种政治传播的效应。也可以换一个角度说，政治传播如何推进了政治的民主化进程，形成了政治民主化的结果。套用上述几种观点，我们把民主作为一种政治价值，作为一种为实现这种理想性的政治价值的政治发展过程来看待。

---

① 麦克切斯尼．富媒体-穷民主．谢岳，译．北京：新华出版社，2004：9．

② 克拉莫尼克，华特金斯．意识形态的时代．章必功，译．上海：同济大学出版社，2006：5．

③ 海伍德．政治学：第2版．张立鹏，译．北京：中国人民大学出版社，2006：84．

④ 习近平．论坚持人民当家作主．北京：中央文献出版社，2021：101．

⑤⑥ 同④336．

二、民主化过程中的政治传播

如果民主是人类政治始终追求的一种政治价值和理想境界，那么，人类政治的发展进步过程就可以看作民主化过程。这种过程，不论是政治价值还是这种政治价值所展示的理想境界，都是要依赖人类的政治传播，政治价值的传播与认同，政治理想的逐步实现也正是政治传播的结果。

什么是民主化？如果说民主是一种对人类政治生活理想状态的静态设想，那么，民主化就是这种静态理想的动态展现和实现过程。这里的“化”是动词，据此而来的“民主化”可以包括三层意思：

第一，民主化是指人类早期政治生活中的民主从一开始的“不好的东西”向之后的“越来越好的东西”的转变过程。英国学者麦克弗森曾说过：“民主过去是一个不好的词。每个人（可以是任何人）都知道，民主在其由人民统治或者根据人民的大多数的意志统治这一原初意义上来说，将是一桩坏事——对于个人自由和文明生活的所有优雅来说是致命的。那是从最古老的历史时代到大约一百年前几乎所有有智慧的人所持的立场。然后，在五十年内，民主成了个好东西。”①

民主从一个不好的东西转化成一个好的东西，既是一个逻辑认识的发展过程，也是一个历史的过程。西方社会民主发展的历程就是这个转变过程的缩影。民主起始于古希腊雅典的克里斯提尼时代，作为一种政体，雅典的民主是一种“公民自我统治的体制”。古希腊的民主中第一个特征就是公民直接参与城邦的公共事务，第二个特征是所有的官员并非竞争性选举出来的，而是抽签决定的。雅典的民主有着很大的局限性，它的实施仅限于很小的城邦国家。它以奴隶通过艰苦劳动为少数“自由人”创造“自由”时间以从事政治活动的经济制度为基础，以给少数人公民权利而把妇女和奴隶都排除在政治活动之外为特点。所以在古希腊，哲学家和历史学家如柏拉图和亚里士多德等人，都把民主视为“暴民政治”或“愚民政治”，民主没有被看成“好东西”。罗马共和国实行的是一种混合政体，其中有民主的因素。古代雅典那种民主消逝了将近两千年，到文艺复兴时期的意大利城邦国家才又看到了一些迹象；英国内战期间有某些接近于民主要求，但难说就是现代民主的复兴。“光荣革命”后，英国人并没有把自己的制度称为民主制度，而是称为代议制的责任政治。只是到了法国大革命后，民主时代才真正来临。美国建国，是否就是民主也充满着争议。尽管有杰斐逊这样的思想家极力赞成扩大人民的权力，但美国宪法最终还是决定保护有产者和富人，仅将选举权授予有产者。美国宪法的奠基者们把自己的代议制度称为“共和国”，以示与民主制度的区别。联邦党人的目的并非在于民主或人民政府，而是有限政府，或他们所说的共和，一种代议制的共和。进入19世纪，民主的进程随着社会经济的发展而不断加速。针对民主的“由坏变好”的历史过程，有学者总结道：

> 可以看到，民主进程是一种历史大趋势：随着经济、社会的发展，社会结构越来越趋向平等，平民教育的扩展也使得人们趋向积极的政治参与。……人民的同意

① 景跃进．政治学原理．北京：中国人民大学出版社，2010：385．

或者支持已经越来越成为政府或政体合法性的旨要来源。这从下面的事实中体现出来：尽管有不少政府或政体在现实中是威权主义的，它们也不得不宣称其权力来自人民。民主实际上也可以看作是一种信仰，不管有多少精英主义者反对民主，他们的理论都无法和民主的吸引力相抗衡，因为在现代再没有同样的信仰可以替代民主为政体提供合法性。①

第二，民主化是指一个单体国家本身的政治从"不民主"到民主的转变过程。这一点，被政治学家们充分地看到了。比如，海伍德对民主化的定义就是：民主化指威权主义向自由民主的过渡。该过程最重要的特点是赋予（人民）基本自由（特别是政治权利），建立普遍的竞争性选举制度，进行市场改革。民主化包括三个有时重叠的过程。其一，旧政权解体，这通常伴随着与经济失败和警察、军队忠诚动摇有关的合法性丧失。其二，"民主过渡"，自由-民主的结构和程序建立。其三，"民主巩固"，上述结构和程序已经为精英和大众真正接受，不可能被推翻。民主由此变为"唯一的游戏规则"②。

第三，民主化是指政治世界民族国家由不民主国家向民主国家的转变"浪潮"。1991年，美国学者亨廷顿出版了《第三次浪潮：20世纪晚期的民主化》一书，对现代世界的民主化运动提出了独到的描述和分析框架。亨廷顿在该书中关心的是20世纪晚期（1974—1990年）全球大约30个国家由非民主政治制度向民主政治制度的转变。他把这次民主化运动视为一次"民主化浪潮"。他认为，世界历史上民主的发展经历了三次大的浪潮：第一次民主化长波：1828—1926年，33个国家建立了民主制度；第一次回潮：1922—1943年，22个国家的民主制度被颠覆；第二次民主化短波：1943—1962年，约有40个国家建立了民主制度。每一次浪潮中都有大批非民主国家成为民主国家，但前两次浪潮之后都伴随一次回潮，又有大批新兴民主国家的民主制度被推翻。从1974年开始的第三波民主化浪潮到现在仍在继续。

综观以上"民主化"的三层含义和实际过程，人类的政治又是怎样实现这种民主化呢？其中什么样的因素起着不可或缺的重要作用呢？难道不包括政治传播吗？或者说，从一个特定角度看，难道不是政治传播的实际效应吗？不能设想，没有政治传播，这种民主化如何实现。

当研究民主的政治学家达尔提出"民主从哪里来，又是怎样发展起来的"这样的问题的时候，他是这样回答的：

> 如果我们把民主看成是从古希腊发明后大体上持续不断地发展起来，也就是说，民主2 500年前在古希腊出现，然后从那个微小的源头不断地传播到现在，最后到达每个大陆，并成为人类一个重要的组成部分，那么，这种说法会让我们满意。③

三、民主化中媒体的作用

传播学中把传播效果都归为大众媒介的功劳。对于政治传播效应的研究，虽然我们

① 景跃进．政治学原理．北京：中国人民大学出版社，2010：388.

② 海伍德．政治学：第2版．张立鹏，译．北京：中国人民大学出版社，2006：99.

③ 达尔．论民主．李风华，译．北京：中国人民大学出版社，2012：7.

反对“媒介中心论”，不认为政治传播的效应都是大众媒介的必然结果，但是，却不据此而忽略政治媒介或者媒体在民主化中的重要作用。当然需要再次提醒读者的是：现在如火如荼的“媒介政治化”（被不准确地命名为“政治传播”）或“媒介政治”与政治传播中的政治媒介是两回事。

关于媒介在政治传播中对于民主的作用，现在学界已经有很好的研究，甚至有些所谓的政治传播研究就集中在这个方面。在以《政治传播学引论》为名的著作中，麦克奈尔对媒体的作用从五个方面作了总结：

> 我们可以把“理想化的”民主社会中媒体的功能归为五种：首先，媒体必须告知民众在他们的身边发生了什么，我们把这个称作媒体的“侦察”或“监控”功能。第二，媒体必须教育民众，让他们知晓发生了的“事实”的意义和重要性。……第三，媒体必须为政治讨论提供一个公共平台，促进公共舆论的形成，并把舆论回馈给公众。而且这个平台必须为反对意见预留空间，做不到这一点的话，谈任何民主共识都毫无意义。媒体的第四个功能是给予政府和政治机构曝光率。……最后，在民主社会里，媒体同时作为鼓吹政治观点的一个渠道。①

麦克奈尔认为，自18世纪以来，媒体和它的上述功能对于民主政治过程的作用显得越来越重要。特别是在20世纪50年代，当电视走进了千家万户的时候，人际政治传播已然落到了民主过程的边缘地带。电视已经成为“政治生活的环境中不可或缺的组成部分”，绝大多数人关于政治的信息源自媒体。那么，通过媒体传播和源自媒体的当代政治活动被怎样地改变，而媒体又怎样出演了理想民主理论赋予它的角色呢？麦克奈尔认为这与政治民主的结构和媒介环境是密切相关的。比如，政治教育不足导致的公民政治冷漠，公民政治选择权利的缺失，政府权力以及社会资本的介入程度，媒体自身的客观性程度，等等，都制约着政治传播中媒体政治民主化推进功能的发挥。

达尔在对“现代政治”的分析中，深刻论证过在现代政治过程中民众为什么“不参与政治”与为什么“参与政治”。“参与”与“不参与”从一个侧面都折射了民主化政治中政治传播的效果。比如，在为什么不参与政治的七个“如果”的假设中，依赖于政治传播的“政治动员”就占据“压轴”地位：（1）如果人们认为他们可以预期的从政治介入中得到的报酬比从其他活动中得到的报酬要低，那么他们就不大可能介入政治；（2）如果人们认为摆在面前的选项没有重大的差异，因此其所作所为无足轻重，那么他们就不大可能介入政治；（3）如果人们认为其所作所为无足轻重，因为他们不能有效地改变结果，那么他们就不大可能介入政治；（4）如果人们相信没有他们的介入，结局也会令人相当满意，那么他们就不大可能介入政治；（5）如果人们感到他们的知识太有限以至于不能有所作为，那么他们就不大可能介入政治；（6）某个人遇到的障碍越大，这个人介入政治的可能性就越低；（7）如果没有人或组织来进行参与“动员”，人们就不大可能介入政治②。

当然，不能忽略的是，在民主化过程中始终伴随着一种“去民主化”运动。而媒体

---

① 麦克奈尔．政治传播学引论．殷琪，译．北京：新华出版社，2005：21-22.

② 达尔．现代政治分析：第6版．吴勇，译．北京：中国人民大学出版社，2012：137-140.

在“去民主化”过程中同样发挥了重要的作用。

美国学者查尔斯·蒂利在其所著的《民主》一书中，更加辩证地为我们展示了“民主化与去民主化”过程及其未来前景。其中关于“去民主化”，他说道：

> 当一个国家和它的公民之间的关系呈现出广泛的、平等的、有保护的和相互制约的协商这些特点，我们就说其政权在这个程度上是民主的。民主化意味着朝着更广泛、更平等、更多保护和更多制约的协商的方向的净运动。显然，去民主化意味着朝着范围更小、更不平等、更少保护和更少制约的协商的方向的净运动。……民主化和去民主化并非以严格对称的方式运行。从总体上看，去民主化发生在统治者和精英们对他们感觉为政权危机（特别明显地表现为威胁他们自己的权力）的事件做出反应的过程中。民主化通常发生在国家在危机缓和之后对大众要求做出回应（不管如何地不愿意）之中。结果去民主化通常比民主化发生得更加迅速，有更强大的中央支持。①

事实上，人们现在对于媒体在人类政治生活中作用、功能、效果的负面评价并不比正面评价少。可以说，媒体既是人类政治生活民主化的催化剂，又是一服导致“穷民主”的无解的“毒药”。罗伯特·W. 麦克切斯尼通过对“不确定时代的传播政治”的研究，警示我们：我们这个时代是建立在大量自相矛盾的事物基础之上的。一方面，通信和信息技术的进步让人眼花缭乱，通信与经济和文化缠绕在一起，因此，我们已经进入了信息时代。在信息网络的最顶端少数巨型媒介公司——不管从哪个方面看，这些大公司现有的规模都超过了15年前规模最大的公司——建立起全球性帝国，通过向全世界人民提供新闻和娱乐节目赚取了大量的财富。另一方面，“政治疏离”是我们这个时代的又一种趋势，公民的传统政治参与观念已经变得非常淡薄，他们对社会和政治事务的基本理解力也在下降②。据此，他认为：

> 媒体已经成为一股明显的反民主的力量，这种现象不仅仅发生在美国，它甚至蔓延到全世界。联合性媒体越富有、影响力越大，参与性民主的前景就越是黯淡。当然，……我不认为媒体是使民主衰落的惟一或主要的原因，但是，它们是问题的一部分，而且与其他导致民主衰落的很多因素联系紧密。……对民主而言，这是一剂毒药。……如果我们重视民主问题，那么重建媒介体系就显得很有必要，因为重建之后的媒介体系将把公民大众重新连接起来，他们才是民主的真正组成部分。③

现在看来，政治中的媒体或媒体中的政治都是颇具挑战性的研究课题。

第三节 政治传播效应（二）：形成公共舆论

政治民主或民主政治既是一种过程，也是一种结果。在这种过程和结果中，公共舆

① 蒂利. 民主. 魏洪钟，译. 上海：上海人民出版社，2009：12，57.

② 麦克切斯尼. 富媒体-穷民主. 谢岳，译. 北京：新华出版社，2004：7.

③ 同②8.

论无疑扮演着十分重要的角色。正像民主政治不是天然形成一样，公共舆论本身也是一个不断地在形成和变化的动态过程。现在的政治学和传播学更多地研究业已形成的公共舆论在民主政治中的种种作用，但是，公共舆论本身的形成和变化更值得研究。我们正是在这个意义上，把公共舆论作为政治传播的效应来研究。

一、公共与公共性

要说清公共舆论，首先要说清公共、公共性、公共领域等相关概念。然而，无论是哲学还是社会学，无论是政治学还是传播学，这些概念已经是最不容易说清的概念了。

现在的“公共”一词，已经从学术用语转换为人们的日常用语。美国学者乔治·弗雷德里克森曾对“公共”一词在现代生活中的含义作过归纳，大意如下：第一，公共关涉的是一种政治生活。一方面，公共被认为是“政治”和“政府”的同义语；另一方面，公共又常被用以不加区分地泛指社会中的所有人，即作为政治或政府的对象性存在的“公众”。第二，公共关涉的是一种日常生活。公共与人们日常生活中的个人主义相对，意味着对个人主义的挑战和一种集体主义的倾向。第三，公共关涉的是一个现代性话语。公共意味着在现代日常生活中展现的一种琐碎、普通、庸俗和大众化的生活景观与时代话语。我认为，弗雷德里克森基本上说清了“公共”一词的含义。其实，当年汉娜·阿伦特已经把“公共性”说得很直白、很通俗，她认为公共性：

> 首先意味着，在公共领域中展现的任何东西都可为人所见、所闻，具有可能最广泛的公共性。对于我们来说，展现——即可为我们，亦可为他人所见所闻之物——构成了存在。与来自所见所闻的存在相比，即便是私人生活中最伟大的力量——心灵的激情，头脑的思维，感觉的愉悦——也产生了一种不确定的、模糊的存在，除非并且直到它们被改变、被剥夺以及非个性化为一种可以说是合乎公共展现的形态为止。①

从人类理想的生活状态与研究的规范性维度，学者郭湛认为，公共性是人类生存的社会性本质的表现方式。没有公共性，就没有社会的正常秩序，而只能有自然的丛林法则，人的社会性存在就无异于动物的群体性生活。公共性同时又是人类生存和发展的历史性特征的基础和实现方式。没有公共性，就没有人类特有的组织方式和活动方式，人们就难以超越当下有限的生存状态和狭隘封闭的本能意识或意识化了的本能。社会的公共性使人类能够创造共同的文化或文明的财富，并使之在历史中延续下去，在空间中不断扩展开来。因此，公共性表达了人类根植于其生存条件和物种潜能基础上的自我组织和自我超越的倾向，是人们组织社会生活的主要方式，是在人们交往过程中形成和表现出来的个体意志、组织意志及其相互关系，是表现在其群体生活中的类特性，是表现在其历史中的永恒追求。它的具体内容取决于人们活动的时空范围、种类和组织方式，并在人们的各种活动中形成和表现出来。他甚至富有诗情画意地说道：

---

① 阿伦特. 人的条件. 王世雄，胡泳浩，竺乾威，等译. 上海：上海人民出版社，1999：38.

公共性不是在人类历史某一个阶段上或某一个社会中的偶发事件或个别现象，而是人类社会和人类历史的一个内在品质；不是人的某种活动的独有性质，而是人的一切活动都包含着或不能不与之相关联的一个基本性质。公共性就是这样一种人性之光，它在照亮人的某些活动、某些品质和某些主题的同时，又将人的另一些活动、另一些品质和另一些主题淹没于模糊的背景中，并在其历史光点的移动中反复变换其背景和主题的形象。①

二、公共性与媒介公共性

所谓媒介公共性完全是从政治公共性衍生而来的。由于各种媒介在政治公共性的传播和构建中的重要作用，传播学尤其将政治公共性聚焦在媒介上。人们非常希望通过大众媒介构建一个自由的平等的超越每个人私人利益的公共领域，因此，就反过来用这样的期望作为检验和评价媒介作用的标准。媒介公共性和公共领域据此而形成。

具体地说，当社会公众达到较大规模时，公众之间的交往不再局限于面对面的人际交往，而需要借助一定的技术媒介手段才得以进行，由此形成了以大众传播媒介为中心的新的人类沟通环境。至此，社会公共领域更多地以“媒介化公共领域”的方式呈现，社会公共性以媒介公共性彰显。

在目前的关于媒介公共性的研究中，有两种代表性的主张，这两种主张也把媒介公共性置于两种层面的理解上。

第一，一种是以哈贝马斯为代表的传播政治经济学派把媒介公共性理解为“传媒的公共性”。这种理解预设并承认一般社会共性，把媒介公共性看作一般公共性的一种具体表现形态。因而，在传媒与公共性之间并不存在必然的联系，传媒可以是公共性的建构者，也可能是公共性的解构者。或者说，媒介公共性有可能是非完全意义上的、不真实的公共性。在哈贝马斯看来，在晚期资本主义制度下，受权力和资本双重宰制下的大众传媒，就败坏了交往（沟通）理性，破坏了人们平等、开放、自由、普遍而理性的理想沟通（互动）情境，从而使公共领域“再封建化”（再政治化）和“再市场化”。由此，公开、公益、理性批判的公共性沦落为（商业）演示或（政治）操控的公共性即所谓“伪公共性”——公共性的一种“虚假”的表现形态或“伪装”。于是乎，公共领域生发的语境一旦发生改变即从人际传播转换为大众传播，就会产生消极的结构转型而瓦解。或者说，基于人际交往的一般公共性，一旦发展成为以大众媒介为中心的媒介公共性，其平等、自由、公益、理性等核心价值理念就会丧失掉。哈贝马斯的著作《公共领域的结构转型》，就是致力于对这种公共性的批判，并力图就此改变公共领域结构本身。

第二，以约翰·汤普森为代表的“传媒公共性本体论”观点，被称为新媒介公共性论的理解，这种理解也被认为是一种“技术决定论或媒介中心主义”的理解。相比于传播政治经济学范式的社会权力解析，技术主义范式立足于传媒自身的技术特性来阐发公共性的基本内涵，揭示出传媒与公共性之间的同一性，从而将传媒等同于公共领域。它

① 郭湛. 社会公共性研究. 北京：人民出版社，2009：71.

认为公共性是传媒与生俱来、先天固有的本质属性，公共性对于传媒具有本体论地位和意义。约翰·汤普森就认为，现代传媒重构了公共性，传媒的高度发展，已经造就出了传统模式所不能容纳的、新的公共性类型。在以电视为代表的高度媒介化时代，“公共性已越来越联系大众传播技术媒体所产生的和提供的各种可见性”。公共性已经越来越脱离共享的物理公共空间和面对面的交流，而变得日益去空间化、去本土化和具有非对话性。由此，公共性成为媒介化的公共性。可见，在汤普森那里，可见性取代了对话（自由讨论、理性辩论和协商）而成为传媒公共性的核心要素，这显然不符合经典或标准的公共性在根本属性上的指标体系（除了公开性，还兼具理性批判性、公益性和达成共识等）。

就这个层面的传媒公共性的关系而言，如果说传统的媒介公共性论者从应然层面上立论，从而揭示出媒介公共性实践的缺陷，那么新媒介公共性论者则从实然层面上立论，因而不自觉地美化了媒介公共性实践，以至于把它等同于公共性概念本身。我个人不赞同后一种观点，即把媒介公共性提升到一般高度把它本体化的做法。我一贯认为，传媒只不过是没有灵魂的中介和工具而已，就算是可以构建一定的公共领域并据此呈现一定的公共性，这种公共性所呈现或所表达的实质内容，也决然不会源自传媒本身。所以，没有根据地被随意提升到本体化高度的媒介公共性是地地道道的“伪公共性”。

三、公共舆论

从基本理论上讲，政治传播是为政治服务的，如果认为人类的政治是一个不断民主化的过程，那么政治传播的效果就可以放在如何推进政治民主化的过程中来检验。投票人的态度的转变等等，无非就是非常具体的实证化的这种效果研究而已。在具体的政治过程中，政治传播又是通过什么推进民主化？这就是公共舆论。所以，我们不是倒过来研究业已形成后的公共舆论如何影响政治的民主化进程，而是探求作为一种政治传播效应的公共舆论。

我对公共舆论最简单的定义是：公共领域中表达公共性的一种精神力量。它是一种意见、一种认识、一种思想、一种理论。由于公共性的政治品性和公共领域的政治化，公共舆论事实上是以政治话语为轴心的政治公共舆论。正像民主的推进一定意义上依赖于政治舆论，政治舆论的形成以及作用的发挥依赖于政治传播。

舆论如何成为一种公共舆论？舆论，根据哈贝马斯的“史前史”考察，原来是在贬义上使用的。从希腊语到拉丁语中，“舆论”作为一种“议论”是指没有得到充分论证的不确定的判断。它的另一个意义是“名声”。舆论与批判性的反思、有效性以及公共性等意义的联系，是 18 世纪才出现的。“公共”与“舆论”的结合，出自英国的托利和辉格两党所发明的现代反对派艺术：它们总是诉诸“人民的感觉”和“公众精神”。到了伯克那里，“舆论”的含义进一步发生变化。公众使用理性而形成的舆论已不再仅仅是舆论，它不是源于单纯的偏好，而是源于私人对公共事务的关注和公开讨论。在法国，“大革命”本身把公众舆论的两种分裂功能，即批判功能和立法功能集中到了一起。1791 年的宪法把主权在民原则和议会国家原则结合了起来，从而在宪法上为具有政治功能的公共领域提供了保障。所以，法国的公共舆论比英国更为接近政治，更为激进。在德国，康德认为一个批判性的公共领域，使政治从属于道德，他所说的公共性是唯一能够保障政治与道德同一性的原则。他在《什么是启蒙》的开篇写道："不成熟状态就是不经别人的引导就对运用自己的理性无能为力。"因而，所谓启蒙，就是脱离自己所加之于自己的不成熟状态，不再向权威寻求理据，而是运用纯粹理性。公共性原则的前提是，必须永远有公开运用自己理性的自由，免于被操纵和强迫，实践理性通过争论而不是地位和传统被制度化。每个人都被称为"政论家"，可以"通过写作面向他的公众，亦即面向世界发表言论"。在后来，公共舆论本身就直接成为一种政治。马克思、葛兰西等一大批理论家，系统地对资本主义社会中的公共舆论沦落为资产阶级的意识形态进行了最尖锐的批判。

公共舆论的"要件"有以下几点：第一，公共舆论针对的不是个人的偏好，而是社会和政治问题，是与人们的集体生活紧密相关的事务。第二，舆论所针对的通常是存在争议的问题，因为对于真理或者大家一致公认的事情是不会形成相关的舆论的。第三，公众舆论的主体是公众，它由三部分人组成，即普通公民、积极公民以及政治和舆论精英。他们在"公众舆论"中所占的比例与其影响力度成反比关系。由于大部分人掌握的知识不足以认识复杂的政治事务，使其对所面临的问题不仅没有观点，甚至无思考的意愿；而且多数人在大部分时间里，很少有兴趣去关注那些未直接涉及其生活的政治问题。因此在多数情况下，"公众"被局限在人民中有知识或参与公共事务的那部分人。第四，公共舆论反映了人们长期坚守的信仰、理念和价值，但它本身是对特定问题的反映，因此具有易变性①。

无论从内部形成还是从外部形态上看，公共舆论都不是一致性的一种声音，"分歧""哗然""纷纷"的"众声喧哗"就是它的常态。"通常情况下，公共舆论包含了几个团体互相冲突的观点，强烈、清晰和统一的大众认同并不总是存在。公共舆论的这种内在结构性差异是由多种因素造成的。从社会结构的角度看，这种现象显然与人们的阶级地位紧密相关，不过不能在社会阶级与公众舆论倾向之间建立简单的对应联系。……大体而言，公共舆论的结构差异最终取决于各因素在不同社会和不同时期的权重和综合影响，任何特定的社会集团都无法完全左右一个国家的公共舆论。"②

古往今来，谁都不否认公共舆论在政治生活中的重要地位和影响。在许多政治家看来，公共舆论虽然不能直接控制政治统治者政治行为，但可以对其施加不可低估的影响。任何政治主体在面临强有力的公共舆论反对时都显示出不同程度的脆弱性。就此而言，如何应对、管理、控制、引导公共舆论成为各种政治面临的一个基本问题，无论是民主政治还是专制政治。从纯粹的政治学理论上讲，可以说，公共舆论在政治过程中扮演着犹如政党、国家、政府这些政治主体一样的政治运行动力作用。当一个政治系统失去公共舆论这样的动力的时候，也就意味着这个政治系统陷入僵死，行将灭亡。

公共舆论究竟是怎样形成的，形成的机制又是什么，这是目前关于公共舆论研究最难的地方，也是公共舆论最薄弱的地方。如何形成"众声喧哗"，形成怎样的"众声喧

① 景跃进．政治学原理．北京：中国人民大学出版社，2010：273-274.
② 同①274.

哗”，在“众声喧哗”中能找到什么样的规律，一直是对公共舆论研究的挑战。应对这种挑战，要改变研究思路，探索政治传播与公共舆论的内在关系。

四、媒介化的公共舆论

政治学家告诉我们：“舆论……并不需要每个人都从理性出发来阐述各自的看法。舆论的形成是一个复杂的过程……从客观前提出发所进行的逻辑推论有时只是其中的一个要素。舆论的产生可以是迫于某些人的权威，或者是产生于某种复杂的成见或心理积淀。”① 公共舆论的形成有两个基本的维度：一种是政治统治者为实现自身希望所制造的产物，是一种自觉的理性的形成；一种是自下而上的社会散漫式形成，是一种激情式的非理性的形成。无论是公共舆论的哪种形成过程，都丝毫离不开政治传播。随着大众传播时代的到来，人们认为，公共舆论已经成为媒介公共舆论，没有传媒，社会似乎难有公共舆论了，于是现在的公共舆论俨然就是媒介公共舆论。

最早，传播学中的诸如议程设置理论、沉默的螺旋理论都应该归属为对传播过程中的公共舆论的研究。现在，传媒技术的迅猛发展，改变了人类的政治生态，也改变了人类政治生态中传媒的地位和作用。据此，面对新的传媒技术时代，学界开始呼吁“重塑我们已知的公共舆论”。

这个响亮的呼吁，来自兰斯·本奈特和罗伯特·M. 恩特曼对媒介化政治研究的“政治传播新论”：

> 人们一直在争论媒体对公共舆论和民主的影响，部分原因是人们一直不知道究竟什么是公共舆论。公共舆论是一种假设，指的是一些显著的、由媒体塑造的现象。塑造舆论的过程——选择、强调、提炼、进行完整连贯的表述并删除那些不相关的内容，是形成这种假定的前提。然而塑造舆论的过程可以被新的渠道和媒介化传播方式改变。如果确实发生了这种改变，我们原先熟悉的公共舆论就会变得面目全非，并且改变民主的运作方式。②

在他们看来，公共舆论指个人参与社会活动时所持意见的多数（有时也指少数意见），即一项政策施行时，观察家们所认为的多数意见所形成的“社会力量”。现在大众媒体正在进行的重大改革，既要求在概念上更为清晰，也要求用创新的方式来了解媒体在参与民主政治方面所发挥的作用。据此，他们对公共舆论的形成划定了四个“参照项”。

第一，民众意见。它指的是民意测验、投票或选举中个人意见的总和。卢梭在 1762 年所写的《社会契约论》中就用“所有人的意愿”来指代这个含义，即将所有人的意见加在一起，不论它们是怎么形成的，也不论它们之间是否结合得紧密。我们今天也如同当年的卢梭一样，深知多数意见的重要性。但是一定要牢记的是，民众意见是会发生动摇的，最起码是不稳定的和表面的。

---

① 米勒，波格丹诺. 布莱克维尔政治学百科全书. 邓正来，译. 北京：中国政法大学出版社，1992：663.

② 本奈特，恩特曼. 媒介化政治：政治传播新论. 董关鹏，译. 北京：清华大学出版社，2011：153.

第二，活跃的公共意见。它指的是积极参与政治、信息丰富、有组织的公民在大选中或政治竞选事件中极易被发动起来。政治学告诉我们这是些什么类型的人：忠诚的党员、社区活动家、利益集团发言人、意见领袖，以及那些对政治非常感兴趣的人。政策决策者们通常非常依赖这一维度，因为这是公共舆论中最能影响日常政策的维度。

第三，潜在的公共意见。它指的是民意调查结果所反映出来的最基本的公共意见。概括而言，潜在的公共意见是指当政策辩论结束后形成的公共意见，或人们在民主政治活动正进行到白热化时在那些混乱的、变化不定的意见之下所感到的真实的内容。最成功的领导人往往都能敏锐地感觉到潜在的公共意见——他们理解在表面的杂乱之下公共舆论的强大威力。

第四，感觉到的多数。关注公共舆论变化的观察家有意无意地用“感觉到的多数”来表征公共舆论的最后一个维度。它指的是大多数观察家们，包括记者、政客、公众成员对公众立场的感知。这是观察家们为了描述市民的多数倾向而假设的一个维度。在政治领域中公共舆论的本质发生了很大变化，据此，兰斯·本奈特等指出：

> 我们得到的一个结论是公共舆论和大众媒介相互结合得非常紧密，彼此有所重叠，使得我们必须加强对媒体和公共舆论的研究。这是数十年前哥伦比亚学派追求的目标，现在我们如果要想理解美国以及其他民主国家政治和社会生活背后的动因，就必须恢复这项研究。由于学术领域的划分越来越细，而且民意调查的手段越来越丰富，我们允许舆论研究与传播研究分开。如果保罗·拉扎斯菲尔德活到现在，一定会大吃一惊。①

兰斯·本奈特等人的研究对我们的启示是，如果说，传统的公共舆论的形成依赖于媒体，那么现在直至未来，由于公共舆论与大众媒介的“紧密结合”，公共舆论已然成为传媒公共舆论。我的看法是，公共舆论虽然还不能据此说完全是媒体的产物，但公共舆论却必然是政治传播的结果，或者说是政治传播所产生的主要效应。

第四节　政治传播效应（三）：构建政治合法性

作为政治传播的效应，推进政治民主、形成公共舆论的目的就是构建政治合法性，以使某种政治永续下去。从外部形态上看，政治传播是构建政治合法性的必然的、有效的途径，而政治合法性又必然是政治传播的最后效果。虽然不能说，政治合法性完全取决于政治传播，但是，政治传播的效果如何无疑制约着政治合法性的程度。

一、研究合法性的几种路径

《布莱克维尔政治学百科全书》是这样引出合法性的：

---

① 本奈特，恩特曼．媒介化政治：政治传播新论．董关鹏，译．北京：清华大学出版社，2011：155-166.

> 在人类进入政治生活之后，由于出现了统治阶级和被统治阶级的分野，出现了国家，出现了政治统治权力，这时的人类社会便不可避免地面临合法性问题，它必须回答一个国家所建立起来的政治统治是否和为什么应该获得其民众的忠诚。①

可以看出，合法性问题是政治的根本问题。正因如此，可以说，自从人们可以并开始反思人类政治本身的时候就必然关注合法性问题。据此，当代著名思想家哈贝马斯认为："如果不是从梭伦开始，那么至迟也是从亚里士多德开始，政治学理论就从事于合法化统治兴衰存亡的研究。"② 布丹的君主主权说，霍布斯的利维坦学说，洛克的契约论，孟德斯鸠的论法的精神，菲尔默的君权神授说，卢梭的公意说，等等，实际上都是对合法性问题的探讨。

在人类的政治生活中，合法性既是一个现实的经验性问题，也是一个理想的规范性问题，正因如此，人们对于合法性的认知和研究始终从经验和规范两种致思路径上展开。

在西方政治思想史上，首先从经验的致思路径上展开。从亚里士多德经卢梭等人的铺垫，社会学家马克斯·韦伯对合法性作了较为系统的研究。韦伯认为，构成合法性基础的来源主要有三种：传统、领袖的个人魅力以及法理。韦伯强调，这三种合法性统治的基础都属于纯粹的类型，它们从来没有在社会和历史中以纯粹的形态出现过，所有经验事实中的统治形式都是这三种纯粹类型的混合，但不同因素的比重和组成方式可能有差异，因而某种现实的政治合法性可以非常接近某一类型。可以看出，韦伯从社会出发所论证的合法性终归也是一种政治统治的合法性。韦伯之后，伊斯顿把政治合法性的基础归结于意识形态、政治结构、政治人物的个人品质三个方面。其中，意识形态的功能在于为政治秩序提供道义上的解释，从而通过政治社会化，唤起人们对政治秩序的信念和情感；而政治结构则解决了权力来源程序的合法问题；政治人物是政治权力的直接践行者，其个人品质和言行直接影响着人们的政治认同感和政治信赖感。可以看出，韦伯和伊斯顿等人主要还是偏重于从经验的层面和角度探讨政治合法性的来源问题。

在对合法性从经验角度和层面研究的同时或者准确地说是稍后一些，规范主义理论展开了另一种路径。这种理论认为，面向未来和规范未来的政治价值也是合法性的重要来源。如果一种政治所遵循和体现的价值本身缺乏正义，那么无论统治多么有效，合法性的基础也是不牢固的。比如，罗尔斯就认为，正义是社会制度的首要价值，正像真理是思想体系的首要价值一样。他的经典理论是："正义，无论它多么精致和简洁，只要它不真实，就必须加以拒绝和修正；同样，某些法律和制度，不管它们如何有效率和有条理，只要它们不正义，就必须加以改造和废除。"③ 因此，在规范主义政治合法性的研究者看来，一个政权体系是否具有合法性，必须首先看其所遵循的政治价值是否具有合法性。如果其政治价值本身就不具有正当性，那么再有效的统治也是不合理的。从这一层面来说，合法性意味着一个政治秩序被认可的价值。

---

① 米勒，波格丹诺．布莱克维尔政治学百科全书．邓正来，译．北京：中国政法大学出版社，1992：440.

② 哈贝马斯．交往与社会进化．张博树，译．重庆：重庆出版社，1989：186.

③ 罗尔斯．正义论．何怀宏，何包钢，廖申白，译．北京：中国社会科学出版社，1988：3.

在单纯的经验主义和规范主义之后，思想家们才可以将二者有机地结合起来对合法性展开研究，这方面的代表人物是哈贝马斯。哈贝马斯试图超越这两种研究范式，提出重建合法性理论。首先，哈贝马斯批评了经验主义研究取向存在的问题，他指出："在今天，社会科学家对合法性问题的处理，大多进入了马克斯·韦伯的'影响领域'。一种统治规则的合法性乃是那些隶属于该统治的人对其合法性的相信来衡量的"①。这种经验主义研究取向的缺陷在于只问如何获得统治，它探讨的是一个技术性的问题，与价值无关。合法性主要意味着通过种种政治运作从而赢得社会不同人群的支持，至于价值判断和理性标准则不在考虑范围之内。在他看来，这种理论隐含着一种价值虚无的危机。按照这种逻辑，我们无法解释为什么一些专制和集权的政权尽管赢得大众支持，却依然是不合法的问题。法西斯主义的历史实践促使人们必须深刻反思这一问题。至此，哈贝马斯提出了一个著名的论断：合法性意味着某种政治秩序被认可的价值。他认为，规范性合法性理论和经验性合法性理论都存在理论上的不足，合法性不应是经验和价值的分离，而应是两者的有机结合和辩证统一。他指出："合法性意味着，对于某种要求作为正确的和公正的存在物而被认可的政治秩序来说，有着一些好的根据。一个合法的秩序应该得到承认。合法性意味着某种政治秩序被认可的价值——这个定义强调了合法性乃是某种可争论的有效性要求，统治秩序的稳定性也依赖于自身（至少）在事实上被承认。"② 可以看出，哈贝马斯把其合法性理论建立在融合规范层面与事实层面的基础上，不仅强调了规范和价值的重要意义，而且也没有脱离经验和事实。哈贝马斯关心的是一种政治价值如何通过政治实践加以不断地实现的问题，政治实践须与政治价值相契合，这个政治系统才是合法的。哈贝马斯的理论在当代合法性问题研究中具有里程碑意义，当今研究政治合法性问题的学者都无法回避哈贝马斯在这一问题上的贡献。

二、合法性存在的政治前提

在政治学中，很少有像合法性这样吸引人们展开多种路径来精心研究的范畴。正因如此，才出现了当代研究合法性的法国著名学者让-马克·夸克所描述的一种现象：

> 合法性这一主题，由于它的复杂性，在当代的政治思考中处于一种自相矛盾的境地。一方面，人们承认，合法性在政治生活的运行中是至关重要的。因而以描述和解释政治生活运行机制为目标的分析研究都对其予以关注。所以如果我们愿意将观察家们在他们的工作中所使用的术语进行分类的话，那么"合法性"这一词将会出现在前沿队伍之中。事实上，无视这一概念的著作和观察家是十分罕见的。而另一方面，对合法性理念的探讨又经常会引发缄默。
>
> 虽然合法性与判断能力密不可分，但是使用它的大部分著作却厌恶对合法性所包含的判断范畴进行考虑。它们拒绝通过思考政治生活的评估标准来研究统治权力发生的条件。我们会看到，马克斯·韦伯对合法性的分析大都属于这种情况。
>
> 因此，目前有关合法性这一问题的研究情况非常混乱：合法性概念的重要性已

①② 哈贝马斯．交往与社会进化．张博树，译．重庆：重庆出版社，1989：206.

被承认，并已经被这一事实所证明：所有的政治生活观察家都情不自禁地引用它；但与此同时，在谈论政治判断这一问题时（他们）保持缄默。[1]

马克·夸克是20世纪研究合法性的新锐思想家。他吃透了思想界对于合法性的研究，最后锁定了合法性的政治意义。只有他在进入合法性之前首先透视了合法性这一重要思想和理念的"前提条件"，使我们进入了理解合法性的另一扇重要的大门。在他看来，应该将注意力集中在三个定义上，这三者是作为合法性这一理念的前提条件而存在的：政治分化、政治责任和政治判断[2]。

第一，关于政治合法性与政治分化。政治合法性机制的目标在于建立对统治权力的承认。因此这种目标并不涉及消除权力的存在。相反，个体将会分化成为指挥者与服从者，合法性逻辑正是建立在这一分化的基础之上。而统治权力的意义正是与这种划分紧密相关。

为了理解合法性理论是如何建立在统治者和被统治者分离的基础之上的，首先必须要将这种分离与某些政治观念相区分，因为这些政治观念认为国家权力是无法证明的。然后还应该着重指出，从合法性的角度来研究政治生活，这也就相当于分析将统治者和被统治者进行划分所必须满足的条件，以便于将这种划分置于权力关系的框架之内。

通过在合法性中引入政治分化，马克·夸克逻辑地落脚到"政治的公共属性"问题。他警告我们：

> 政治的这种公共属性虽然使它保持与个体世界的距离，但也使它具有了某些补充层面：为了狭隘的个人目的而行使的权力是不具备合法性的。事实上，一旦政治功能私人化，也就是说政治功能只为私利服务，统治权力就将受到质疑。然而当围绕在国家周围的华丽光环在某种情况下是可以被证明的，当国家表现出了社会也因此是它的成员的强大与辉煌之时，这也就不再是将政治活动成体系地进行私有化的情况。一旦政治领导者抛弃了互利性原则，变成了其被领导者的陌路人的时候，认同就不再运行。这时，显露丰裕的任何信号都将变成过度运用权力与腐败的标记。这种回潮将会最终导致建立政治义务的失败。这也就是公共范畴的末日，并且，自此之后，也是成为统治者的代表性的末日。[3]

第二，关于合法性与政治责任。在让-马克·夸克看来，如果从纯粹的私人的角度考虑，政治权力的合法性行使将是难以理解的。为了使共同体中的成员能够认为统治者的指挥地位是具有合法性的，那么就需要这种地位明确地表现出它所具有的公共福祉的活力。个人成功的欲望和对权力的渴望不会给领导者的行动带来任何合法性。相反，领导者必须要重视公共福祉。个人的愿望，只有在它表现为是服务于整个共同体的利益的时候，它在政治上才是可以获得承认的。因此这也就是说只有当这个具有目标的人将自己的行为真正地认同为国家的任务，关心对共同体繁荣的确保时，他成功的愿望才真正地

---

① 夸克．合法性与政治．佟心平，王远飞，译．北京：中央编译出版社，2008：1-2.

② 同①36.

③ 同①39.

获得了具有合法性的政治价值。所以，至于具有合法性的政治活动是与责任密不可分的。责任所表达的是一种权力，该权力接受了统治权力所强加的限制措施。

这种限制措施在于，统治者不能将自己局限于只为自己而存在，即为了私利而存在。对于一个领导人来说，政治责任首先是承认他的活动的公共范畴。这种责任性也就说明了政治的统治权力即统治者所拥有的全部权力并不是无限的。引述政治责任，这即是认为统治者在面对社会成员时享有有效的限制性权力；但同时这些权力也标志出这是一种受到限制的统治权力；统治者所必须承受的限制确定了其具有合法性特征的活动框架，对这些限制的遵守既构成了责任的表达也成为责任的工具。因而如果脱离了这些限制，那么就不仅仅是责任的内涵，即便是政治行动的合法性也都将受到质疑。

当然，责任是双方的。如果没有被统治者的责任感，那么统治者的责任感也就不成立。合法性意味着统治者和被统治者相互负责，一方向另一方负责。因而在一个统治者任意地为一己私利而滥用权力的社会中，构成共同体的个体的责任就将是非常关键的。他们的责任在于评价统治行为，并在社会同一性与力量对比关系所确定的范围内保护他们认为属于他们自己权利与自由的一切。

第三，政治合法性与政治判断。在让-马克·夸克看来，政治的互利性总是伴随着对领导者的活动所进行的评价，这种评价的重点在于评估政治指挥对权力的意图。由此便会得出一个基本的判断，它将决定（被统治者所承担义务的）命运。如果这种判断是积极的，那么义务的执行就有了保证。而相反，如果这种判断是消极的，那么当时机成熟的时刻，它将通过共同体成员所进行的尝试而被表现出来——这些尝试或者是想改变社会协调与领导方式中的某些细节，或者是想把这种方式彻底改变。

对政治机构进行评估与判断，构成了对统治者与被统治者之间关系的权力基础所进行的调查。这种调查分为三个层次，相辅相成。第一个层次在于思考那些作为基本价值而存在的、确定了政治现实意义和有效性的根源与前景的基本原则究竟为何，因为政治现实为了使自己具有合法性，就必须符合这种根源与前景。第二个层次在于比较政治现实与基本原则，以便审视政治现实在其多次表达过程中是否进入并因此被包容进这些原则所确定的范畴。前两个层次在第三个层次——政治判断中汇集到了一起，这是因为，一方面，应该确定政治领域必须要符合基本原则；另一方面，价值与具体的现实之间的比较可以评估，政治已经被置于价值框架之内，判断行为也就终于成为可能。

政治判断因此构成了评价程序的终点。它所体现的是一种能力，说明某种政治情势是具有合法性的还是不具有合法性的。判断将建立起区别与等级，对基本原则在现实中被实现的度作出判断。如果在政治现实与初始价值之间所存在的相似性是可信的，那么合法性就得到了建立。而如果是相反的情况，就会有负面的判断宣布政治机构不具备合法性①。

使我们对让-马克·夸克的研究如此感兴趣的原因还在于，他研究完了政治合法性，针对中国的政治合法性问题饶有兴趣地表达了对我们来说难能可贵的看法：

> 中国政府是一个拒绝用武力对待其人民的政权，政治的合法性在国内是人们关

① 夸克．合法性与政治．佟心平，王远飞，译．北京：中央编译出版社，2008：第1章．

注的政治问题。人民怎样评价政府的行为？他们怎样把这些同自己联系起来？中国人认为政府的责任是什么或者应该是什么？所有这些问题都促使我们思考和解决政治的合法性的问题。它们当然也是中国政府不可以视而不见且不能忽视的问题。合法性问题在当代中国占据重要地位的第二个原因是中国正在经历深刻的变革。实际上，中国自19世纪被迫向西方开放以来所经历的变革的深刻性赋予了合法性特殊意义。中国近代历史不过是一个连续变革的过程。这种变革或者被外力催生，或者由内力促成，抑或是两者共同作用的结果。所有的这些变化把政治的合法性的问题推向了中国政坛的前沿①。

中国特色社会主义伟大事业所创造的世所罕见的奇迹，雄辩地回答了夸克所提出的问题。《中共中央关于党的百年奋斗重大成就和历史经验的决议》指出："不忘初心，方得始终。中国共产党立志于中华民族千秋伟业，百年恰是风华正茂。过去一百年，党向人民、向历史交出了一份优异的答卷。现在，党团结带领中国人民又踏上了实现第二个百年奋斗目标新的赶考之路。时代是出卷人，我们是答卷人，人民是阅卷人。我们一定要继续考出好成绩，在新时代新征程上展现新气象新作为。"② 中国人民选择了中国共产党，中国共产党以丰功伟绩牢牢构筑了作为中华民族伟大复兴领导力量的合法性。

三、政治合法性的基本要件

无论怎样的前提条件所产生的政治合法性都有一些基本的要件，有人叫合法性基础，有人叫合法性来源，还有人叫合法性构成。无非就是说，研究合法性不能忽略这些基本的要件以及这些要件在不同政治体系中的体现和运行。合法性要件，大体说来，不外以下几种：

一是意识形态。意识形态是古往今来的统治集团最常使用的合法化工具。马克思曾明确说道："国家作为第一个支配人的意识形态力量出现在我们面前。"③ 因此，"统治阶级的思想在每一时代都是占统治地位的思想"④。达尔也认为，任何政治体系的领袖通常都会维护和弘扬一套意识形态，来赋予它们的领导合法性，即把它们的政治影响力转换成权威。伊斯顿更是把意识形态看作构成合法性的三大基础源泉的首要方面。他认为，意识形态能够用来为政治体系的合法性提供道义解释和说明，并以其特有的心理感召力，增强人们对政治体系的合法性情感和支持。当代新制度经济学派的代表诺思则从经济学的角度对意识形态的合法化功能作了精辟的分析：成功的意识形态能够克服"搭便车"问题，能够产生重大推力，使成员行动起来，不按简单的、享乐的、个人对成本收益算计来为团体注入活力。而如果没有这种行动，无论维持现存秩序还是废除现存秩序都不可能。

---

① 夸克．合法性与政治．佟心平，王远飞，译．北京：中央编译出版社，2008：5.

② 中共中央关于党的百年奋斗重大成就和历史经验的决议．北京：人民出版社，2021：71.

③ 马克思，恩格斯．马克思恩格斯选集：第4卷．2版．北京：人民出版社，1995：253.

④ 马克思，恩格斯．马克思恩格斯选集：第1卷．2版．北京：人民出版社，1995：98.

二是制度法律。在韦伯对合法性三种类型的经典论述中，法理型合法性是被他认为最适用于现代社会的一种类型。所谓基于法理的合法性，即统治“建立在相信统治者的章程所规定的制度和指令权力的合法性之上”①。这一观点被后来的学者广泛承袭和借鉴。伊斯顿在分析合法性源泉的时候，把制度化的政治结构看作具有独立效应的合法性基础。每一个政治系统都有当局借以发挥作用的角色和一些控制这种政治权力使用和实施的规则。占有这些角色和遵守加之其上的规则这一事实本身，就是对当局的道义上的正式认可。伊斯顿把基于这种基础的认可称作结构的合法性。

三是经济绩效。经济绩效作为合法性的源泉和基础，是当今时代许多学者所关注和认同的。李普塞特在进行了相关研究后发现，虽然短期内合法性与有效性之间是一种非线性的关系，但是从长期来看，持续的有效性可以给予一个政治系统合法性。这种有效性主要是指经济发展。凭借绩效来寻求民众对政治统治的支持和认同，是当今世界各国的执政党所普遍采用的——合法化战略。这在发展中国家尤其突出，因为发展中国家与西方发达国家在经济、科技、国民生活水平等方面差距甚大，而对现代化赶超的压力，发展中国家的执政党普遍地不得不把经济绩效放在第一位，以免被人民所抛弃。

四是价值规范。规范主义合法性理论主要是从政治秩序所蕴含和彰显的伦理和道德原则，如公平、正义、公意等价值规范来审视政治合法性基础的。早在古希腊时期，亚里士多德在对各种政体的兴衰更迭进行探源时就提出，政治应当以善为基础和目的。近代的契约论理论以自然法为根据，认为国家是人们为了克服自然状态的缺欠，更好地保护与实现自己的权力，经过订立契约而成立的。因此，统治权力只是保护公民权利的一种工具，其合法性是基于社会契约，即全体人民的共同意志；政治权力只有代表公共利益或人民意志才具有合法性。当代西方著名思想家罗尔斯认为，制度的基础应当是正义，违反正义原则的制度就必须加以废除。在罗尔斯的视域中，政治合法性的基础即是作为公平的正义原则。这与哈贝马斯所提出的“政治合法性的基础应该存在于政治秩序的价值之中”，在思想上有着相通之处。让-马克·夸克认为，政治合法性中政治价值以及对这种政治价值的认同起着关键作用：

> 合法性的第二个需求涉及社会价值观念和社会认同。认同需要社会满意度。没有满意，就不会认同。对于作为合法性重要因素的价值观念的认同起源于价值观的社会作用。价值观念是社会现实的延伸，它综合了两种品质。首先是现实中的描述的品质，它解释了人们把价值观念跟自己联系起来的原因。如果价值观念与现实毫无关系，人们就无法赋予它们意义。价值观念有助于区分什么是要遵守的原则，什么是要实现的理想和什么是要避免的弯路。它也是在应该表扬的和应该批判的方面达成一致过程中的一部分。②

五是个人魅力。韦伯把领袖人物的魅力和效应看成合法性的一个重要源泉，并称之为“超凡魅力型”合法性。按照韦伯的说法，“魅力”即个人的非凡品质，如天分过人，具有超自然的或者超人的、任何其他人无法企及的力量或素质。具有“超凡魅力”的人

① 韦伯. 经济与社会：上. 林荣远，译. 北京：商务印书馆，1997：22.
② 同①2.

因此也被视为“领袖”，从而吸引大批追随者和崇拜者。这种建立在献身于一个人以及由他所默示和创立的制度的神圣性，就是“超凡魅力型”合法性，或者称“克里斯玛型”合法性。伊斯顿也肯定个人品质的确是合法性的一个重要源泉，提出了“个人合法性”概念。伊斯顿提出的个人合法性要比韦伯提出的“超凡魅力型”合法性涵盖更为广泛的领袖现象，也更具有解释力。

四、依赖于政治传播而存续的政治合法性

我们在政治传播著作中对政治合法性的研究，不仅仅是展现关于合法性研究的成果，更是要着力分析政治合法性如何作为一种政治传播的效果而存续。通过我们上面对政治合法性研究成果的展现，可以看出，政治合法性有三个面向：一是面向历史，即政治体系得以产生并通过取得经济等绩效赢得服从和忠诚；二是面向现实，即展现自己业已取得的种种成绩，通过特定意识形态论证说明政治体系的领导者非己莫属，等等；三是面向未来，即用规范性的政治价值、政治信仰展现未来美好的政治愿景和政治理想，牵引政治民众对自己的继续忠诚和拥戴。

研究者们思考政治合法性的种种基础和来源，但相对忽略了如何同时从这三个面向上获得政治合法性，这就是，还是忽略了从政治传播这样一个角度对政治合法性的研究，或者说忽略了政治合法性中政治传播的不可或缺的作用和功能。其实，明显可以看出，无论对政治合法性历史面向的总结，还是对政治合法性现实面向的论证，抑或对政治合法性未来的展望，都是一个地地道道的政治传播过程，至少可以说都要仰赖于特定而有效的政治传播。

对政治合法性中政治传播的关注，还需退回到阿尔蒙德和伊斯顿等人的“灌输和培育认同”理论上去。他们看到了获得合法性的一个重要途径就是在大众中灌输和培育认同。阿尔蒙德认为政治体系获得合法性的一个重要途径就是在国民中造就共同的信念，培育同质的政治文化。伊斯顿也认为获得政治合法性要通过政治社会化在大众中（从儿童开始）灌输合法性情感。因为合法性情感不能轻而易举地存储起来，即便存储了也极易消耗掉。为保证不断地输入这种情感，就必须凭借经常性的措施来关注对当局合法性的信仰。这实际上就触及了政治传播。

但是，这个时候的政治传播，即现代政治合法性的政治传播，已经远远突破过去那种简单的意识形态宣传和启蒙式的政治社会化教育，现代传播技术的迅猛发展和现代政治文明的全球性融合，要求现代政治合法性中的政治传播具有崭新的形态和功能。这正是政治传播研究者的使命。

第五节　政治传播效应（四）：推进国家治理现代化

随着人类政治文明的进步，人类政治的形态不断地从“统治”向“治理”迈进。在治理政治中，“国家（政府）”既是治理的最大“单位”，也是“治理”的最大主体。在

“国家治理现代化”的历史进程中，政治传播占据着十分重要的地位，发挥着十分重要的作用。

一、深度嵌入国家治理体系

国家治理体系是一种全方位多维度的制度体系，无论何种性质或类型的国家治理体系，政治传播体制都是其重要的组成部分。

第一，国家治理是一个包含“信息治理”的有机系统。按照情报学的“信息汲取—信息处理—信息应用”的信息治理分析框架，国家治理的信息逻辑要从“治理信息”转向“信息治理”，即不仅要关注政治信息的汲取，更要强调国家治理过程中的信息处理能力以及信息应用能力。而国家（政府）机构就是决策制定和信息处理的系统，如果说权力是国家治理活动的内核，那么信息就是贯穿其中的主线，是国家治理体系的神经系统。可以看出，政治信息是政治传播与国家治理相互嵌合的关键要素。政治信息不仅包含事实性内容，同时也蕴含着一定的政治社会关系。自第三次工业革命以来，信息资源就已经和土地、资本、人力并驾齐驱成为人类社会的关键生产要素①。随着后工业社会的到来，人类事实上已经进入一个具有高度复杂性和高度不确定性特征的社会。斯科特强调信息“清晰性”是国家机器的中心问题②。对于执掌国家权力的执政者而言，政治信息是进行政治决策、筹划政治未来的重要依据，而政治信息也是影响普通大众形成政治观点态度，采取政治行动的核心因素。另外，不同于一般意义上的知识性信息，政治信息不仅仅是客观现实的机械反映，而且还承载着特定的政治价值和意识形态。政治传播是具有政治意图的政治信息在政治系统各结构之间的传递与处理过程，它包括政治系统内部、政治系统与公众之间、政治传播系统与社会环境之间的政治信息传递与处理。阿尔蒙德和小鲍威尔也认为，政治体系不仅包括政府机构，如立法机关、法院和行政部门，而且包括所有结构中与政治有关的方面，还有诸如大众传播工具之类的非政府组织等，而其中，政治传播是政治体系在体系层面的一个重要功能。在国家治理中，治理的主体是多元的，多元治理主体的互动协商有赖于政治传播活动。国家与社会、政府与公民、政府与媒体，以及政府内部共同构成了一个合纵连横的巨型政治传播信息系统，满足国家治理的信息需求，为国家治理提供了信息支持。因此，政治传播内嵌于国家治理体系之中，是国家治理运行中的重要环节。

第二，国家治理软化了“统治”中的控制操纵与敌对冲突，以增进公共利益、维护公共秩序、追求公共价值等实际治理绩效为终极追求，是当今时代社会发展日趋多元化的必然要求。因此，相比于“统治”，“治理”有着更强烈的公共意蕴和更深刻的问题指向。在政治传播中，“政治”统摄“传播”，政治传播是建基于政治社会关系之上的政治活动，政治形态决定政治传播形态。在作别“统治”的大背景之下，国家理念和施政方略的改变，必然导致政治传播形态的动态转换。因此，“治理”语境下的政治传播也与

① 安小米．现代国家治理的云端思维：信息治理能力与政府转型的多重挑战．人民论坛·学术前沿，2015（2）．

② 西蒙．管理行为．北京：机械工业出版社，2013：234．

“统治”语境下的政治传播大为不同。马克思在《德意志意识形态》中提道：“统治阶级的思想在每一时代都是占统治地位的思想。这就是说，一个阶级是社会上占统治地位的物质力量，同时也是社会上占统治地位的精神力量。支配着物质生产资料的阶级，同时也支配着精神生产资料。”① 因此，统治阶级不仅掌握国家政权，占有社会生产资料，而且会牢牢掌控意识形态的领导权，通过对人们的思想施加影响，维持和再现现有的生产方式和社会形式。掌握了国家的话语权和传播权，在某种程度上就意味着拥有决定和控制人思考的能力。一切政治传播的开展以及对社会中政治传播活动的管制，都是为了影响和塑造人们的思想和行为。这种建基于统治的政治传播活动，主要是为了维护统治阶级的政治合法性，保证社会政治秩序稳定和国家权力的实施效果。在这样的权力关系之中，政治传播主要表现为政治宣传形态，政治信息的传递以“自上而下”的方式为主，其内容生产和传播过程受到国家严格的管控和监视。而现在，政治传播已经突破过去那种简单的意识形态宣传和国家向社会强行进行意志推展的传播模式，与国家治理相适配的政治传播，建基于现代民主制度和民主理念之上，用劝服替代强制，用对话消解暴力，在政治传播传者与受众之间建立起政治信息流动的“反馈互动机制”，形成政治信息的良性循环。国家治理中多元主体间平等的互动、协商和博弈，必然产生大规模、高频次的政治信息流动。国家治理语境下的政治生态和传播生态已然发生改变。

二、奠定国家治理政治理想的“初心化”

从理论上讲，“国家治理”系统包括政党治理、政府治理、市场治理、社会治理、文化治理、生态治理、城市治理等等，但其实质意义要表达的是：国家的治理，即治理的行为主体是国家。当我们把“国家”置放于“国家治理”的主体和主导地位的时候，“治理理想”就会成为国家治理的“出发点”。任何类型的“国家治理”都不是盲目的，而是自觉的，即都是“治理理想”在先的。“治理理想”置放到国家治理的话语中，已经转化为一种政治话语：“治理理想”即国家的“政治理想”。现代国家基本是“政党国家”，现代政治基本是“政党政治”，因此，这里治理理论中的“治理理想”就直接转换为政党的政治理想，或者可以更为准确地说转换为执政党的政治理想，这就是“政治初心”。

“初心”是执政党的政治理想的基石和母体。执政党执政任何国家即对任何国家的“国家治理”过程，必然是其政治理想“初心”的绽放和实现过程。政治传播正是在这个层面，在这个原始的政治理想出发点，开始了与国家治理同频共振历程——初心确立的历史选择、初心合法性的论证、初心的统摄与延展、初心的教育与教化、初心与“违背初心”“忘却初心”的博弈乃至斗争，等等，均是政治传播的天然本质和天然使命。

以中国共产党领导中国进行国家治理体系和治理能力现代化的战略行动为例。习近平总书记指出，一个国家选择什么样的治理体系，是由这个国家的历史传承、文化传统、经济社会发展水平决定的，是由这个国家的人民决定的。我国今天的国家治理体系，是

① 马克思，恩格斯．马克思恩格斯选集：第1卷．3版．北京：人民出版社，2012：178.

在我国历史传承、文化传统、经济社会发展的基础上长期发展、渐进改进、内生性演化的结果①。因此，推进国家治理体系和治理能力现代化，必须完整理解和把握全面深化改革的总目标，这是两句话组成的一个整体，即完善和发展中国特色社会主义制度、推进国家治理体系和治理能力现代化。我们的方向就是中国特色社会主义道路②。

中国共产党领导是中国特色社会主义最本质的特征。为中国人民谋幸福，为中华民族谋复兴，是中国共产党人的初心和使命，是激励一代代中国共产党人前赴后继、英勇奋斗的根本动力。这样一来，为人民谋幸福的“人民中心”政治理想，便成为推进国家治理体系和治理能力现代化这场伟大战略行动的初心。一场浩浩荡荡深入人心的“不忘初心、牢记使命”主题教育的政治传播，始终与国家治理的伟大行动同频共振。

三、建构国家治理体系的信息化叙事

国家治理需要运用政治权力，政治权力在国家治理的过程中就实际地转化为治理权力。现实的国家治理，是一个综合性的社会行动过程。在这个过程中，“治理权力的信息化”是不可或缺的极为重要的环节和机制，或者说，国家治理的过程，必然是一个信息传播和流通的过程。信息，通过传播才是有用的真正的信息，“信息化”通过传播才能实现。

治理权力的信息化，要求充分展示“国家治理的信息叙事”。从传播学角度看，如果说，国家治理过程就是一个信息的流动和分享过程，那么，治理权力的“信息化”即“信息叙事”就成为国家治理中政治传播的核心作用。二者的“同质同步同过程”，使国家治理通过其现实的“信息化叙事”取得实际效果、达致治理目标。

国家治理权力的信息化过程，之所以也是一个政治传播的过程，其根据还在于，“国家治理”是国家政治的内在组成部分，国家治理是国家政治的“降维”“延展”和拓深。没有良好的国家政治，就不可能有良好的国家治理。人类社会发展的历史事实，已经证明并还将继续证明这一点。古往今来，任何国家总是在完成政治统治、政治管理的前提下再行国家治理之道。所以，放眼望去，国家治理总是一种“现代国家”的事情，是“现代国家治理”或“国家现代治理”。正是从这个意义上，任何国家治理都是“政治理想”在先。“政治理想”作为一种国家治理的“初心”，必须通过特定的政治传播才能被确定、被认同、被坚守。

特定的政治理想作为“初心”被坚守和贯穿在国家的现代治理过程之中，就必须下沉到制度、政策、机制等具体的广泛的“治理层面”，即生成和转化为种种可传播、可使用的“信息”。随着从“政治”到“治理”的下沉，政治传播的形态也相应地“转型”——政治传播也可以叫治理传播。这种转型的一个突出的特点是，如果说国家政治维度的政治传播，更多的是一种思想观念意识的传播，那么，国家治理的政治传播则更偏重于技术性的有用的具体的信息。

国内外的理论研究已经密切地关注到这一点。迈克尔·曼曾把国家权力区别为“专

①② 习近平. 完善和发展中国特色社会主义制度 推进国家治理体系和治理能力现代化. 人民日报，2014-02-18 (1).

制权力”（despotic power）和“基础性权力”（infrastructure power），其中，基础性权力指的是国家能实际穿透社会并“依靠后勤支持在其统治的疆域内实施其政治决策的能力”。国家通过各种手段有效地穿透社会，掌控有关公民的巨量信息，比如“国家能够从源头上评估我们的收入和财富并向我们征收赋税”，“它存储并且能马上调取关于我们所有人的大量的信息”，将国家的意志推行到疆域内的各个角落。迈克尔·曼对国家权力的区分，深化了对国家权力和能力及其运作方式的理解，其中基础性权力概念所对应的是，国家利用各种基础设施和后勤学技术，穿透（渗透）市民社会来贯彻国家的意志，实现国家的目标①。这里国家权力对社会的穿透很大程度上就是通过处理信息来进行的，而权力渗透的“后勤学技术”主要都是处理信息的方法和手段②。吉登斯也认为，前现代国家都没有“民族国家中发展出来的在行政管理上的协调性控制水平”，高度的“行政集中化”依赖“大大超越于传统文明特征的监督能力的发展”。“自有统计之日起，核对官方数据本身就成了国家权力和许多其他社会组织模式的构成因素。现代政府的协调性行政控制，与对这些‘官方数据’的理性的监测，是密不可分的，所有的当代国家都成天忙于这种监测。”建立在信息基础上的（直接的和间接的）监控能力，是现代性兴起的制度性维度之一③。我国学者也指出：“一部国家机器，如果不了解自己国土上的人口、财产、物产、行为和事务的数量多少、流动方向、真假和优劣，就无从区分利弊得失，进而无法恰当行动，无法实现征税、征兵、维护社会秩序、缔造国家凝聚力、建立福利体系、维持官僚机构廉洁高效和管理社会经济事务等国家目标。”④

国家治理的过程，是以国家权力为中心的国家与社会互动的过程，必须深入获取和加工相关的信息，对社会事实进行全面计算，使社会变得更加可见、可测量和可操作。社会事实的清晰化是国家治理的前提，也是国家治理的结果。国家治理权力的信息化，要求其“叙事”的“清晰性”“清晰化”“清晰度”，这对国家治理境界中的政治传播在三个方面提出了很高的要求。

第一，政治的民主化要求。从理论上讲，政治越“集中”，其“统治性”和“管理性”就越强；“统治性”和“管理性”越强，国家的“治理”就越是宏观的、原始的、粗线条的。由于政治不民主，国家治理空缺“信息化叙事”之维，即便是有一定的“信息化叙述”，但也是不具“清晰性”、不具“清晰化”、不具“清晰度”，因而，国家的治理体系和能力就是低水平、低质量、低境界的。由于“政治统摄传播”，因而与之匹配的政治传播也可能还是停留在意识形态性的思想观念意识的宏观抽象的教化层面。这个时候，“官方意识形态性的话语”还占据着政治传播主导地位，政治的“降维”和“下沉”而产生的“治理话语”尚未建构。

第二，治理的技术化要求。在政治民主化基础上的现代国家治理的实现，是依赖科学技术的发展带来的“管理技术化”要求同步的。我国学者研究指出：

---

① 刘昶．迈克尔·曼论国家自主性权力．上海行政学院学报，2016（1）．

② 曼．国家自治权：其始源、机制与结果//汪民安，陈永国，张云鹏．现代性基本读本．开封：河南大学出版社，2005：590-593．

③ 吉登斯．现代性的后果．田禾，译．南京：译林出版社，2000：51．

④ 欧树军．国家认证的历史逻辑：以中国为例．政治与法律评论，2011（1）．

技术革命给国家治理提供新的手段、新的预期、新的愿景、新的局面，但技术革命也会对国家治理提出严峻的挑战、颠覆性的问题、棘手的议程、进退维谷的尴尬。简而言之，技术可以助人，也可以毁人；技术可以促成国家治理的喜人局面，也可以造成悲剧性后果；技术可以帮助人们获得自己所急于得到的东西，也可以毁掉人们心中珍视的东西；技术可以用于维持国家权力心心念念试图维持的秩序，也可以将人们强控起来，让社会陷入死寂的状态。技术本身是一柄双刃剑。①

第三，传播的平民化要求。笼统地说，国家治理的“信息化叙事”，既是传播技术发展的结果，更是传播技术发展的要求。国家治理的“信息化叙事”，并不是一种宏观的笼统的抽象的观念传播，而是越来越要求精细化精准化基层化个体化的传播过程。简言之，政治传播应平民化和微观化。人类传播技术经历了动物传播、语言传播、文字传播、印刷传播、电子传播、网络传播等，政治传播也正在经历着从国家宏观政治传播到微观政治传播的蜕变和转型。“微观政治传播”是由现代传播技术赋权的、以个体为主体的政治共同体内基于微观社会生活的政治信息扩散、接受、认同、内化等有机系统的运行过程；“以个体为主体”是相对于过去的国家宏观政治的以国家政府政党等及其主宰的大众媒体而言的；“基于微观社会生活”既包括国家宏观政治使用新的传播技术在新的传播环境中把宏大政治“颗粒化”“精细化”“底层化”“生活化”等的过程，也包括日常社会生活领域自我产生的政治诉求、政治话语、政治议题、政治理想甚至政治运动等②。可以说，国家治理的“信息化叙事”，正是通过国家治理中政治民主化与政治传播微观民众化的同频共振才能实现。

四、树立国家治理体系中的政治制度权威

国家治理现代化以现代国家制度的现代化和现代国家政治制度的权威为核心、为基石。就此而言，政治传播对于国家治理现代化的推进效能，集中地体现在其对制度权威的构建上，如图 8-1 所示。

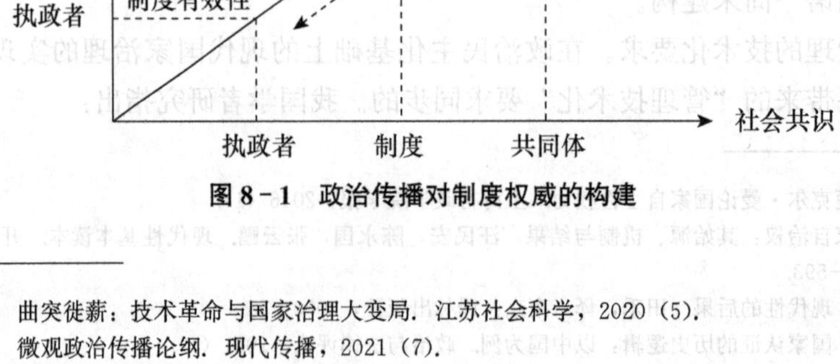

图 8-1　政治传播对制度权威的构建

① 任剑涛．曲突徙薪：技术革命与国家治理大变局．江苏社会科学，2020（5）．

② 荆学民．微观政治传播论纲．现代传播，2021（7）．

第一，政治传播对制度性质的建构。所谓“制度性质”是指政治制度的民主性和法治性。政治传播对制度之民主与法治权威的建构，从经验、价值与信念三个层次展开。其一，对经由真实的民主程序与法律规则而产生的事实传播。建构民主与法治权威的最基本的做法，是从经验上传播民主程序与法律规则。这个层次的传播通常与政治角色权威紧密结合，是对执政者经由真实的民主程序与法律规则而产生的事实传播。需要强调的是，政治传播对民主与法治经验的传播，并非指向某种虚幻的未来，也并非一种抽象的价值与原则的表达，而是落实到具体的社会与国家，在国家与社会的互动中，以一种真实的制度建设及其成就为基础。其二，真实的民主与法治权威的建构。政治传播对制度权威的建构，最核心的实践路径是通过政治传播将经验层次的与民主相关的程序上升为一种制度价值。这种认识基于两方面的原因：(1) 政治传播致力于建构权威，权威不仅仅是经验意义上的，同时亦是价值意义上的。(2) 从传播规律来看，价值比经验更具备传播性。经验总是基于具体的、特殊的政治现实，只有在具体的环境中才具备解释力，因此，只有将经验抽象为某种价值，才能摆脱政治现实的制约，超越地区、国家的特殊性，在更广的范围传播。其三，程序正义之制度观念的生成。民主与法治权威的建构还需要使其象征化，从而在文化意义上生成一种民主与法治的信念。所谓“生成”是指类似于哈耶克所说的文化意义上的自发秩序的形成过程，而不是一种纯粹的自上而下的理性建构过程。以法理为基础的制度权威建构，必须以理性为基础，但仅诉诸理性是不够的。对于制度观念的象征化建构主要通过影响人的情感来完成，它在实质上是通过象征化的方式，将政治认同从一种理性认同转化为一种情感认同，甚至可能上升为一种信仰状态。

第二，政治传播对制度有效性的建构。所谓“有效性”是指政治系统满足执政者基本功能的程度。执政的有效性保证了政治秩序和国家的整体进步。具体来说，有以下实现步骤：其一，对执政者治理有效经验的传播。对执政者治理有效性的传播，其直接目标是建构角色有效性。这种政治传播对于政治运行中的政治制度、政治现象中的有益经验进行概括总结、传播扩散。其二，对制度有效性及其价值的建构。对经验上的执政有效性的传播，虽然可以有效地支持制度权威，但不能替代制度权威。所以，从传播战略来看，执政者有效性应从绩效层次升华至制度有效层次，并且赋予这种制度有效性以价值性。其三，对制度的现实合理性之重要性的信念的生成。政治传播对制度有效性的建构，在信念层次的目标是推进对制度的现实合理性之重要性的信念的生成。

第三，政治传播对制度公共性的建构。政治传播对于制度权威的建构在更高层次指向一种文化性质的制度观念的生成。其一，民族信念的生成。现代国家在共同体层次几乎无一例外地指向一个共同的对象——民族。对于制度权威来说，民族能够凝聚一种“我们”不同于“他们”，即我们相互联结且休戚与共的公共的信念，这将对制度权威产生重要支持。尤其是国家在面临危难之际，这种信念就更为重要。其二，以民族为凝聚力量对制度公共性的建构。民族国家内的民族信念并不是一种纯粹的文化形态，而是亦有政治形态的一面。这是因为，一个以制度为核心的现代国家权威建构，民主国家这一性质的获得，从根本上来自实际上的民主与法治制度的运作，这才是现代国家得以被认同的必要条件。而与之相对的，具有公共性的政治文化，即同质化程度较高的文化权威的形成是国家得以维系和稳定的有利条件。其三，从政治实践来看，执政者通常成为民族的代表，即执政者不仅是经由民主程序与法治规则而选择的在职统治者，也是获得全体人民授权的民族的代表。又由于民族国家的政治之维，执政者通常成为人民的代表。在这种逻辑之下，理应将政治传播对于执政者角色权威的塑造，定位为民族和人民的代表，以此为制度公共性的建构提供现实的微观基础。

五、实现国家治理体系的善治目标

所谓"善治"，即"治理得好"，是国家治理的终极目标，蕴含了国家治理中的价值追求。有研究者提出了善治的十个基本要素①，这其中的合法性（legitimacy）、透明性（transparency）、回应（responsiveness）、参与（civic participation/engagement）等要素与政治传播紧密相关。

在合法性方面，现代政治合法性渗透着现代政治的价值倾向，是执政者赖以生存的政治伦理准则。政治传播是政治合法性自我证成的重要环节，是国家政策获得广泛支持的重要手段。致力于维护政治合法性的政治传播不仅应该秉承建基于现代政治价值之上的意识形态，而且要将国家治理的实际成果和发展成就通过政治传播向社会广而告之，使民众对政治权威形成认可和服从的心理状态。

在透明性方面，政治信息的公开依赖于政治传播活动。政治运行中及时全面的信息公开，便于全体公民了解国家治理的真实情况，是善治的基本要求。透明政府表现为政治信息的公开性和公民的知情权。现代民主制度要求政府的运行必须公开透明，反对任何形式的暗箱操作。政府的透明程度直接关系到政府决策的科学化和民主化水平，是公民有序参与政治，对政府官员形成有效制约，保持政府自身清正廉洁的前提和基础。

在回应性方面，政府与社会的信息沟通应该是一个闭环的政治信息回路，即社会向政府传递信息、表达诉求、提出关切，政府也要在以实际行动解决问题的同时，在政治沟通上作出及时和负责任的反应，不可无故拖延或没有下文。透明政府要求政治信息能够通过各种媒介手段为公民所知。政府与社会的沟通是一个专业性的过程，因此建设回应性政府应该运用一定的策略和技巧，保证政治信息的全面、规范和准确，体现出政治传播的专业性。

在参与层面，善治表示国家与社会或者说政府与公民之间的良好合作，因此国家治理离不开公民参与。政治参与在某种意义上可以理解为国家与社会的信息交换。在国家治理的过程中，公民需要参与到公共决策的制定实施过程和政治选举过程之中，表达自己的利益观点和价值立场，并对政府官员实施有效监督。

如前所述，治理的主体是多元的，多元治理主体的互动协商有赖于政治传播活动。国家治理体系中，不同治理主体身份经历、价值立场、利益诉求的差异性，决定了政治传播活动的多元态和复杂性。而"善治"实际上是国家治理的应然状态，其基本要求是国家权力复归于社会，使国家权力能够真正地成为社会"公器"，还政于民，为民谋福

① 俞可平. 治理和善治引论. 马克思主义与现实，1999（5）.

利。由此，善治的“公共性”底色便彰显出来。

因此，国家治理与政治传播不仅在行动上配合与互惠，而且在更深层次的价值追求上相契合。政治传播并不仅仅是一个简单的信息传递过程，在这其中社会议程的公共性逐渐生成并显现。国家治理的民主和公正离不开民意的表达和政策信息的公开。政策信息越公开，国家治理的公共性越能凸显出来。政治传播能够将有新闻价值的“个人问题”引向公众议程，将媒介议程转换为公众议程，再将公众议程转换为政府决策议程，使分散的、潜在的社会意愿和要求转化为明确的、集中的政策要求。新媒体所搭建的公共空间和个人空间，以及空间内公民精神的萌芽，都使得政治传播能够将“私人”问题通过公开报道而转化为“公共”问题，将之变为政策议程的一部分，推动社会关注的热点问题解决。因此，在国家治理中，需要以更为民主的方式促进利益表达与协调，形成开放、平等、包容的社会公共环境。不同性质的政治信息经由传播媒介在国家与社会之间以及社会成员内部实现通畅流动，国家与社会多元主体能够进行权衡博弈、平等协商，最终在沟通共识、对话合作、充分论证中实现国家“善治”。

六、中国国家治理体系现代化的全球示范

党的十九届四中全会通过的《中共中央关于坚持和完善中国特色社会主义制度　推进国家治理体系和治理能力现代化若干重大问题的决定》全面阐述了我国国家制度和国家治理体系的十三个显著优势。《决定》强调，要着力固根基、扬优势、补短板、强弱项，构建系统完备、科学规范、运行有效的制度体系；中国共产党人在对我国的国家制度和治理体系保持足够自信的同时，要本着解放思想、实事求是的原则，坚持改革创新，努力把国家制度和国家治理体系的优势全面转化为现实的治理效能。

因此，讨论国家治理中的政治传播的问题，必须落脚于中国经验的分析。应该说，无论是治理理想的初心化，还是治理权力的信息化，抑或是治理制度的效能化，中国已经给全球提供了一种可共享的、具有人类命运共同体之高度和广度的智慧。现在，中国又把国家治理体系和治理能力现代化纳入中国式现代化的框架之中，可以预见，其必将取得更加辉煌的成就。

当然，新中国成立毕竟还不到百年，中国的自觉的国家治理现代化的进程则时间更短，尤其在百年未有之大变局下，遇到的困难还很大很多，需要以坚定的信念砥砺前行。这其中，尤其突出的短板是，我们的政治传播与我们所取得的国家治理体系和治理能力现代化的成就还不匹配，我们更要着力于政治传播观念的革新和机制的创新。

第九章

政治传播形态

当我们完成政治传播主体、政治传播内容、政治传播渠道、政治传播话语、政治传播客体、政治传播效应这样一个完整的活动论考察之后，还需要进一步回过头来，整体性考察一下政治传播的形态。对这种形态的考察，必然是对前面所有各个环节的一种贯通或者整合。这里依据我们对政治传播的界定，把政治传播的形态划分为三种：政治宣传、政治沟通、政治营销①。这三种形态既是一种经验归纳，也是一种价值规范；既是一种历史总结，也是一种逻辑抽象；既是一种理论展现，也是一种实践过程。

第一节 政治宣传

无论生活在民主政治的社会里，还是生活在专制政治的社会里，无论是人类辉煌或黑暗的政治历史，还是人类愈来愈文明的政治现实，民众最不陌生的是宣传或者政治宣传。我们是把宣传作为一种政治传播的形态之一来看待的，或者说，我们这里对宣传的考察，主要侧重于从政治传播角度来进行。

一、宣传：原始的内涵

关于宣传，已经没有必要退回到所谓中国古代或者西方宗教传播的源头来解释它了。可以说，自从出现“宣传”之后，经历“虚幻的宗教传播”“虚假的意识形态教化”“可怕的鼓动技巧操纵”等等历史实践过程，它一直在被妖魔化，直至今天，它已经几乎是名声不佳的贬义词了。看看比较有代表性的《布莱克维尔政治学百科全书》是怎样来界定“宣传”的：

① 狭义的政治传播概念，正好是相对于政治宣传、政治公关、政治营销的，广义的政治传播才能包括政治宣传、政治沟通、政治营销等。我们对政治传播的定义、论证自始至终采用的都是广义的政治传播。

为按照既定方向改变有关居民的态度及行为而对各种象征性符号（包括词语、口号、标记、音乐和视觉图像）所进行的精心操纵。这一术语现已具有贬义，而常见的是使用诸如劝说、倡导和政治广告等一类较为中性的表述来指明有目的的政治沟通。列宁曾使这一术语风行一时，他为宣传所下的定义是，为影响受过教育的人们而推理性地使用论据；同时又保留了“鼓动”的概念专指向未受过教育的大众进行感性的号召。

对于宣传的系统性研究起步于第一次世界大战之后。由于纳粹和法西斯主义的兴起，研究又有了长足的发展。在第二次世界大战期间以及冷战的最初几年，西方盟国的反宣传努力以“心理战”之名而广为人知。那些不正当的宣传包括有“黑色宣传”——在这种宣传中，传播的来源被认为是虚假的；“灰色宣传”——其传播来源模棱两可；“反向信息”——由合法的新闻渠道所传播的不准确的报道。目前，国际宣传得以进行的主要方式有“文化外交”、国家性“信息”服务以及国营无线电节目，还有那类重申对某人的教育便是对另一人的宣传之格言的活动。

关于宣传的早期研究导致了有关精确的内容分析法的发展，以及解释专制社会内伊索寓言式沟通的技巧。更近一些的著作则主要集中于分析人们态度变化的心理动因、大众传播媒介在竞选运动中以及在决定公众政治的议事日程方面的影响。随着居民人口对大众传播的反应日趋繁杂，宣传的技艺也不得不变得越来越精巧微妙，以避免带有“宣传”的色彩。①

其实，一旦我们逐一剥去缠裹在宣传身上的妖魔化外衣，我们会发现宣传就是宣传，就是一种信息流动的渠道、方式和形态。顾名思义，政治宣传就是政治系统里的政治信息的渠道、方式和形态。从什么动机来宣传、借助宣传来传递什么、宣传达到了什么样的目的和造成了什么样的实际后果、我们该怎样认识和掌握宣传等等，都不应该被规定在宣传的定义之内，最多只是一种关于“宣传”的认识，关于宣传的“宣传”。正像我现在关于宣传讲的这些话，也是我关于宣传的认识或“宣传”，与宣传本身是什么似乎无关要紧。理解这一问题的关键在于：把宣传的理念和理论与有关宣传的实践相对区别开来。宣传的许多恶名与人类政治实践中许多恶的实践有密切的关系。

稍稍对宣传的思想观念渊源作一考察就可以知晓，宣传是现代性的产物，中国古代的所谓宣传只是一种教化而已，西方也是到了第一次世界大战才有所谓的宣传一说。当代法国哲学家雅克·埃吕尔在1962年出版的学术著作《宣传：塑造态度》② 中以超越意识形态的全新视角呼吁：要研究宣传，首先要去除两个陈见。第一，宣传是罪恶的。他认为学术研究要悬置伦理判断，不要带着偏见去观察宣传现象。第二，宣传就是谎言。二战中反宣传所形成的刻板印象让人们相信宣传就是撒弥天大谎。现代宣传越来越多地

---

① 米勒，波格丹诺．布莱克维尔政治学百科全书．邓正来，译．北京：中国政法大学出版社，1992：607.

② 埃吕尔关于宣传的研究在学界产生了极大的影响。美国学者兰德尔·彼特沃克关于纳粹德国与民主德国时期的宣传活动研究一书《弯曲的脊梁》，对于宣传的界定就是建立在埃吕尔的思想基础上的。参见：彼特沃克．弯曲的脊梁．张洪，译．上海：上海三联书店，2012；我国青年学者刘海龙博士在其博士论文《宣传：观念、话语及其正当化》中，比较详尽地介绍了雅克·埃吕尔的学术观点。参见：刘海龙．宣传：观念、话语及其正当化．北京：中国大百科全书出版社，2013.

以信息或事实的形式出现。埃吕尔把宣传界定为：

> 由有组织的群体所使用的一系列手段，其目的是通过心理操纵，使大众中的个体达到心理上的统一，令其团结在一起，积极地或被动地参与该群体的行动。①

埃吕尔认为宣传是一个社会现象，不要把宣传与特定国家或某种意识形态联系在一起。他把宣传看作和现代化相伴而生的必然现象。正如他在另一本《技术社会》中强调的那样，现代化把效率放在第一位，对终极价值缺乏关心，必然导致宣传盛行。因此，宣传并不是只在特定国家或制度中才盛行，伴随着现代化的普及，宣传变得无处不在。不仅传统的战争宣传、政治宣传是它的表现，现代的广告、公关，甚至教育、文化中都渗透着宣传。

埃吕尔认为，随着现代化和民主化的实现，传统的人与人之间的紧密的联系被打破，出现了两个既相矛盾又内在统一的现象——个体化社会与大众社会同时出现。传统社会的成员被原子化了之后，成为一群彼此之间缺乏内在联系的大众。个体化的社会成员必须以大众的形式结合在一起，大众则是被个体化了的成员的集合。大众社会的主体是普通人，这些人具备基本的文化素养但缺乏批判能力。在埃吕尔看来，最容易受宣传影响的恰恰是自以为有文化的人。现代的基本教育为宣传制造了最合适的受众。他们具有超出自己实际能力的优越感，自认为与宣传绝缘。殊不知任何宣传都要以一定的教育作为前提。具备了基本"常识"或文化前提的人，才是宣传的最佳受众。具有一定文化的人还会因优越感而产生不切实际的自我评估，以为可以在一切问题上形成自己的见解。但是由于能力不逮，只得匆忙地从给出简单结论的宣传中寻找答案，所以他们最易受宣传影响。

导致宣传兴起的另一个原因是现代政治过程中"软控制"取代强制命令。民主制度下国家的主要政策取决于民意，市场也把消费者的意向作为最重要的营销目标。传播技术的发展，媒体传播效率不断增加，企业的兼并集中，这些条件为宣传奠定了良好的基础。因此，现代化使宣传成为任何国家也无法摆脱的一般社会现象。不论是资本主义国家的还是社会主义国家的宣传，都具有许多共性。

埃吕尔认为，所有带倾向性的讯息，不论是有意的还是无意的，都是宣传。他发现，20世纪后半叶的宣传与之前的宣传存在本质的区别。他认为，当前的宣传是"总体宣传"，它不仅是为了实现某个当下的目标，由宣传者进行的短期动员，而且是一个涉及全部社会成员、综合使用所有媒介，涉及政治、经济、文化教育各个领域的社会宣传工程。埃吕尔把宣传分成鼓动宣传和整合宣传。鼓动宣传是短期的，主要激起人们的感情，造成立即的行为。整合宣传出现于20世纪，它是一种制造一致和服从的宣传。当今社会已经无法有效地实现短期的政治动员，所以为了达到目的，必须使整个社会成为一个整体，形成一致的行为模式和思维方式。和鼓动宣传诉诸感性不同，整合宣传诉诸理性，让个体接受既有的价值观、意识形态，与周围人保持一致，它使用神话、民族意识、常识、习惯、意识形态等形式，通过群体的约束使个人接受某种宣传。整合宣传是一项长期的工程，不一定以说服传播的形式出现，更多的是通过教育、消费、通俗文化、日常生活

① 刘海龙. 宣传：观念、话语及其正当化. 北京：中国大百科全书出版社，2013：304.

等逐渐形成。埃吕尔把宣传研究的眼光从经验研究的局部扩大到整个社会，对之后的新的宣传观念产生了难以低估的影响[①]。

20世纪八九十年代以来，一些学者坚持认为“宣传”概念不应随着冷战的结束而被束之高阁，它对于理解现代社会的信息传播仍然非常有用。他们力图融合经验研究的成果和批判学派的结论，将宣传概念进一步科学化，去除其意识形态色彩。比如，乔威特和奥唐纳提出了一个经常被引用的定义：宣传就是有意地、系统地影响感知、操纵认知和引导行为，进一步强化符合宣传者目的的某种反应。英国的宣传研究专家菲利浦·泰勒则把宣传看成中性的传播手段，它的伦理问题并不来自宣传本身，而是来自使用宣传的动机和目的。他把宣传定义为一种有意图的对宣传者有利的传播方式[②]。

中国学界对宣传的研究历史更为悠久和丰富。由于政治体制的独特性，中国对宣传的研究主要是从政治的角度进行的，这种研究一直占据着新闻传播研究领域的主流地位。1982年王中发表《论宣传》一文，提出了“宣传是一种客观现象，是政党活动的基本内容之一”[③] 的论断。之后的1989年，李良荣主编的《宣传学导论》[④]、刘李胜等主编的《政治宣传学》[⑤] 以及刘海龙著述的《宣传：观念、话语及其正当化》[⑥] 出版。这些著作将党在宣传实践中的经验进行抽象和总结，对宣传在社会主义中国的特殊作用、社会舆论、政党宣传等问题展开了系统性、学理性的探讨。他们所做的学术工作，可以说是为被西方学术界严重污名化的“宣传”和“政治宣传”正名。无论是从宣传的学理性推展上看，还是从宣传所经历的实践过程来看，宣传在本质上、在主体属性上可以说就是政治宣传。这本教材也是在政治宣传的语境中讨论宣传的。

二、政治宣传的构成要素

可以说，宣传从它一产生就是政治宣传。至于所谓的军事宣传、文艺宣传等，无非就是政治宣传在军事领域和文化领域的具体应用而已。在研究中，有一种观点认为：“可以肯定的是，宣传离不开国际传播系统的运用，它既是政治现象，又是文化现象。宣传的政治意图十分明显，但它也包含着文化含义。宣传试图控制人们认知、了解和解释事件的途径，并以其他的‘辩论范围’加以取代。宣传者希望人们能从他们宣传的角度来了解事情：像他们定义的那样理解失败和胜利，以他们的方式来定义事物的正确性。符号、画像、言语、定义等知晓事情的方式，都是宣传者武器库中可以运用的伎俩。成功的宣传可以影响人们的认知。因此，宣传的影响涉及政治和文化两个方面。”[⑦] 在我们看

---

① 埃吕尔关于宣传的著作出版之后，实际上关于宣传就出现了“狭义宣传”与“广义宣传”、“传统宣传”与“现代宣传”、“旧宣传”与“新宣传”、“单一宣传”与“整体宣传”（“一体化宣传”）的思想划分。这里对埃吕尔观点的翻译、介绍，参见：刘海龙．宣传：观念、话语及其正当化．北京：中国大百科全书出版社，2013：306.

② 刘海龙．宣传：观念、话语及其正当化．北京：中国大百科全书出版社，2013：306.

③ 王中．论宣传．新闻大学，1982（3）.

④ 李良荣．宣传学导论．福州：福建人民出版社，1989.

⑤ 刘李胜，时永松．政治宣传学．武汉：湖北人民出版社，1993.

⑥ 刘海龙．宣传：观念、话语及其正当化．北京：中国大百科全书出版社，2013.

⑦ 福特纳．国际传播：“地球都市”的历史、冲突与控制．刘利群，译．北京：华夏出版社，2000：96-97.

来，这种观点并不能表明宣传在政治本性之外还有一个文化本性，更不能把文化属性与政治属性并列在宣传的定义之中。要说什么宣传的文化功能，也是作为一种政治宣传的文化功能。

那么，作为政治传播形态之一的政治宣传由哪些基本要素构成？这里的基本要素不是展现政治宣传的实现过程，学界关于政治宣传的很多所谓的“要素”只是一种环境要素或者过程要素，并不是政治宣传本身的构成要素。

第一，明确的宣传主体。政治宣传作为政治传播的形态，从理论上讲，所有政治传播的主体均可以被看作是政治宣传的主体。但是，政治宣传毕竟是对政治传播的进一步的规定，因此，政治宣传的主体即宣传者必然不能与政治传播主体完全等同。在本书的第三章“政治传播主体”里，我们认为政治传播有“国家（政府）”“政党”“个体”三个层次或形态的主体。那么，对于政治宣传而言，主要的宣传者恐怕还是政党和政府的政治组织，可以简化为“组织”。“组织”相对于“个人”而言，在政治宣传中，由于其对政治资源的特别要求，个人很难成为“宣传主体”。这里，要辩证分析一下政治宣传主体中的组织与个人的关系。毫无疑问，宣传者可以是人，人以个体形态而存在，因此，政治宣传的现实情况是，大量存在着个人形态的“宣传员”。但是，还不能笼统地说“宣传员”就是“宣传主体”。由于政治宣传的“有动机、有计划、有目的”的政治性特质，作为个人的宣传员无法在特定政治中产生“政治动机、计划和目的”，或者说无法是“政治动机、计划和目的”的“元产生者”，所以，宣传员在政治宣传中只是“宣传主体”的载体而已。

这种观点当然不会被完全认同。正如前面所述，有人十分强调宣传的文化本性一样，一些宣传的文化取向的研究者提出，除了这些外在的说服动员活动之外，作为一种意识形态，宣传也可以无影无形却无处不在。这一宣传概念既吸取了福柯式权力的弥散特征，又借鉴了葛兰西的“意识形态领导权”或者“霸权”的特征。这种观点认为，宣传所提倡的认知结构和对世界的认识，建立在普通人心理的某种共同结构和常识之上，因此，每个人都是潜在的宣传者。有人称之为“没有宣传者的宣传”，甚至有学者认为一切传播活动皆宣传①。

第二，自觉的政治意图。政治宣传之所以不同于一般的政治传播就在于其有明确而自觉的政治意图。这种自觉性在于：其一，宣传者在宣传活动之前就根据自身的政治利益已经形成了自觉的思想、观念和理论；其二，设想了通过宣传而达到符合自己这种自觉要求的政治目的；其三，这种政治意图的产生只是从宣传者自身的立场和利益考虑，还无法做到同时从被宣传对象的立场和利益考虑。

早年的研究者十分强调政治宣传的“意图”，比如，乔威特等提出著名的宣传定义是：“有计划地、系统地建构感知、操纵认知和指导行为，进一步强化符合宣传者目的的某种反应。”② 乔威特和奥唐内尔甚至把宣传与说服作了区分，他们认为说服要考虑受传者的利益，而宣传不会。英国的宣传研究专家菲利浦·泰勒也持同样的看法，认为宣传

① 刘海龙. 宣传：观念、话语及其正当化. 北京：中国大百科全书出版社，2013：33.

② 同①34.

就是“有意图地说服人们按照理想的方式思考和行动”①。

但是，犹如对宣传者的认识存在分歧一样，到现在为止，很多人主张把宣传去政治而“社会化”或者“文化化”，不承认或者不愿意刻意强调政治宣传的“意图”。我们承认现代政治中，政治宣传的意图更加隐蔽，手段更加高明，但是，不承认自觉明确的政治意图的消失。否则，宣传将不是宣传，宣传将不复存在。实际的情况是，现代政治中，传统的宣传已经或者正在“转型”，转换成政治传播的第二种形态——政治沟通等。

第三，系统的组织机构。政治宣传由于其宣传主体对政治权力资源的拥有，一般都有系统的组织结构。系统的组织机构尽力保证着政治宣传意图的实现以及宣传内容的上通下达。这一点无论是在怎样的政治体制中都一样。但在专制的或者威权政治体制中更为明显和突出。

第四，宽泛的宣传受众。我们在第七章“政治传播受众”中，没有排除作为个人形态的受众。这种分析显然比较侧重于对政治传播客体政治性质的分析。对于政治宣传而言，由于宣传主体是各种政治组织，因而，宣传的对象虽然也讲究一定的“特定性”，但是，很少针对什么个人作出细分。一般来说，政治宣传的对象总是具有某种政治性质的群体，比如，政党对其党员，国家对其国民。

但是，这里面也要正确认识个体和群体的辩证关系。正如埃吕尔所认为的：尽管宣传的主要对象是群体而非个体，但是成功的宣传体制却是建立在个体的某些普遍特征之上。首先个人不再以传统共同体的方式存在，而以个人主义的孤立状态存在。个体之间的链条非常微弱，大众媒体在群体联系中扮演着重要角色。个人既想保持个性独立，又想与他人保持一致；既感觉自己微不足道，无力改变什么，同时又被教育和媒体煽动，不愿意接受现状，努力使自己的生命具有意义。这些矛盾使个人产生心理焦虑，宣传所提供的幻想或仇恨成为个人发泄焦虑的最佳渠道，让他们以为只要解决眼前的这个问题，一切不如意就会迎刃而解。此外，现代民主制度和商业制度要求个体不断地在众多选择中作出决策，由于时间、信息资源和能力限制，普通人在面对这些选项时常常感到力不从心。而宣传则因为随处可得，答案简单，黑白分明，为个人提供了一把打开这些心结的万能钥匙②。

三、政治宣传与政治动员

政治现实中，政治动员与政治宣传二者密不可分，政治动员通过政治宣传而实现并贯穿在政治宣传中，政治宣传通过政治动员而实现并贯穿在政治动员之中。你中有我，我中有你。我们这里把政治动员作为一种机制来讨论。政治宣传中有些“手段”的惯常使用，几乎成为一种“机制”。比如，前面所讲的“操纵”就可以被看作是政治宣传的一种机制了。不过，机制更强调一种动态和有机的过程。就此而言，政治宣传最突出的机制就是通过政治动员（号召、鼓动）而实现。

---

① 刘海龙. 宣传：观念、话语及其正当化. 北京：中国大百科全书出版社，2013：34.

② 同①40.

政治动员“主要用于描述政治权威对公众行为的某种诱导或操纵。之所以实施这种诱导或操纵，通常是为了达到某一特定的政治目标。政治动员与政治参与都是典型的政治行为，但政治动员的行动路线是自上而下的，而政治参与的行为方式则是自下而上的”①。“自上而下”抓住了政治动员的本质。

政治动员是古往今来人类政治中特别是政治宣传中普遍的现象②。当然，在不同的政治体制中，政治动员会有一些不同的条件和规定，整体说来可分为以下几种类型。

（1）“竞选动员”与“群众运动”。这是以政治动员的政治生态为标准的一组类型确认。有的政体中政治动员的概念用的是“竞选动员”，有的政体的政治动员的概念用的则是“群众运动”。竞选动员是代议政体下政党竞选过程中的政治动员，其目标是赢取政治选票，政治精英和选民之间完成政治互惠交易，这类政治动员目标明确，运作相对成熟，并且带来现代民主政治过程和技术知识的增长。群众运动是按照“先进阶级”代表制的政治理论确定的政体下政治动员的形式，在这种的政体下，政治动员的目的在于动员群众认同特定的政治目标。

（2）“常规动员”与“逆境动员”。如果按照政策形成和执行的情景来划分，则有常规状态下的政治动员和应急状态下的政治动员。国外学者叶海卡·德罗尔曾构建政策制定的三种情境模型：繁荣时期的政策制定、困境下的政策制定和严重危机下的政策制定。在不确定性增加的现代社会中，德罗尔进一步把普遍存在的社会紧张状态抽象为“逆境”。他认为，逆境中的政策制定是政策科学研究的主要对象，因为逆境最容易暴露统治方式和政策制定的缺陷③。逆境中政府治理危机的动员易于达成行动一致性，不仅可以超越常规程序，而且直接缩短执行动员的距离。

（3）“政府动员”与“组织动员”。如果按照动员主体来划分，政治动员可以分为国家权威的政治动员和社会组织的政治动员。在现代政治社会学研究中，政治动员也用来分析政府当局治理公共事务的行为。地方治理中涉及社区安全、公共交通、环境保护计划和废弃物处理等公共问题的解决过程，需要借助政府动员的方式向公民群体表达政府的政策意图和选择的执行方式，引起公民群体回应和积极介入。而由社团为实现特定公共价值而发动的动员，则构成组织动员，组织动员具有明显的公益追求，甚至比政府动员形式更丰富，回应效能更显著。随着现代社会交往技术的进步尤其是互联网的出现，网民的“个人动员”及其产生的聚合效应正成为一种新的政治动员形式。

四、政治宣传中的议题构建

议题构建，在传播学中被纳入议程设置，即属于议程设置中的“核心命题”或“话题”或“主题”。正像议程设置讨论哪些“话题”该被列入“议程”，议题构建则深入到

① 张凤阳．政治哲学关键词．南京：江苏人民出版社，2006：296．

② 这里涉及政治动员与政治宣传的关系。政治现实中，二者密不可分，政治动员通过政治宣传而实现并贯穿在政治宣传中；政治宣传通过政治动员而实现并贯穿在政治动员之中。你中有我，我中有你。这里仅讨论政治宣传中作为一种机制的政治动员。

③ 德罗尔．逆境中的政策制定．王满传，尹宝虎，张萍，译．上海：上海远东出版社，1995：4．

被列入的“话题”是如何形成的。放置到政治宣传中，就是围绕何种“主题”展开宣传活动，以及这种“主题”是怎样确定的。

我国学者李永刚在论证政治动员的内在机制时，使用了“议题构建”与“认同聚合”两个主变量以及“质料”与“形式”两个次变量。我认为，这两个“主变量”已经超越政治动员，恰恰可以用来说明政治宣传的机制。

在政治动员的议题构建中，议题的“质料”和“形式”影响政治动员的操作方式和实现程度。“质料”一般涉及共同体某个真实的公共问题，任何一个重大的影响政治秩序和社会秩序的社会问题，都有可能成为政治动员中议题构建的“质料”。如果缺乏与动员议题有关的事实“质料”，政治动员的运作便失去了“旗帜”。然而，仅有“质料”也只能局限于理性的表白，对获得公众积极有效支持而言，这最多是必要条件。因此，除“质料”之外，“形式”在动员中自然具有举足轻重的地位。一个成熟的政治共同体，总是有着明确稳定的政体和作为政体延伸的权力文化网络，政治动员议题构建中的“形式”主要依赖共同体的权力文化网络。政治精英在动员议题构建时，往往利用权力文化网络中的资源，将动员议题象征化、仪式化、符号化，以隐喻方式对动员进行表达。在各种类型的政治动员中，都可以看到政治精英对动员议题“形式”的追求。这些精英犹如表现力十足的艺术家，善于凭借“符号编码”，“施魅”于公众的注意力，操控公众的想象力，令公众情绪高昂、热血沸腾。

在民主政体下，政治动员议题构建中“质料”与“形式”的契合，较为典型地体现在政党竞选动员中。按照民主治理理论的解释，由于政党执政竞争中多数票制的“选举铁律”的存在，竞争性政党制度获得了对国家与社会关系进行渐进调整、维持其持续均衡的功能。因此，政党执政竞争中各自公共政策的诉求，不仅需要针对潜在选民提出一个利益倾向明确的政策问题，还要在竞选中“象征化”各自提出的政策问题，达到动员选民、完成投票的最终目的。

如果说上述民主政体下竞选动员议题主要围绕世俗性的具体利益进行构建，那么，追求宏大历史目标或民族主义战略，则成为威权政体下政治动员议题建构的总体特征。

按照阿伦特的说法，威权政体的特征在于不断地“运动”：

> 必须不断地运动并把周围的一切都卷入到运动中来，只有这样才能使自己维持下去。[①]

从构建动员议题的“质料”角度来看，威权国家在这方面有两个显著特点：首先，动员议题选择往往放在提高政党维持政权秩序和促进经济增长的能力上；其次，建构议题时往往并不考虑合法性问题，而由国家单方面强硬设定后动员群众参与。因为在“独裁-技术-动员”发展战略制约下，“人民是被动员来执行党的精英人物已经制订好了的政策，而不是参与制订政策”[②]。一般来说，当议题的合法性比较低时，议题“形式”的构建会得到加倍重视，否则无法在动员中取得优势地位，掌控群众资源，使其为远大目标

---

① 川崎修. 阿伦特：公共性的复权. 斯日，译. 石家庄：河北人民出版社，2002：136.

② 阿尔蒙德，小鲍威尔. 比较政治学：体系、过程和政策. 曹沛霖，郑世平，公婷，等译. 上海：上海译文出版社，1987：446.

作出贡献。

威权政体下，政治动员中议题的“形式”构建，常常包括宣传鼓动、受训控制、典型示范、组织控制、蒙蔽性诱导等，但这些形式往往以独创性的象征符号提供给群众。

就动员中象征符号资源的利用而言，威权政体中执政党的精英群体形成了一些惯常的行为：第一，“圣化”动员议题。威权政治国家受环境压力，被迫主要依靠各种象征回应挑战。通常使用的办法是夺取神圣象征的控制权，并用于达到控制的目的，执政党一条强有力的原则就是决心要发展一个强大的纯粹的神圣象征系统。这样的占统治地位的象征体系，大多是统治集团创造的意识形态。不管具体的政治动员试图达到什么目的，动员议题都一定要从神话般的意识形态中套取象征资源，从而将动员议题神圣化。第二，制造偶像崇拜。缺乏充分的合法性是威权政治体系中的政治动员的致命弱点，政治运动首先给群众带来的是诸多的不确定性和恐惧。但即使在一个不能稳定运行的政治制度下，这个国家里出生的人们还是会把他们的一些爱和希望投向某种共同的象征：共同的使命、共同的英雄、共同的名称①。为了使群众断绝怯弱、消除顾虑、缩短心理距离，执政党的精英总是通过树立“英雄模范”人物，制造满足心理投射需要的偶像，达到蒙蔽性说服、诱导普通群众的结果。第三，强化舆论管制。垂直维度和水平维度是政治体系交流的两个基本途径，如果说组织机构是前者的媒介，那么水平维度交流的媒介则是大众舆论。威权政体掌控象征资源的最基本方式，就是禁锢、限制对核心象征存在潜在破坏的大众舆论。压制表达自由和操纵舆论的结果，就是要保护对象征的垄断权。通过长期的舆论禁锢，执政党的精英们看到的是“知识分子的舆论倾向于僵化和教条，而来自社会底层的舆论则更顺从于政治经验作出修正，以及政治领袖的指示”②。对舆论的操纵，不仅使得大众只能接受核心象征并转化为集体记忆，而且对象征的深刻记忆也能降低政治动员的成本。

五、政治宣传中的认同聚合

有学者提出，认同聚合是“指许多不同组织的人集结在一起所发生的共同行为”③。这个定义多少有些“偏”，因为认同聚合无法是一种“行为”，其实是一种思想聚集的“状态”，即是一种精神状态而不是实际行动。

聚合行为的形成过程一般有五个阶段：聚焦、第一次冲动、社会助长、循环感染和群体激动。按照理性制度主义的解释，动员中认同聚合行为受权威、说服和交易三种机制的影响。权威机制实质上作用于大众的社会态度，每一种正常运行的政体的权威秩序都是最重要的政策执行资源，服从权威是大众的基本社会态度。说服机制侧重理性说理，但并不等同于对“理性无知”的大众给予启蒙。说服体现出双方的互惠性，这是一般交流的特征。认同聚合的复杂性，决定了这三种实现机制常常需要合理排序，共同发生作用。越是大规模的政治动员，认同聚合的不同机制之间的交织越紧密。需要强调的是，

① 拉斯韦尔. 政治学：谁得到什么？何时和如何得到？. 杨昌裕，译. 北京：商务印书馆，1992：138.
② 西瑟. 自由民主与政治学. 竺乾威，译. 上海：上海人民出版社，1998：190.
③ 张凤阳. 政治哲学关键词. 南京：江苏人民出版社，2006：305.

不同政体下公众的认同聚合，也具有各自的独特性。

如果说在民主政体下，公众对动员议题的认同聚合具有较高的自主性和利益的讨价还价色彩，那么，忠诚、服从和被道德化的象征感染，则是威权政体中群众认同聚合的主要原因。

（1）压力体制下官员群体的认同聚合。压力型制度结构的核心是自上而下的政党科层，这是执行领袖动员-号召的直接行动圈。一党集权的权力体制对大小官员形成的全景式科层监控，以及环绕领袖崇拜的集体规训，紧紧钳束住官员的意志和行为。忠诚权力核心指令和来自晋升竞争的相互监视，迫使科层网络中的官员在政治动员中去尽力完成动员的落实。因此，动员的认同聚合首先是在科层官员群中完成的。

（2）压力体制下普通民众的认同聚合。民众运动是威权政体下政治动员的最终目标。与官员群体一样。动员中普通民众的认同聚合也是政治压力的结果。一般而言，尽管在逻辑上不排除威权国家在议题建构中施惠于大众，但高义务低权利的制度模式，几乎排除了在动员中威权国家与大众之间存在利益交易的可能。动员过程与其说体现的是利益交易，不如说这是政治领袖的价值征服普通民众的价值的零和博弈过程。

威权政体下民众的认同聚合具有双重效应。统治集团暂时获得了革命或激进发展所需要的资源配置模式；大众则为免于身份剥夺带来的边缘化、异质化的恐惧，极不情愿地接受了政府的发展战略和政策。高度压力体制下的政党-民众交往规则，决定了双方只能按照非公开原则展开博弈，民众往往违心地参与政治，最多也只是寻找各种理由消极抵抗。这种政治体制中的政治动员，其效果往往是“短暂”的。马克思当年曾说过法国大革命是依靠动员的热烈而短暂的场景：

> 18世纪的革命，总是突飞猛进，接连不断地取得胜利的；革命的戏剧效果一个胜似一个，人和事物好像是被五彩缤纷的火光所照耀，每天都充满极乐狂欢；然而这种革命为时短暂，很快就达到自己的顶点，而社会在还未学会清醒地领略其疾风暴雨时期的成果之前，一直是沉溺于长期的醉酒状态。①

威权政体中的政治宣传机制，被美国政治学者林德布洛姆归纳为三大类。第一是压服，暴力威胁下，民众不得不服从；第二是收买，以恩惠来换取民众的服从；第三是说服，即在通过教育动员，让民众内化官方的意识形态，将政府意图转化为自觉行动②。

六、政治宣传：推展政治理想的政治传播形态

在学理上可以说政治宣传是推展政治理想的政治传播形态。政治宣传最直接担当着政治的传播化和传播的政治化，因为它承载着政治与传播的双重机制。一方面，我们已经指出，政治具有现实性与理想性的双重属性，政治宣传就是用政治的未确定的理想性来引领、感召、鼓动受众，通过行动使政治的理想性不断地转化为现实。何谓理想？理想就是基于现实但又超越现实的对未来的憧憬和设想，所以理想总是尽善尽美至高至上

---

① 马克思，恩格斯．马克思恩格斯选集：第1卷．2版．北京：人民出版社，1995：588.

② 林德布洛姆．政治与市场：世界的政治-经济制度．王逸舟，译．上海：上海三联书店，1992.

的。正因如此，对于理想并不能像对现实那样“客观呈现”和“真实描述”，所以，政治宣传用理想来感召和牵引现实，就难免其中的幻想和空想成分，难免无法证实的“不实之辞”和难以成真的“幻想之景”。另一方面，从传播学角度看，政治宣传对政治理想鼓动作用的实现，同时又承载传播的“使不确定性不断地走向确定性”的“简化选择”的本质。面对茫茫未来，人们总是也必须有所选择，面对“主义”丛生的政治理想的感召，人们总是也必须择善而从。正是通过政治宣传，人们才可能实现可选可择可弃可从。就此而言，政治宣传的过程，正是一个传播内容不断“社会化”的过程，也是一个传播在社会化的过程中又不断“政治化”的过程。也正是在这个意义上，政治宣传已然是政治传播任何时候都不能弃用的基本形态。

第二节　政治沟通

当政治理想转变为政治现实的时候，政治的性质和形态就发生了根本性的变革。基于特定政治理想通过政治行动转化为现实政治的时候，政治的运行，就既需要不断发展着的新的理想的精神层面的感召，又需要维护现实政治运行的实实在在的制度安排。在政治学理论中，这种现象被解释为政治与行政的相对分离。然而，分离不是脱离，特定政治共同体中的政治与行政是“车之两轮、鸟之两翼”。也就是说，政治的运行，既需要一如既往的政治宣传，又需要切实可行的政治沟通。政治沟通在此被我们视为与政治宣传密不可分的着力于现实政治运行层面的政治传播形态。

一、政治沟通的基本含义

严格意义上讲，政治沟通是现代政治的产物。关于政治沟通的理论，是现代政治学家对人类社会政治生活领域良性运转重要基础的一种认识。20 世纪 50 年代，西方学者在研究发展中国家的现代化过程中开始注意并研究社会沟通。之后，政治学家将其引用到政治领域并开始研究政治沟通。

何谓政治沟通？《布莱克维尔政治学百科全书》是这样定义的：“赋予政治过程以结构和意义之信息和情报的流动。政治沟通不只是精英对其民众发送信息。而且还包括全社会范围内以任何方式——不论是对公共舆论的影响、对公民的政治社会化或是利益动员——影响政治的整个非正式沟通过程。”① 现在，人们对政治沟通往往从以下三种意义或三种境界上把握：

第一，把政治过程本身就看作一个政治沟通的过程，亦即把政治沟通视为一个完整的政治运行过程。这种视角是从政治沟通视角观察政治过程。比如，美国著名的政治学家多伊奇在其名著《政府的神经》中就是运用控制论和系统论的方法分析政治沟通过程，把政治系统的运行过程抽象为信息的变换和控制过程，通过分析政治沟通把握整个政治

① 米勒，波格丹诺．布莱克维尔政治学百科全书．邓正来，译．北京：中国政法大学出版社，1992：547.

运行过程。在多伊奇看来，政治系统的运作是一个组织依靠有关的环境信息进行决策，并依靠反馈回来的信息进一步调整决策的过程。政治系统要保持内在稳定和发展延续自身，就必须不断地获得并反馈所有影响政治系统运行的信息，改变自身与环境的关系以及适应过程中的各种变化。政治系统行为的调节、修正要依靠沟通，其对政治系统的作用就像神经之于生命有机体。由此，政治系统的运行过程被抽象为一个信息的变换及控制过程，信息被接受、处理的方式成为政治分析中最为重要的一个方面。在这种理论中，"一个现代的民族国家，在本质上可以被看作是一个依赖于既存在于国内事务又存在于国外关系中的信息交换的决策和控制系统"①。

第二，把政治沟通理解为宏观的政治过程中的一个领域、层面，或者具体运行方式，就是说，认为政治运行过程不仅仅是政治沟通过程。这种境界的政治沟通，仅指政治生活中"政治信息"的流动、流通、传播方式，包括自上而下、自下而上与平位交流等多种层面和方向的沟通。这种"政治沟通"理论主要研究政治态度的形成与变迁、民意构成、政治演说、竞选言行、意识形态、政治心理、大众媒介对公共舆论和竞选投票的影响，以及统治者对传媒的控制等。

第三，直接把政治沟通视为大众传媒的信息传递过程，认为大众传媒是政治沟通的主要方式和沟通管道。这种视角是认识政治沟通的"最原始"的视角，因为，最早的学者就是发现大众传媒在发展中国家现代化过程中扮演着举足轻重的角色之后，才开始研究社会沟通的。

以上三种看法的第二种和第三种，都突显了"大众媒介"在政治沟通中的重要地位和作用，可以说是"以大众媒介为中心"的政治沟通观。据此，这种政治沟通同时被认为是一种政治传播，至少可以说与政治传播交织在一起。

我们同意《布莱克维尔政治学百科全书》对政治沟通是"赋予政治过程以结构和意义之信息和情报的流动"这个基本的界说，可以最简要地理解为"政治沟通是政治信息流动的一种形态"。就是说，我们大体同意以上看法中的第二种。但是，要补充的是，我们并不认为政治沟通研究，应该主要研究"政治态度的形成与变迁"。它关注的内容要比这宽泛得多。

正是为区别于政治传播、政治宣传，学界有人主张直接用"政治流通"这个范畴来说明政治过程中的政治信息流动问题。他指出：民主政治，本质上讲的是民众和公共权力之间的互动。公共权力来源于民众，公共权力的运行以民众的授权为依据，运行的过程要受民众的评判和检验，运行的结果要得到民众的基本认同，而后才能正常地进入下一个运程。而且，公共权力往往从公众的评判中获得反馈，并据此调整权力运行中的偏差，以保持和提高自身的合法性。可见，民主政治就是一个民众和公共权力之间彼此互动的系统。这种互动，是由无数信息流构成的。民众表达自己的利益，实际上就是向公共权力提供诉求信息；公共权力根据民众的诉求进行决策，实际上就是汇集、综合信息并作出应对的过程；决策之后的执行，实际上就是把决策信息传递到执行部门，由它们把这些信息转变为行政行为；决策结果的反馈，就是对民众关于决策执行结果评价信息的收

---

① 俞可平. 权利政治与公益政治. 北京：社会科学文献出版社，2003：62.

集；政策调整，就是把公众的评价信息添加到再决策的过程中，获得一个经过修正的、更加准确的决策；对公共权力的监督，就是让公共权力在众目睽睽之下运行，使公众始终有途径和机会对权力的不当使用发出警告信息。

所以，有研究者认为："从运行的角度看，民主政治就是各种与政治有关的信息在一个政治共同体内流通的过程。我们把这种现象叫作政治流通。政治流通在英文中有相应的概念：'political communication'。但这个词组或被译为'政治传播'，或被译为'政治通信'，均不够准确。'政治通信'往往会使人有不知所云之感，不合国人的运用习惯。'政治传播'则使主体的作用显得过分夸张，'互动'性质易受误解。因为政治流通中的主体，绝不仅仅是传播者一种身份，同时更是接受传播者。权衡各个因素，我们认为，'政治流通'的概念更能体现政治信息流动的特点。而我们平常所讲的政治沟通，其实是执政者因应政治流通的需要疏通信息渠道、促进政治互动的行为，是执政者对政治流通客观现象的主观应对。"①

很显然，"政治流通"这个范畴，设想了一个理想化的"民主政治过程"，试图克服这种"民主政治过程"中像政治宣传那样的强烈的"主体性"，力图想把政治传播描述成一个"平等的""民主的"过程。其动机是良好的。但是，这个范畴，却恰恰使政治传播失去了它的真实性，抹杀了政治传播中的"主体性"以及相应的主客之分，使其中最关键的"政治信息"失去了源头，成为一种"无源之水"。这个范畴解释不了"流动的政治信息从何而来?"这个政治传播中最关键的命题，因此，它对政治传播便失去了根本的解释力。

二、政治沟通的基本机制

政治沟通的本质在于"沟"与"通"。"沟"意味着沟通者的主动（"沟"了还是没"沟"），"通"意味着接受者的反应（"通"了还是没"通"），因此，政治沟通的机制主要在于沟通主体与沟通对象之间的政治信息流动的反馈机制。

多伊奇把"反馈"定义为"一种产生信息输入反应行为的沟通网络，它包括这个沟通网络自身作用于这种新信息的全部结果，它依靠这种新输入的信息来修正其随后的行为"②。另一位著名政治沟通分析家理查德·斯奈德认为，这里的反馈"指的是返回到系统的有关该系统行为或状态的信息"③。不难发现，他们两人实际上说的是一回事，即反馈就是送回有关上次输出之结果的真实信息，并对下次再输出产生影响的过程。

反馈又可分为正反馈、负反馈、扩大的反馈和目标变化的反馈。

第一，正反馈。正反馈指的是反馈人系统的信息仅仅触发加剧原始行动的行为，也就是给定信息和反馈信息之间的差异倾向于加剧系统正在进行的偏离目标的行为。正反馈的结果不是一种调节过程，而是一种上升的螺旋反应。因此，政治系统中的正反馈过程能够导致决策系统的崩溃。

---

① 王长江. 政党论. 北京：人民出版社，2009：237-238.

②③ 俞可平. 权利政治与公益政治. 北京：社会科学文献出版社，2003：63.

第二，负反馈。负反馈就是给定信息与反馈信息之间的差异倾向于减少偏离系统目标的反馈过程，通过负反馈过程，反馈系统的有关决策及其实施后果的信息就能促使系统的行为朝着目标达成的方向变动。因此，在政治控制系统中，一般是用负反馈来调节和控制整个系统行为的。

第三，扩大的反馈。扩大的反馈就是对反馈信息（真实信息）的放大。如果对正反馈信息进行扩大，那么，这种扩大的反馈常常导致对政治系统的不良影响。

第四，目标变化的反馈。目标变化的反馈，即是反映政治系统目标变化的信息反馈。政治系统有其战术性目标和战略性目标，战术性目标是经常变化的，战略性目标也会发生变化，政治系统必须随时拥有目标变化的信息，以维持其平衡①。

任何政治系统中的政治沟通都是具有单通道、双通道和多通道的沟通网络。这种网络通过以上的种种反馈机制实现政治信息的良性循环。政治沟通重在强调“通”，即政治信息是否畅通无阻，是否得到了及时而不遗漏的反馈。因此，政治沟通具有“量”和“质”的规定性。所谓“量”是指应该进入沟通的政治信息是否真实而完满；所谓“质”是指通过“沟”是否“通”，即有无真实而完满的反馈，以及这种反馈是否对政治决策产生了积极的影响。

在现代政治中，尤其是在民主政治中，民意测验在政治沟通反馈机制中的作用越来越重要。所谓民意测验是指用具有代表性的样本来测量公众态度的任何做法。作为一种统计分析的技术，民意测验本身是中性的。由于它通过一整套客观化程序，真实反映民意原貌、精确把握民意特点，因此对政治系统是一种政治沟通的好方法，可以借之判定公众对政治决策和政治领导的评价，检测公众政治态度的发展趋势，预测公众政治行为取向以便于政府正确决策。当然，民意的政治作用需要认真辨析，民意并非在任何情况下都是政治的向导。因为大部分民众对政治问题少有自己的意见，而是服从与现有政治体系保持一致的主流媒体，由此得到的民意与其说是“反馈”，不如说是政治领导人的意愿。同时由于大部分民众更注重短期的和与自身利益相关的问题，故民意测验所反映的态度在长远及通盘性的考虑方面也有所缺陷。此外，像罗斯金所说：“民意测验并不仅仅是对公共舆论的监测，它也可以制造公共舆论。”②

三、政治沟通与政治参与

在政治学的研究中，一般把“政治沟通”与“政治参与”对应起来讲。这种思路划分了政治过程中的“统治者与被统治者”，或者“政治精英与普通民众”，认为政治沟通重在强调以“统治者”或“政治精英”为“起点”或“发端”的政治信息流动过程，而政治参与则是重在“被统治者”或“普通民众”对政治过程的影响。“政治参与”可以被看作对政治沟通的一种“回应”。

与政治沟通主体相反，政治参与主体一般是指与政治领导集团相对应的普通民众。

---

① 俞可平．权利政治与公益政治．北京：社会科学文献出版社，2003：63.

② 罗斯金，科德，梅代罗斯，等．政治科学．林震，等译．北京：华夏出版社，2001：167.

政治参与的目的涉及政治活动的实质。亨廷顿和纳尔逊将政治参与定义为“平民试图影响政府决策的活动”①。维巴认为，政治参与的最终目的是企图影响“社会价值的权威性分配”。我国学者对政治参与的界定是：“公民及联合体为影响社会资源和利益的分配而从事的与政府决策活动有关的各种政治行为。”②

政治参与具有以下五个方面的特征：第一，社会的专业分工使政治成为一种职业，因此政治参与主体被限定为非职业政治人员。第二，由于是非职业性的活动，故政治参与具有间歇性的特点。第三，政治参与是为了影响公共资源的权威性分配，就公民个体而言，其参与目的呈多元化态势，包括获得权力、财富、心灵上的满足、荣誉，表明自己的政治态度，显示政治能力等。第四，参与主体的利益多元性和认识差异性使其选择不同的参与方式和渠道。根据不同标准可将政治参与划为若干方式：参与的主动和被动，渠道的直接和间接，方式是否合法，发起方式是组织还是自发等。第五，政治参与是公民政治思想观念的外显行为，政治兴趣、政治价值观、政治功效感、责任感、能力感以及有关政治方面的知识等观念形态借助一定的外界环境对政治参与的行为实施影响③。

与政治沟通一样，政治参与也可以从“量”和“质”两个维度来考量。所谓“量”，是指政治参与的广泛性。所谓“质”，可以通过以下两个维度来衡量。首先是政治参与的主动性与被动性。前者指公民参与影响政治过程的行为源于其自身，后者指公民受他人策动（如威胁、劝说、引诱等）而介入政治过程。其次是参与的工具性与目标性。工具性参与是指参与者把政治参与当作实现其他目标的手段，目的是促进或捍卫参与者的利益，如达到某种经济目标。参与本身并非参与者的目的，是否参与取决于对预期成本、收益的判断，以及对自己实现目标的力量的评估。目标性参与是指参与者将参与当作一种目标或至少是目标之一来追求，这类参与有助于提高参与者在道德、社会和政治等方面的觉悟，促进公共利益，因此具有发展、教育和沟通的意味。二者的区别在于参与政治主动性的程度和层次的差异，目的性比工具性的主动性程度更高，层次更深，就社会的长远发展而言，对政治生活更有意义。两类参与一般是同时存在于政治生活中的，只是所占比例有所不同。经验研究表明，多数的政治参与具有强烈的工具性特点。此外，政治参与手段的直接与间接之分，参与范围和层次（包括宏观中央决策参与、中观部门和地方决策参与、微观基层事务参与）的排列等也影响着政治参与的质量。

政治参与从某种角度看依赖于政治沟通，是作为一种积极的结果对政治沟通本身的反馈和回应。

第三节 政治营销

从政治实践上讲，政治营销是比政治宣传、政治沟通更晚一些的事情。因而，在理论上，政治营销比政治宣传、政治沟通更加体现现代政治中政治传播的本性和特征。政

① 亨廷顿，纳尔逊．难以抉择．汪晓寿，吴志华，项继权，译．北京：华夏出版社，1989：5.

② 景跃进．政治学原理．北京：中国人民大学出版社，2010：276.

③ 同②276-277.

治营销也不同程度地展现着现代政治中政治传播的未来形态。

一、政治营销的理论渊源和种种观点

据我国研究政治营销的学者赵可金考证，“政治营销”一词是美国学者斯坦利·凯里在1956年出版的《专业公关与政治权力》一书中首先提出的。在凯里看来，民主化浪潮在二战后的蓬勃兴起促进了一种新型社会权力关系的形成，政治家必须采用劝说和说服的方式，借助营销的理念和工具，才能赢得广大民众的支持。在西方的政治学语境中，与政治营销并行的还有包装政治、政治管理、促销政治、政治公关、现代政治传播等诸多概念。这些概念反映了对政治营销的实质的理解并不一致。美国营销协会在1985年给出了营销的概念，认为营销是规划和实施观念、产品和服务的概念、定价、促销和分配，进而创造令个人和机构目标满意的交换过程①。美国政治营销研究专家纽曼对政治营销的定义被认为是最全面的：

> 政治营销是由各类组织和个人将营销学的原理和程序应用于政治活动，这些程序包括候选人、政党、政府、政治游说者及利益团体，通过分析、研发、执行和管理政治战略，来影响公众观点、推广政治理想、赢得选举、颁发律法及公投认可等目的，以满足人民和社会团体的需求。②

学界现在对政治营销的定义是：“政治营销是特定政治行为主体（政治候选人、政党、政府、利益集团、说客等）在全面调查和评估政治和社会环境基础上，明确价值，定位目标，选择战略，并运用有效的营销手段与众多社会行为体进行信息沟通、理念交流和产品服务交换，以获取民众（选民）的认同和合法性支持，最终改变社会行为体的行为，进而实现其政治目标并取得政治权力或权利的活动、形式、关系和过程。政治营销有狭义和广义两种理解。狭义的政治营销就是指政治候选人和政党的竞选策略和选战过程。广义的政治营销则不仅包括政治候选人和政党开展的竞选活动，而且包括政府获取民众支持行为、利益集团游说政府改变决策行为，以及大众传媒操纵公众舆论对政府施加影响进而左右政治家行为的活动。”③ 赵可金认为，政治营销的基本意涵包含了“五个必备要素”和“四个本质特征”。五个必备要素，一是具有相互需求的平等行为主体，二是特定的政治环境约束并且存在相当大的不确定性，三是追求特定政治目标和价值定位，四是营销组合工具及其战略选择，五是信息交流、理念沟通和产品服务交换过程。四个本质特征，一是目标的政治性，二是手段的商业性，三是行为的互动性，四是运行的法治性④。

二、政治营销与民主关系的二律背反

可以看出，政治营销已经被包装得很“华丽”，某种意义上，正像我们前面批评“政

① 纽曼．营销总统．张哲馨，译．上海：上海人民出版社，2007：6-7.
② 赵可金，孙鸿．政治营销学导论．上海：复旦大学出版社，2008：32.
③ 同①8.
④ 同①9.

治传播学”一样，政治营销在被过度延伸和扩展中，正在走向一个并无固定研究对象、基本范畴、基本命题、基本原理、基本规律的“学”的误区之中。在这种追求幻想性的“学”的过程中，现在对政治营销研究的致思路径已经深深地陷入两个“二律背反”：一是与民主关系的二律背反，二是与市场关系的二律背反。

政治营销与民主关系的二律背反在于：政治营销思想“古而有之”，但是，它的成形以及作用的实际发挥却是政治民主化的产物，它有力地推进了政治民主化。与此同时，由于政治营销的作用，政治越来越专业化、精英化，甚至商业化，民主越来越通过“窄化”而“不民主化”。

从发生学的意义来看，政治营销是民主政治发展的必然产物。以往的民主理论过多地侧重于对民主价值原则和民主制度形态的研究，忽视了民主生活及其运行机制的研究。民主化是一项社会系统工程，它不仅需要在价值原则上牢固树立自由、民主、法治的政治价值观，需要设计权责关系明确且相互制约的制度规范，更需要整个社会学会民主政治的游戏规则，养成民主政治的生活方式，体验民主政治背后的价值文化。如果从民主政治运行的角度考察，以竞选为主要载体而产生的专业化的政治营销就不可避免地产生，而且随着竞争程度的日益激烈，必然成长为一个巨大的产业，这是不以任何人的意志为转移的客观规律。因此，政治营销在政治民主化的浪潮中如火如荼，人们似乎在政治营销中遵循着民主的规则，享受着民主的价值。“总结学术界的讨论和各国的实践，不难发现，凡是政治营销比较发达的地方，民主政治则非常稳定，民主制度也已经非常成熟；凡是政治营销不那么发达的地方，民主政治依然存在不少问题，民主制度也非常不完善。从某种程度上可以断言：政治营销是民主政治专业化的产物，标志着民主化进入了民主巩固的新阶段。”①

但与此同时，研究者们却惊奇地发现，政治营销严重地“蚕食”着政治民主，使民主几近成为“魔鬼”在政治生活中进行拙劣的表演。

第一，政治营销对金钱的依赖，使得民主政治沦落为金钱政治。政治献金为政治打开了特殊利益群体左右民主政治天平的方便之门，在金钱基础上建立起了当选人与捐赠者之间的“金钱-回报”关系，而非代表与选民之间的“选举-代议”关系，扭曲了代议民主理念；第二，政治营销推动了政治专业化程度，使得政治成为少数专家和精英人物垄断的事务，成为没有专业知识根本无法进入的象牙塔，广大民众参与政治的能力日益下降；第三，政治营销的趋中效应，降低了选民的参与热情，政治不再成为引发全民积极参与的民主政治，而成为少数人决定多数人政治的“沉默螺旋”；第四，政治营销对新兴信息技术的应用，创造了一个虚拟政治空间，从根本上颠覆了现代民主政治一人一票的基础；第五，政治营销引发了政治实体与政治形象的分离，广大民众面对的已经不再是政治方向的选择，而是政治形象的选择，民主政治堕落为“政治选秀”②。

三、政治营销与市场关系的二律背反

“政治”与“营销”的联姻，在于政治的“市场化”。有市场，才有所谓的“营销”，

① 赵可金，孙鸿．政治营销学导论．上海：复旦大学出版社，2008：276-277.

② 同①277-279.

这样一来，政治与市场的关系，也陷入二律背反：一方面，由于政治的市场化、商品化产生或带来了政治营销；没有政治的市场化、商品化就没有政治营销。另一方面，政治的市场化、商品化，走的是一条完全与政治的“公共性”本质要求相反的道路，政治的公共性本性必然强烈反对这种趋势。就是说，政治永远不可能完全市场化、商品化，像经济市场那样设计、营销政治，使政治与经济“合二为一”，反过来会扭曲甚至破坏政治本身。

在政治营销的研究中，依靠一种理想性的理论设想，一步步地完成了政治的市场化、商品化以及与“营销”的结合过程。

在西方，是美国学者约瑟夫·熊彼特1976年首先提出“政治市场”的概念的。他的研究认为，“政治运作过程的性质”与“商业市场交换体系”并无二致，以资本主义的生产者与消费者行为来解释民主政治的运作过程，进一步以市场模式来模拟政治制度。自此之后，商业市场交换过程（政治竞选活动过程）与生产者竞争（政党政治模式）便成为政治学研究的一个新领域。政治营销就是将政治竞选活动过程依照商品的形式，对于选民的政治行为产生作用，使选民收集各类的政治信息，从政治意识的商品化过程中塑造对商品的认同。政治营销的重要性随着新技术革命的发展和选举政治的专业化而日益加强。

政治市场化的进一步诉求是在这种市场中多种政治主体的并存并且地位平等。“政治营销隐含着两个必要前提：一是政治主体之间建立起平等（至少是在法理和形式上）关系。因为如果统治者或者统治集团拥有绝对的权力或者暴力，可以任意奴役和驱使被统治者，且此种行为并没有引起被统治者的反抗，那么政治不需要营销就可以达到目的……二是在政治事务领域确立起人民主权和民主程序的权威。政治主体之间建立平等关系并不意味着统治者必然诉诸营销政治的渠道，只有当民众认识到政治事务就是自己的事务且只有自己才能决定的事务时，换言之，只有当政治市场成为‘买方市场’的时候，营销才成为政治的重要选择。……如果上述两个必要条件尚不具备，政治营销便无从谈起。”①

市场中的“政治”要被“营销”，意味着政治必须成为“商品”，亦即政治市场中的政治商品化。研究者们考察了西方政治的发展历史，认为从近代资本主义以来，政治逐步摆脱了公共性本质转变成为一种利益政治。“利益政治颠覆了传统意义上政治是公共利益的伪装，使得政治成为对社会性价值或者公益在个人或者群体之间的权威性分配。利益政治成为赤裸裸的私利追逐，法律与制度不再具有‘公器’实质上的伦理内涵，而是社会现实利益竞争和维系的产物，政治人物就是政治领域中的‘资本家’，政治理念的推行变成了一种商品推销，政治领域也随着市场体系的发展和完善而进入商品化时代。”②

既然是商品，就意味着交换。政治营销的研究，作了如下的设想：在政治商品化的过程中，在政治领域中的政党与社会组织的互动、政治人物与选民之间的互动关系模拟于经济领域中则呈现“生产者”与“消费者”之间的交换关系，政治人物作为政治“资

① 赵可金，孙鸿. 政治营销学导论. 上海：复旦大学出版社，2008：15.
② 同①18.

本家"，他的政治诉求成为他生产的商品并且加以推销，政治人物发表的政见因为经济活动逻辑的介入，政治营销反而成为政治活动中的要素，这表现为：政治人物发表个人的政见，如同陈列于商品购物架上；而选民在各"商品"中作选择，用选票进行消费行为①。

经过一步步的设想，政治作为一种商品被置放于市场中而交易，政治与营销实现了结合，或者说，政治被置放在营销中考量。这样一种政治营销，由于政治落脚于营销，从外部形态上看就成为一种营销学而不是政治学。这也就是说，现在的政治营销，除了导致前述的与民主、与市场的两个"二律背反"之外，陷入了营销学的陷阱，在这种陷阱中，政治营销学几乎与政治无关了，比如，把政治置换成任何另外一种东西，所谓的政治营销所讲的道理都是适用的。

好在是，政治营销学的研究者注意到这一现象，指出尽管政治营销在很大程度上从商业营销中汲取了丰富营养，两者之间存在着很大的"同构性"，但并不能因此认定政治营销就是商业营销在政治领域中的延伸和应用，政治营销与商业营销存在很大的不同，两者形似神异。

比如，劳克与哈里斯列举了两者之间存在的七个方面的差别：第一，商业营销从根本上来说追求实现商业利润，且往往需要发生实际购买决策，而政治营销追求政治目标，且往往是假想中的购买决策，特别是选举营销集中在一天进行；第二，商业营销的消费者需要个人承担直接或者间接支出，而政治营销显然不需要政治消费者承担支出；第三，政治营销的投票者需要适应集体决策，而商业行销的消费者则可以不顾其他人的消费决策；第四，政治营销在选举中采取胜者全拿，而商业营销在交易中往往相互得利；第五，政治营销的产品是不可触摸的无形产品，而商业营销的产品都是有形产品；第六，政治营销往往很难建立一个新的成功的政党，而商业营销则很容易就可以组建一个新机构；第七，政治营销中塑造领导人是首要之举，而商业营销利润和产品是首要②。

四、政治营销中的政治广告

毫无疑问，政治广告是政治营销中最主要的手段或途径之一，尤其是在民主政治的核心环节——政治竞选中发挥着显著的作用，是政党和政治家们获得或维持政治权力所凭借的不可或缺的工具之一。

麦克奈尔认为，政治行为中涉及公民的理性选择，这种选择必须以信息为基础。新闻是信息的一个重要来源，另一个来源就是政治广告。"政治广告这种形式虽然有其内在的不确定因素，却依然稳步地成为了政治活动的一个重要部分。"他对政治广告的定义是："政治广告在严格意义上讲，指的是依据商业目的在于向广大受众传递政治信息的一种行为。"③ 一般人认为，广告的特质在于"付费"，政治广告当然也不能例外。比如有美国学者认为，政治广告是"付费的政治传播"，这一点使政治广告不同于政治新闻等其他的政治传播形式。有学者不同意把"付费"规定在政治广告的定义中。比如，执政党

① 赵可金，孙鸿．政治营销学导论．上海：复旦大学出版社，2008：19.

② 同①38.

③ 麦克奈尔．政治传播学引论．殷琪，译．北京：新华出版社，2005：99.

和政府直接控制大众媒介，这些政治主体可以直接使用大众媒介通过政治广告等有效形式进行政治宣传，但是不付费。在我看来，广告可以作狭义和广义之分。狭义广告是一种以盈利为目的的商业信息传播活动，广义的广告就是广而告之，即广泛地告诉公众某种事物信息的传播活动。无论是狭义的或广义的广告，都可以是“付费”的或者“免费”的。政治广告没有那么复杂，就是通过“广而告之”的形式营销政治，是广告在政治营销中的运用。

政治广告有一些自己的基本的特征：

第一，操控性。美国学者凯德认为政治广告的关键之处在于候选人需要“付费”购买才能控制传播媒介，从而控制政治传播的形式与内容。这使政治广告与政治新闻之类的由新闻记者与编辑控制的间接政治传播区别开来。第二，目的性。政治广告是说服性政治营销活动，当然要充分体现政治广告主体的目的与意识。第三，公共性。政治广告是面向社会的说服活动，属于公共传播，政治广告的公共性是通过利用媒介传播来实现的，这使政治广告既区别于政治主体的组织传播与人际传播，又有别于大规模社会政治运动等社会说服运动。第四，公开性。政治主体利用政治广告进行传播，目的明确，直截了当。政治广告是公开的宣传形式，进行政治广告宣传的政治主体必须具有合法的地位，采取合法的手段接近媒体，选择合法的内容与形式。非法的、秘密的、地下的政治宣传是不能采取广告的形式的。第五，艺术性。政治广告直接吸收了商业广告的技术手段和艺术表现形式，这使得政治广告摆脱了一般政治宣传简单盲目的说教传统而变得有的放矢、灵活机动。政治广告区别于专门的政治报道、会议直播、政治广播讲话、报刊政论以及政治自传、政治著作等利用媒介进行的其他政治营销形式①。

政治广告的形态可以根据不同的标准划分得多种多样。从性质上划分，可分为正面政治广告与负面政治广告两种。所谓正面政治广告，就是以候选人为核心，宣传、赞扬候选人的品德、能力以及政策主张的广告；所谓负面政治广告，是以竞选对手为核心，谴责、攻击对手的品德及其政策主张的广告。而正面与负面对比型广告，就是把所称赞的候选人或主张与其竞争对手进行对照，形成对比，让受众自己判断。

在对政治广告的研究中，人们关注了政治广告的“选择”功能，而相对忽略了政治广告强大的“构建”功能。政治广告的选择功能体现了政治广告主体对广告内容的设计和安排，而政治广告的构建功能却给受众留下巨大的联想空间，效果可能更为出其不意。这一点，商业广告与政治广告是一样的。皮埃尔·马蒂诺当年就商业广告的构建性指出：“在我们充满竞争的系统中，很少有产品能够长久保持技术上的优势。如果生产商想使自己的产品畅销，想让消费者对产品产生一种依赖感与从属感，就必须利用言外之意来赋予一个产品以个性；必须赋予它丰富的联想与形象；给予它多层含义。”② 当然，商品与政治家有着本质区别，政治广告与商业广告之间因而存在显著的差异。然而政治广告可以借鉴上述商业广告的“联系”战略。这些选择是“构建的”，而且，这种构建不仅仅为了包含一种“使用价值”，还为了赋予产品一种交换或者说符号价值。在赋予政治行动者

① 李元书．政治体系中的信息沟通：政治传播学的分析视角．郑州：河南人民出版社，2005：225.

② 麦克奈尔．政治传播学引论．殷琪，译．北京：新华出版社，2005：99.

这些意义的过程中，政治广告商曾经借鉴了它们商业界同人的所有技巧，同时还创造出了一些独门绝活①。

政治广告以“说服”为机制，所选择的内容要尽可能为这种说服提供支持。这就是政治广告内容的诉求点与诉求方式所带来的诉求策略问题。学者们已经对种种诉求策略进行了研究。比如：所谓感性诉求、理性诉求以及恐惧诉求，回顾政策表现、象征的诉求，意识形态的诉求，仁慈领袖的诉求，政党诉求，期望政策选择诉求，等等。

政治广告在民主政治国家“创造对候选人的兴趣，提高候选人的知名度，刺激民众参与，提供对候选人支持的动力，宣传政策与建立公众辩论的话题，展现候选人的才华，提供娱乐等”②，但是，在我国还是有其特殊性。“中国的政治制度没有为狭义的政治广告——竞选广告提供生存土壤。但广义的政治广告——以广告形式进行的政治传播在我国却有着广阔发展前景：一方面，中国共产党的政治宣传有着辉煌的历史和丰富经验，无论在革命战争年代还是和平建设年代，都是政治实践不可缺少的有力武器。中国共产党政治宣传的生命力就在于它能够根据形势需要不断变换宣传策略，善于利用最新的技术手段和广为群众喜闻乐见的艺术形式，创造性地传播党的路线、方针、政策。在社会主义市场经济的新形势下，执政党的政治宣传无论在内容上还是在形式上都面临着又一次挑战，需要转型。……实践经验已经证明，政治广告不但能以其富有感染力的表现形式宣传党和国家的路线、方针、政策，沟通党和政府与人民群众的情感，还可以宣传社会公德、教育人民群众为社会主义精神文明建设做出贡献。……政治广告必将成为我国21世纪重要的政治传播形式。”③

五、政治营销中的政治公关

政治公关是比政治广告更为有效的一种政治营销方式。

政治公关与政治营销究竟是一种怎样的关系？现在的研究界认为是一种“平行”关系，即既有“相似之处”，又有“不同之别”。研究界认为，表面看来，两者都使用媒体行销的手段，都是政治人物和机构与大众之间展开的以构建形象和声誉为目标的信息交流和沟通过程，但实际上政治公关仅仅是公开事实或者以上述活动让公众了解事实真相，而政治营销更注重形象构建和大众说服，最终获得政治合法性的支持。同时，政治营销还存在复杂的营销管理环节，涵盖了比政治公关更广泛的内容。显然这种认识并不准确。伴随着政治的民主化进程，政治营销被广泛地应用在竞选政治之中，先是政治广告的广泛使用，之后就是政治公关的登场。从政治发展的历史过程看，政治广告与政治公关前后相继，都是政治营销的一种手段。显而易见，政治营销与政治公关二者的本质都是一种“营销”，政治营销中包含了政治公关。两者无法理解成一种“平行关系”。就此而言，寻找政治公关与政治营销的区别显然是窄化了政治营销，不符合对规范的政治营销研究的学术路径。

---

① 麦克奈尔．政治传播学引论．殷琪，译．北京：新华出版社，2005：103.

② 彭芸．政治广告与选举．台北：正中书局，1992：27.

③ 李元书．政治体系中的信息沟通：政治传播学的分析视角．郑州：河南人民出版社，2005：244-245.

如果说，政治广告由于粘上“金钱”而可信性降低、效力大减，那么，政治公关某种意义上正是想克服政治广告的这种局限性；如果说，政治广告尚还是平面的、静态的、单纯的“营销”，那么，公关已经是一种立体型的“活动”。麦克奈尔当年说到政治公关，就特别提醒：我们已经注意到广告作为政治传播形式有一个根本性弱点：即使信息的接收者不把广告看作负面意义上的“宣传”，也会认为它有所偏袒。不管受众是否同意广告中宣传的内容，他或她知道那的确是一条政治信息，反映的是广告发起人的利益、主张与价值观。基于这个原因，广告作为一种劝服手段的效果总会打折扣。受众知道信息受到了“约束”，因而会与之保持一段距离——抗拒或者拒绝。我们已经看到，这并没有妨碍广告在政治进程中愈发重要的地位，但是却鼓励了一种观点，即其他的传播形式可能会比广告更加有效。特别是政治行动者已经开始相信通过“免费媒体”（相对于各类付费的手段）达到政治目的的重要性。免费媒体在这里指那些政治行动者不需要向媒体机构支付报酬就可以获得报道与曝光的空间与途径。在麦克奈尔看来，政治公关是一种“免费”的政治营销的实践活动。

麦克奈尔把作为一种活动的政治公关分为四种类型：媒体管理、形象管理、内部传播、政治信息管理。所谓媒体管理，即设计活动来满足现代媒体的报道需求，从而使政治家能够享有尽可能多的免费媒体的报道。这些活动主要包括制造媒体化事件，即创造出具有媒体亲和力的事件，以此吸引媒体把关人的注意。让该党对政治问题的定义与解决方法得到报道。在这个意义上而言，我们也可以把这一类活动称作事件管理。所谓形象管理，就是一方面如何塑造单个政治家的个人形象以符合组织利益，另一方面是政治组织的整体形象。所谓内部传播，包括建立用以在党内传递信息、调整信息并且处理反馈的渠道。就好比现代公司例行公事地支持对内公关部的工作，以期最大化机构效率一样，政党必须发展有效的内部交流机制。所谓政治信息管理，指的是那些用来控制与操纵信息从政府机构流通至公共领域的活动。这一类活动往往涉及那些执掌政治权力的政治行动。信息是一门重要的政治武器，政府对信息有选择的传播、限制以及（或者）扭曲是公共舆论管理中的重要元素。没有执政的组织也许同样可以用信息管理攻击对手，不过政府不可避免地是最有利的信息操纵者。后者可以支配所有的国家管理资源，利用它们对公民的生活施加重要的影响①。

政治公关作为一种政治营销的手段不仅大量使用在一国之内政府的政治事务之中，而且已经越来越在国际政治事务中大显身手。由于政治制度的不同，政治公关作为一种政治营销在一国之内政治事务中的应用受到一定的限制。但是，在国际政治事务中，政治公关就突破了政治制度的“民主”或者“专制”的藩篱被普遍地使用。这几年开始流行的所谓“公共外交”就是政治公关在国际事务中最突出的形态。

公共外交是美国学者和外交官使用的说法，在英国称为文化外交，主要用来指一国政府所从事的对外文化关系。“公共外交”一词是 1965 年塔夫斯大学教授埃德蒙·格里恩首次使用的，后来其在教科书中将公共外交界定为“超越传统外交范围以外国际关系的一个层面，它包括一个政府在其他国家境内培植舆论、该国国内的利益团体与另一国

① 麦克奈尔. 政治传播学引论. 殷琪，译. 北京：新华出版社，2005：131-135.

内的利益团体在政府体制以外的相互影响、以通讯报道为职业的人如外交官和记者之间的沟通联系，以及通过这种过程对政策制定与涉外事务处理造成影响”①。公共外交是政府用以影响其他国家政府的决策而开展的与他国民众进行交流的过程。公共外交的核心是一国政府直接与他国的民众交流，目的在于影响民众的观念，最终左右他国政府的决策。公共外交着眼于努力创造一个关于国家政策、行动和政治经济体系的良好形象。

现在，公共外交又演变出了“软实力”。所谓“软实力”指的是一种吸引对方并且影响对方偏好的能力。它表现为一种强大的吸引力，使对方发自内心地羡慕、喜爱，并且追随。如果把软实力看作一种自愿的话，与它对应则是强迫。二者中间是说服、引诱、贿赂之类的权术操纵。学术界通过“软实力”的研究，重新客观地审视公共外交的宣传功能与效果。“从宣传的角度来看，公众外交与软实力是西方宣传话语在全球化和传播技术高度发展的时代的新发展。它更强调宣传要在国家利益和受众个人自由之间维持平衡，通过双方能够接受的双向交流，达成宣传的目标。这种宣传观念标志着‘科学式’宣传观念的成熟，它把宣传变成一个可以通过整合传播加以控制的高级心理控制技术，力图实现被影响者深层价值观的认同与自愿的追随。”②

六、政治营销：扩散影响的政治传播形态

人类政治在不断走向民主的过程中，从公共性走向商品性是实际存在的一种现实，就此而言，政治营销理念有其正面的作用。但是，正像前述政治营销同时陷入与民主关系的二律背反一样，在人类政治同样通过民主不断地走向公共性的过程中，一味地像营销商品一样地营销政治，也会引领人类的政治走向相反的道路，危害人类政治的善良本性。所以，现在的政治营销理论必须加以改造。

在我们看来，政治营销就是在政治越来越民主的趋势下政治传播的发展和转型，其骨子里还流淌着政治宣传和政治沟通的血脉，可以看作在政治沟通之后政治传播的新姿态或者新形态。正像研究政治营销的学者认为的那样，政治营销的思想“古而有之”，只是在近代以来的政治民主化进程中越来越“成形”。

把政治营销看作政治传播在民主社会中的新形态，这种认识需要回答和解决上述未经改造的政治营销概念中遇到的两个二律背反。

第一，关于与民主的关系。民主化趋势作为一种因素在政治营销中只是一种背景因素。政治民主使政治统治集团意识到需要向民众“推销”自己的政治理念，但绝不意味着从此政治系统中“统治者”与“被统治者”的地位平等。只要还是“政治”，就意味着政治治理之中的主客之分。就此而言，政治营销在民主的背景下产生，最后的结果对于民主来说是双重效应：由于对民众政治需求的考虑，越来越重视民意，使政治过程的本质越来越民主了；同时，营销中“理性的狡计”，使得政治过程中的民主通过“窄化”而更加规范、有效、有序。质言之，政治营销有益于民主。

① 赵可金，孙鸿．政治营销学导论．上海：复旦大学出版社，2008：261.

② 刘海龙．宣传：观念、话语及其正当化．北京：中国大百科全书出版社，2013：317.

第二，关于与市场的关系。政治的本性决定，政治永远不可能像经济那样市场化。政治市场化与政治商品化一样都是一种政治幻想。政治中的“政治交易”并不能意味着“利益政治”能作为人类政治的一种形态，充其量只是一种现象而已。政治也永远不能像商品一样公平地交易。政治一开始就是公共的，政治会越来越公共化，这是人类政治文明的基本走向，永远不可能倒退。就此而言，政治营销中的“市场”“商品”“交易”只是一种有益于自己拿来可用的政治借喻而已。

至于“政治营销”中的“政治”与“营销”以及由此而来的“政治营销学”与“市场营销学”的关系，有学者指出：政治传播中，政治只能借助于市场营销的理念更好地传播政治信息，谋求政治认同，但不能把政治传播完全转化为一种市场营销的行为。

综上所述，我们最后对政治营销的定义是：借助了营销理念扩散影响的政治传播形态。

第十章
政治传播运行

在理论上可以把政治传播划分为政治宣传、政治沟通和政治营销三大基本形态。但是，这只是一种静态的描述。在现实中，三大基本形态交织在一起形成政治传播的运行模式。在这种模式中，既遵循三大形态的递进逻辑，又依赖特定具体的条件和环境以某种形态为“轴心”。

第一节　三大形态的逻辑递进

作为政治传播三大形态的政治宣传、政治沟通、政治营销，从某种意义上展现了政治传播的历史、现在和未来。在逻辑上它们有一定的“递进”和“升华”关系，在历史上也有一定的“承接”和“转化”关系。贯穿其中的“纽带”就是它们都在展示着一种政治系统中政治信息的发出、流动与接受。

一、从政治宣传到政治沟通

如果说，政治宣传是“政治宣传主体”对政治系统中政治信息的管控、操纵、灌输等，意味着在政治生活中，政治宣传主体与受众对象的“主客之分”①，那么，政治沟通则淡化了这种操纵意识，转而寻求受众对象的共识。如果说，政治宣传中，政治宣传主体压根就不会考虑宣传对象原来是怎么想的，只是关注被“宣传”之后对象是怎么想的，甚至，对象被宣传之前后怎么想都与自己关系不大，那么，政治沟通则十分关注沟通对

① 政治信息传播过程中的主客之分并不必然意味着在政治生活中“传者”与“被传者”的政治地位不平等，这完全是两回事。

象怎么想，而且，进一步关注“沟”了之后是否“通”了——反馈机制、民意测验等都是想知道是否“通”了。

政治沟通对政治宣传的这种“升华”和改变，是人类政治民主化之使然，它正是民主政治与专制政治（至少在形式上）共同追求和实际践行的理想性政治制度。

政治沟通比之于政治宣传，改变了政治信息在政治传播中的性质和地位。政治沟通中政治信息脱去了它在政治宣传中的那种主观甚至虚假的外衣，更能反映政治信息所承载的政治现实。所以，政治沟通把政治信息当作政治分析的基本单元，不仅“阐明了信息对于科学决策的重要意义，具体地指出了政治系统的沟通状况是怎样影响政治系统的运行或决策的制定与实施，指出了决策过程中的信息反馈机制”①，而且由于信息“可以被测量和被除尽，沟通通道传送或扭曲信息的时间也可以根据定量标准加以评估”②。这促使政治因此得以定量化而被科学化地描述、分析、比较和解释，也有益于决策的科学化。

政治沟通对政治系统中政治信息流动的系统化研究，也使人们对政治的关注从结果转向了过程，诚如多伊奇所强调的，政治本身不是目的，应该从过程中去把握政治，而政治沟通为过程的动态分析提供了一个操作平台。

政治沟通对政治宣传的这种“升华”和改变，使我们以一种与以往截然不同的视角来看待政治生活。贯穿政治生活的核心概念——“权力”的实现基础和表现形式发生了实质性的变化：不再以命令、制度、暴力等强制形式出现，而是在某些范围内和某种程度上被建立在信息接收和处理基础上的决策所替代。政治沟通成为描述和解释政治系统行为的一种新能力，是政治系统的“命脉”和“神经”，反映了现代政治的实质。政治沟通意味着现代政治中的政治传播由“单项操纵”向“良性互动”的转型，是政治传播在政治宣传后的新形态。

二、从政治沟通到政治营销

相比于政治宣传，政治沟通放低了政治传播中传播主体的“身段”，除去了政治宣传中政治信息的主观性和可能的虚幻性色彩，从而使得政治传播过程更加客观化、科学化乃至于技术化。它在现代政治生活中的地位与作用自当不必多论。

但是，政治沟通预设的是非常民主而文明的现代政治生活，预设的是“政治沟通主体”已经获得政治传播的“主体”地位。然而，现实的政治生活是，政治并不都是民主的，就算是民主政治中也不都是民主的政治生活，相反，谁能成为政治传播的主导者，谁是政治沟通的主体，谁是政治信息的“元产生者”和“元发出者”，在民主政治中恰恰首先需要“民主”来决定。民主意味着多元的政治主体，多元的政治主体对权力的争夺意味着可能残酷的政治竞争或政治竞选，作为前提的并伴随着政治沟通过程的政治传播的新形态——政治营销就此诞生。

---

① 俞可平．权利政治与公益政治．北京：社会科学文献出版社，2003：54.

② 同①60.

政治营销在比政治沟通更为民主而复杂的政治环境中诞生。面临政治、经济、文化交织在一起的更为竞争激烈的政治环境，政治营销采取了“更为主动”的进攻性姿态来展现现代政治中的政治传播。所有被政治沟通“扬弃”掉的政治宣传的“优势”，都可能在政治营销中“复活”。从外部形态上看，政治营销几乎就是政治宣传在现代政治运作中的“翻版”。从内在逻辑关系上看，政治营销是对政治宣传在“否定之否定”后的“升华性”回归。

被称为“公共关系之父”的爱德华·伯内斯1928年在名为《宣传》的书中认为，宣传虽起源于政治，但却由商业宣传发扬光大，政治宣传反而落后。所以政治宣传要向商业宣传学习。他提出，国家的真正权力掌握在“隐形政府”的手中，宣传是他们的权力，政治家要学习商业宣传术才能提高自己对社会秩序的控制。这就是说，政治营销是“学习”或者“吸纳”“宣传术”之后的政治传播形态。

被升华后的政治营销与政治宣传的“相似性”在于：如果说，政治沟通中，政治信息的流动，是一种强调沟通主体与沟通对象二者利益的“双向交流”，而政治宣传中的政治信息流动只是强调宣传者政治目的、不顾及宣传对象的从宣传主体流向宣传对象的“单向流动”，那么，政治营销中的政治信息流动也是一种“单向流动”。不过这种“单向流动”与政治宣传的“单向流动”方向相反，是从营销对象流向营销主体。就是说，政治营销是要在首先细分政治市场、考虑营销对象的政治需求的基础上“制造”某种政治产品。营销过程中的一切策略围绕着对象的需求而制定。当然，政治营销的最终目的是推销出自己的政治产品。这种现象，非常类似于现代的公关、广告，虽然提倡“双向沟通”，“营销”的目标也越来越间接，但其最终目的仍然是实现营销者的意图和利益，似乎还是典型的“宣传”现象。正如西方谚语所说的：如果一个东西看上去像鸭子，走起来像鸭子，叫起来像鸭子，那它就是鸭子。从政治宣传到政治营销完成了政治传播在现代政治中的完美的“回归”。

三、“新宣传”：政治营销的一种现代印证

宣传是人类社会、人类政治并不能避免的活动。宣传的“精神”或“灵魂”作为一种血液和细胞流淌在人类的政治传播之中，到了现代政治中，宣传以政治营销的姿态或形态在重新展现自己的力量。为了与那种背上“欺骗”恶名的“旧宣传”相区别，人们使用了“新宣传”这个词。

从某种意义上说，所谓“新宣传”，与其说是“旧宣传”吸纳了商业营销精神的新形态，不如干脆说，正是承续了宣传之灵魂的政治传播的新形态——政治营销。美国学者阿什德和约翰逊就认为，旧宣传由国家来操作，而新宣传则由组织通过现代公共关系来操作。这种正式的信息发布和控制体制既适用于政治领域，也适用于经济领域，像新闻发布会等措施其实变成了一种新的信息控制和宣传方式。因此，他们将这种新宣传称为“官僚式宣传”，并认为这种宣传与传统的宣传有以下几个区别：第一，旧宣传的目标受众是无差别的大众或者待说服的公众，而官僚式宣传的受众则是细分化的。组织会挑选出特定的一部分受众，针对其特征进行宣传。第二，新宣传和旧宣传使用的媒体存在差

异。传统宣传因为针对大众，选择大众媒介，会重点使用某种或某几种媒体，官僚式宣传则主要使用组织报告、记者招待会等方式向媒体提供信息，成为它们的信息源而不是直接控制媒体。第三，传统宣传的目标是改变受众的态度、信仰，促成某种行为，而官僚式宣传的主要目的是保持组织的正当性，使其继续生存。它并不需要说服所有人，只需要说服与组织的生存息息相关的特定受众就足够。第四，传统宣传试图保持自己的可信度，或者要让受众相信宣传所说的是真实。虽然谎言可以暂时奏效，但是事实才是最可靠的，所以传统宣传不惜使用一切方法，包括提供事实来获得受众的信任。而新的官僚式宣传关注的是“对真实的使用”，一般通过统计数字和事实的某种解释来达到组织目标，但是却很少向公众说明他们为什么会使用某种方法而不是另外一种方法来分析数据。宣传者利用专业主义的方式，使“真实”为其服务①。

第二节 三大形态的实践过程

政治宣传、政治沟通、政治营销是我们对政治传播形态的一种理论规范，这种规范既是对政治传播实践的一种理论反映，也是对政治传播实践的一种引导。在理论上可以进行比较，但是在实践上，这几种形态虽然也有一些时间上的顺序，但是基本上是交织在一起的。这里所谓的“实践过程”也只是一种大体的观察和判断。

一、政治宣传实践

虽然现在政治宣传的名声不佳，但是，无论是专制政治还是民主政治的政治传播，都在“践行”着政治宣传。只是程度不同、形式不同、名称不同而已。

众所周知，宣传的实践最早出现在宗教的“宣教”之中，后来第一次世界大战中被作为战争动员应用，尤其是第二次世界大战期间，法西斯国家把宣传在实践中推至极致。第二次世界大战以后，世界进入资本主义和社会主义的“两极”冷战之中，社会主义阵营旗帜鲜明地进行着政治宣传。政治宣传以更为隐蔽或变相的形式仍然活跃在世界各国的政治生活之中。

美国学者兰德尔·彼特沃克所著的《弯曲的脊梁》对“纳粹德国与民主德国时期的宣传活动”进行了深入的研究，给我们展示了这两个政治制度俨然不同的国家的政治宣传历史实践。彼特沃克在书中不无幽默而深刻地讲述道：

> 经历整个第三帝国的一位牧师描绘了他和纳粹官员会面的方式，他很好地解释了极权社会中的生活：“一个人将会一步步地推得越来越远，直至他跨过某一界限，然而他却没有注意到脊椎正在以几乎无法觉察到的速度弯曲了”。②

彼特沃克是在用比较的方式考察纳粹德国与民主德国那种殊途同归的“宣传”的无

---

① 刘海龙. 宣传：观念、话语及其正当化. 北京：中国大百科全书出版社，2013：318-319.

② 彼特沃克. 弯曲的脊梁. 张洪，译. 上海：上海三联书店，2012：1.

坚不摧的改变人的意识和思想的极端效果。他不无悲哀地“钟情”弗朗西斯·麦克唐纳·康福德关于“宣传”的定义——“一种非常接近于不用像欺骗敌人那样欺骗朋友的艺术”①。在彼特沃克看来，两个德国政体在许多方面差异甚大，而且这些差异不应该被忽略，但是二者同样有很多相似处。它们都试图运用宣传建立一个新社会，在这个社会中，人们将会享有几乎完全一致的宗教观，在今天，有人会把它称作是支配性的超越性叙事，而几乎不会为真理的对抗性版本提供多少空间。它们都大力缩减开放对话的机会，使它对它们及其公民纠正其政府导致之罪恶的过程更为困难或许甚至是不可能。两种体系中宣传达到的程度根植于共同的历史与文化，也随意识形态而发生变化，这些相似处与差异将会告诉我们一些在现代世界中关于宣传的更为广泛的性质。彼特沃克的研究结论非常耐人寻味，他说：“在更深的意义上，两个宣传体系都遭到了灾难性的失败，它们都宣称传达真理，但是没有一个是可信的；它们都要求热情的支持，但是只能勉强接受公开的服从；它们都讨论永恒价值，但没有一个配得上。它们制造的痛苦远比快乐多。它们失败的根源都是一样的。它们要求宣传做的远多于它能做的。”②

那么，政治宣传是否只是在专制政治国家被实践？抑或说政治宣传就只是对这些国家政治传播的理论总结？当然不是。如前所述，所谓“新宣传”“整体宣传”“广义宣传”“现在宣传”等也都是对过去、现在的所谓民主政治中政治宣传的概括和总结。当然，现代宣传更具有现代性，包括理念、手段、技术、运作机制等等。

美国学者乔姆斯基和赫尔曼合著的《制造共识：大众传媒的政治经济学》就以美国为个案，以“宣传模式”为范式，对现代资本主义政治中利用操纵媒体而进行的政治宣传进行了揭示和批判。

他们认为，美国的大众媒体看上去享有表达自由，也基本不存在外在力量压制民意，但是通过这些巧妙的控制，表面上自由的民意实际上不过是李普曼所说的“被制造出来的共识”。他们归纳的“宣传模型”包括五层过滤网：第一，占据统治地位的媒体公司都是些巨型企业，受到以盈利为目的的投资者的影响。媒体与财富的拥有者有着许多共同利益，这会影响媒体对新闻的选择。媒体垄断再加上与权力精英的合谋，主流的声音便会越来越单一。第二，媒体的生存依赖广告，所以内容要适合主流价值。一些激进的媒体由于受众缺乏购买能力而无法在市场上生存。广告同时还会对某些不符合广告主利益的内容进行过滤。第三，媒体每天要填满固定的版面和时间，无法做到所有新闻都来自记者的一手独家报道，要依靠稳定的消息来源。政府和商业组织恰好可以填补这个空白，因此可以控制媒体的内容（包括向媒体提供“专家”，甚至双方会达成一种默契）。第四，政府或商业组织还可以通过民间或法律程序，发起对媒体的抨击或谴责运动，威胁媒体就范。第五，利用反共产主义的意识形态和扣“支持共产主义”的帽子讨伐媒体的正当报道与批评③。

通过这个宣传模型，赫尔曼和乔姆斯基从组织架构和组织关系上解释了为什么美国

---

① 彼特沃克. 弯曲的脊梁. 张洪，译. 上海：上海三联书店，2012：3.

② 同①218.

③ 赫尔曼，乔姆斯基. 制造共识：大众传媒的政治经济学. 邵红松，译. 北京：北京大学出版社，2011：“宣传模型”.

的主流媒体在报道相似的新闻事实时采取两种处理标准、两套价值观。他们所说的媒体“两分法”既是宣传模型的产物，同时也给宣传分析提供了一个切入口。两位研究者用大量案例对比说明，美国的主流媒体会按照新闻主体与美国利益集团的关系的亲疏，选择不同的报道策略。两位研究者认为，经济是造成这一差异的根本原因。美国的这些利益集团掌握着强大的政治、经济和军事资源，他们并不使用简单干涉的方法，而是通过“宣传模型”所说的这五种间接的方式，控制着新闻媒体，以达到其背后的政治目的。

二、政治沟通实践

政治沟通在不同的政治体制中有很不相同的实践过程。前面我们已经论述过，政治沟通区别于政治宣传的地方在于政治信息的“双向流动”。在具体的政治沟通过程中，这种“双向流动”有“外沟通”与“内沟通”的双重性。可以笼统地说现代政治都是政党政治，但在具体的政治体制中，政党政治也不尽相同，这里所谓的政治沟通的“外沟通”主要是指执政党与其他党之间的政治沟通；“内沟通”一是指执政党内部的政治沟通，二是指执政党代表的“官方”与其所统治的“民间”之间的政治沟通。

在西方国家，政党推动政治沟通过程主要是在系统外进行的，执政党不是政治沟通的主要推动者，沟通动力主要来自反对党，它们在利益表达过程中实现了政治信息的传递，以批评的方式给予执政党以压力，从而迫使政府积极地进行各种形式的政治沟通。从政党的角度观之，政治沟通运转的原理就在于政党之间能够形成长期的利益冲突，在宪法框架内，政党之间通过合法的利益表达与博弈实现各自的利益。由于利益冲突是永恒的，因此，基于冲突的政治沟通过程也是永恒的，只要存在利益之要求，政党就会进行利益表达，只要存在着利益表达，政治沟通的过程就不会停息。政治沟通的发生就在于各政党之间的利益形成了一种持久的制衡状态。政治民主国家的“内沟通”相比来说也比较发达。主要表现在其政治体系中，作为政治沟通的重要环节或者回应的民意测验十分发达。有利于独立媒体以及公共舆论的重要途径政治沟通的质量也比较高，政治系统以及整个社会的政治信息传播和流动比较畅达。

相对来说，由于具体的统治体制不同，有些国家的政治沟通还没有完全脱离政治宣传的理念和轨道。政治沟通主要是通过领导和监督两种方式进行的。执政党通过领导整个政治过程从而推动政治沟通。

中国特色社会主义政治中的政治沟通是最富有成效的，全过程人民民主最有效地实践了政治沟通，成为人类政治文明体系中的一道亮丽的风景线。习近平总书记在党的二十大报告中深刻地指出了这一点，强调“全过程人民民主是社会主义民主政治的本质属性”①。“协商民主是实践全过程人民民主的重要形式”，中国将继续“完善协商民主体系，统筹推进政党协商、人大协商、政府协商、政协协商、人民团体协商、基层协商以及社会组织协商，健全各种制度化协商平台，推进协商民主广泛多层制度化发展”②。可

---

① 习近平．高举中国特色社会主义伟大旗帜 为全面建设社会主义现代化国家而团结奋斗：在中国共产党第二十次全国代表大会上的报告．北京：人民出版社，2022：37.

② 同①38.

以预见，中国特色社会主义政治中的政治沟通将成为人类政治体系中可资借鉴的成功范例。

三、政治营销实践

政治营销在一些国家很流行，特别是经济发达的国家，无论是在国内的政治竞选中，还是在国际的政治影响力构建中，政治营销已扩展至选举营销、政府营销、政治游说、国际政治营销等多个领域。

而在另一些国家中，无论是在国内政治生活，还是国际政治影响力的构建，都还谈不上政治营销。但是，毫无疑问，全球化浪潮、世界政治民主化浪潮，使人类的政治文明迅速融通融合，在这种融通融合中，政治营销作为一种可能政治传播的形态会越来越频繁地出现在人类社会的生活之中。

对于中国来说，在政治传播的理论语境中很少使用“政治营销”这个概念，这是因为，中国特色社会主义的政治体制不同于西方国家的“竞选性政治”体制，也不需要媒体对政治竞选的“专业包装”，但是，这不等于说，中国特色社会主义政治就完全不需要借鉴“政治营销”理念的合理性和先进性，我们一直以来的“政治宣传”一直在致力于宣传效果的提升和改善，其实质也是主张要主动地“营销”我们的政治理想及路线方针政策。比如，我们专门制作了中国国家形象的宣传片在美国的时代广场播放，这样的“营销”对于在全世界“中国国家形象”的传播，就取得了不同于过去那种简单“外宣”的正面效果。再比如，新时代，我们又制作了中国共产党宣传片《我是谁》以及中英文版的中国共产党国际形象网宣片《CPC》，均以新的“政治营销”形态产生了积极影响。

美国政治营销学专家纽曼，曾对中国的政治传播中的政治营销因素有一段公开的评论和建议，不妨写出来供我们研究者来思考。纽曼说道：

> 尽管中国式民主与美国的民主颇有不同，但美国在竞选中所用到的各种手段对于中国的政党与政治领导人来说仍具有相当大的参考价值。如果说，衡量一个政府成功与否的方法是看政府与民众之间权力与利益的互动水平的话，那么，一旦政府能够通过政治营销方法为人们提供更多关于政党及领导人的信息，就更有可能赢得人民的支持。随着互联网时代的来临及其他交互式传播工具的发展，这些方法将会极大程度上促进政治领导人与广大民众之间的互动。①

当然，纽曼这里的评论不一定完全正确，但具有一定的借鉴意义。

第三节 三大形态的运行模式

现实中，任何性质的政治中的政治传播，都同时存在政治宣传、政治沟通和政治营销。但是，在不同的政治体制、不同的政治生态、不同的政治发展阶段中，三者之间的耦合模式不同以及由这种模式决定的政治传播总体运行模式也不同。

---

① 纽曼．营销总统．张哲馨，译．上海：上海人民出版社，2007：中译本序．

一、以政治宣传为核心的运行模式

以政治宣传为核心的政治传播，政治基于威权，传播关系基于主客二分。这种政治传播对于政治共同体合法性的建构和维系，天然性地依赖基于其根基性政治理想的意识形态，以及这种意识形态的历史穿透力。意识形态通过持续而强大的政治传播过程成为政治场域乃至整个社会的政治思维方式、话语路径和叙事框架。这种模式中，也有政治沟通，但是相对处于辅助地位。若有政治营销，大体也只是一种理念，如图 10－1 所示。

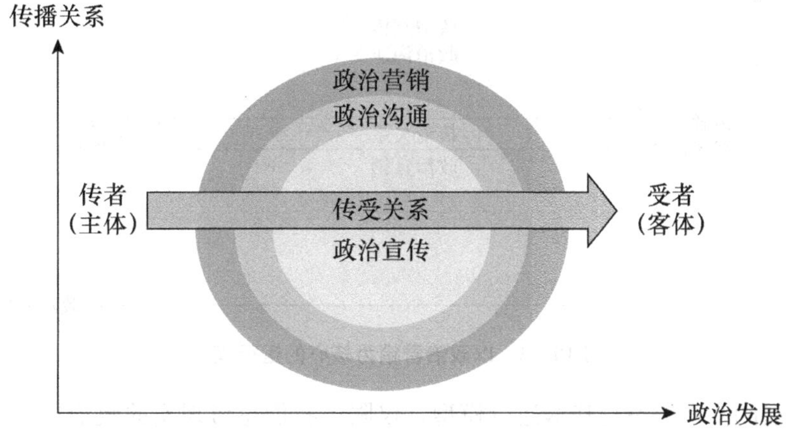

图 10－1　以政治宣传为核心的运行模式

二、以政治沟通为核心的运行模式

以政治沟通为核心的政治传播中，政治基于民主，传播关系基于主体间性。这种政治传播立足于现实政治中的民主运行理念和多元政治诉求，其对于政治共同体合法性的建构和维系，所依赖的核心资源更多的是可操作的政治制度安排和业已取得的政治绩效。其中，也并不能完全脱离必要的政治宣传，全球化浪潮中也难免政治营销的因子和因素，如图 10－2 所示。

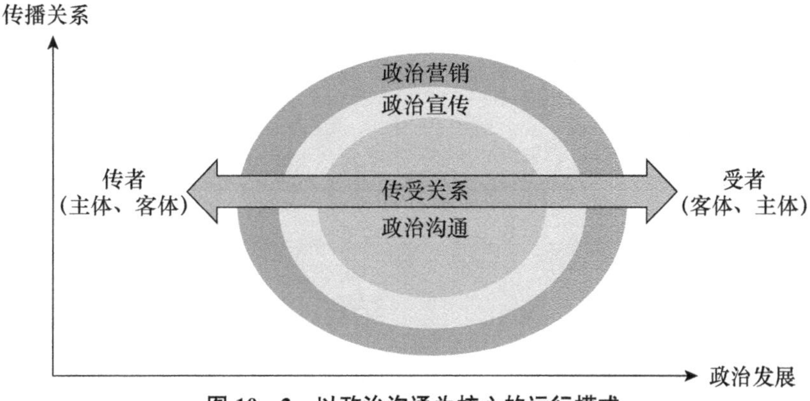

图 10－2　以政治沟通为核心的运行模式

三、以政治营销为核心的运行模式

以政治营销为核心的政治传播中，政治基于竞争，传播关系基于主客二分。这种政治传播对于政治共同体合法性的建构和维系，依赖于现有政治价值的交换和交易，以及对未来政治和社会治理的承诺。在其运行过程中，资本和媒介越来越成为权重最大的变量，如图 10-3 所示。

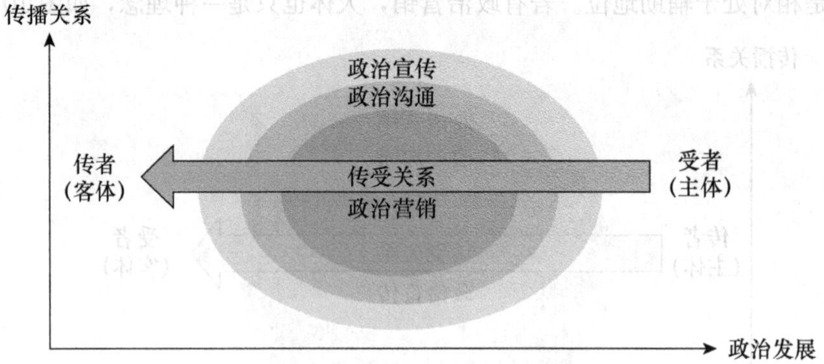

图 10-3　以政治营销为核心的运行模式

政治传播的基本形态与基本运行模型，仅限于我们思考现实的政治传播所需要的一种理论范式和思维理路，当用它分析现实的政治传播实践时，还需要还原于具体的历史情境之中予以具体的切实的分析。

第十一章
中国特色社会主义政治传播

在“导论”中我们就说明了“新政治传播学”要突破长期以来西方学界对“政治传播”的偏狭性垄断，即把“政治传播”约限于西方竞选性政治以媒体为中心的政治包装。这种理论，把中国排除在“政治传播”之外，认为中国没有政治传播，这是极端片面的。事实上，中国特色社会主义政治传播，屹立于人类政治传播之林，对人类社会的政治发展和人类政治文明的进步贡献了经验和智慧。所以，我们在陈述完“新政治传播学”的知识性的一般原理之后，有必要对中国特色社会主义政治传播作专章论述。

第一节　中国特色社会主义政治传播的政治基础

任何政治传播都建基于特定的政治基础，中国特色社会主义政治传播也不例外。基于独特的政治基础，中国特色社会主义政治传播经历了长期的实践过程，在中华民族伟大复兴的过程中，在中国特色社会主义的伟大事业中发挥着极大的作用。

一、以政党为中心的国家政治形态

人类的政治生活古而有之，但是人们对政治生活的理性自觉却是一个漫长的历史过程。所以，现在人们每当说起“政治”，总是指人类社会发展至现代的政治生活，而政治学对人类政治研究的重心，也总是指现代民族国家形成以来的以国家为基本单元的政治。

从这个角度看，人们对现代政治的书写，很长时期总是自觉不自觉地以西方国家的政治为基轴、为线索、为标本。以新中国政治学的发展为例，改革开放前，中国还没有自觉的政治学，随着改革开放的进程，我们开始也是引介西方政治学，而在西方政治学中是没有“中国政治”的地位的。为什么会如此？很大程度上是因为新中国的政治还不被认可。

回溯历史文献，其实我们并不是没有意识到这个问题。新中国成立初期，我们曾提出过用“自主话语体系”书写中国政治。比如，毛泽东同志在延安时期就提出“以中国为中心”的研究方法、人民民主国体和民主集中政体等新政治学概念。只是因为，在客观事实上，新中国的国力还不够强大，政治影响力也还无法与西方发达国家的政治影响力相比。所以，以中国政治为基础或者包含中国政治的政治学一直没有建立起来。

现在，人类社会发展步入“百年未有之大变局”，曾经独霸世界的“资本主义-帝国主义-殖民主义”的政治形式不符合时代潮流，西方的所谓“自由世界秩序”遭遇前所未有的危机。与此同时，中国政治正在对全球政治的稳定和发展发挥着无以替代的作用。据此，有中国学者呼吁：构建能够包容和彰显中国政治的“世界政治学”。中国政治模式的核心是民主集中制。在政体不变的前提下，政府-市场关系、中央-地方关系、国家-社会关系都发生了结构性调整，各个领域都既有民主又有集中，形成了一种中国特色社会主义的治理模式。从世界政治史的角度看，中国政治发展的最大意义，用党的十九大报告中的话说，就是给世界上那些既希望加快发展又希望保持自身独立性的国家和民族提供了全新选择①。

从政治学的深处看，中国政治将给世界政治以什么独特的“营养”和“智慧”？概括起来有以下几点。

第一，“中华文明基因”。中华文明基因包括不变的语言文字与中华民族，国家大一统思想和治国的民本思想，行政体制的郡县制、官僚制和选贤任能，文化上的包容和中庸之道，社会生活的自由和自治以及家庭伦理本位等。这些基因代代相传于中华民族的血脉之中，构成了绵延几千年的“文明共同体”。中华文明是世界上唯一未曾中断而延续至今的强大文明，深刻影响着当今世界的文明体系。

第二，中国的治理模式。《中共中央关于坚持和完善中国特色社会主义制度　推进国家治理体系和治理能力现代化若干重大问题的决定》对中国的治理模式作了总结。我国国家治理一切工作和活动都依照中国特色社会主义制度展开，我国国家治理体系和治理能力是中国特色社会主义制度及其执行能力的集中体现；中国共产党领导人民创造了世所罕见的经济快速发展奇迹和社会长期稳定奇迹，中华民族迎来了从站起来、富起来到强起来的伟大飞跃。实践证明，中国特色社会主义制度和国家治理体系是以马克思主义为指导、植根中国大地、具有深厚中华文化根基、深得人民拥护的制度和治理体系，是具有强大生命力和巨大优越性的制度和治理体系，是能够持续推动拥有 14 亿多人口大国进步和发展、确保拥有 5 000 多年文明史的中华民族实现伟大复兴的制度和治理体系。

第三，“人民中心论”的政治血脉。就世界政治的“体态”而言，大体可以划分为以三种“主义”为核心的类型。第一是以英国、美国经验为基础的“社会中心主义”政治；第二是以法国、德国经验为基础的“国家中心主义”政治；第三则是以中国经验为基础的“人民中心主义”政治②。中国的“人民中心主义”政治的实现和运转，依靠的是中

① 杨光斌. 世界政治理论. 北京：中国社会科学出版社，2021：91-92.

② 同①110-111.

国共产党的领导。中国作为一个现代国家的构建和建设，是由中国共产党领导完成的，中国共产党以全心全意为人民服务为根本宗旨，所以，“人民中心论”是中国的政治血脉，“人民中心论”的政治，在中国也可以表述为“政党中心主义”政治。西方那种“社会中心主义”和“国家中心主义”是不能解释中国政治所创造的奇迹的。

中国政治的特质作为一种“基础”，决定了中国特色社会主义政治传播的根本性质、基本机制、运行过程和整体面貌。

二、中国共产党的独特领导地位

中国政治的“人民中心主义”之所以得以实现，是因为中国特色社会主义本质是中国共产党领导。习近平总书记指出：“中国特色社会主义最本质的特征是中国共产党领导，中国特色社会主义制度的最大优势是中国共产党领导，党是最高政治领导力量。党政军民学，东西南北中，党是领导一切的。坚持和完善党的领导，是党和国家的根本所在、命脉所在，是全国各族人民的利益所在、幸福所在。……中国共产党是中国特色社会主义事业的领导核心。我国社会主义政治制度优越性的一个突出特点是党总揽全局、协调各方的领导核心作用，形象地说是‘众星捧月’，这个‘月’就是中国共产党。中国最大的国情就是中国共产党的领导。什么是中国特色？这就是中国特色。”①

放眼世界，绝大多数国家是政党政治。政党政治是政党主导的现代政治形态，它与政治现代化进程相伴而生，与各国政治发展相互嵌入，在全球范围内形成了价值指向和实践形态迥异的类型体系。中国是现在世界上坚持实行社会主义“一党执政”政党政治的国家。区别于西方国家的两党轮流执政或多党竞争的执政模式，中国特色社会主义政党政治立足于中国国情，将政党发展与政府治理以及国家命运有机联结，形成了中国共产党领导的政党、国家、政府三位一体的执政和治理模式。中国共产党作为唯一的执政党，是中国式现代化的领导力量。

传播学家丹尼尔·勒纳认为，生活于同一政治形态中的人们会形成信息传播的特定方式②。政治传播作为政治共同体内和政治共同体间的政治信息流动过程，是政治系统运转的神经，必然会打上特定政治形态的烙印，形成独有的特质。中国特色社会主义政党政治赋予了中国政治传播独特的价值追求、实践特征、制度效能和发展逻辑，使其以独特的信息流通秩序和政治传播架构与西方以政治竞选为中心的政治传播模式相并立，为人类政治传播提供了一种新颖的形态和经验，为全球治理贡献了中国智慧和方案。

第二节　中国特色社会主义政治传播的基本格局

中国特色社会主义政治基础决定了中国特色社会主义政治传播的基本格局。

---

① 习近平．中国共产党的领导是中国特色社会主义最本质的特征．求是，2020（14）.

② 张国良．20世纪传播学经典文本．上海：复旦大学出版社，2003：315.

一、政党、国家、政府三位一体领导传播过程

中国特色社会主义政治传播是中国共产党领导的政党、国家、政府三位一体的制度体系。在这一体系中，形成了以中国共产党为联结中心，集党内传播、党群传播、党际传播和党政传播为一体的政治传播模式。这一模式的特质是“政治统摄传播”。

“政治统摄传播”这一特质所决定的政治传播的基本格局是：党是一个信息联结中心，不断地接收和反馈各方传递而来的信息，同时也是一个信息中枢，统领着整个政治传播系统的生态和走向（见图 11－1）。

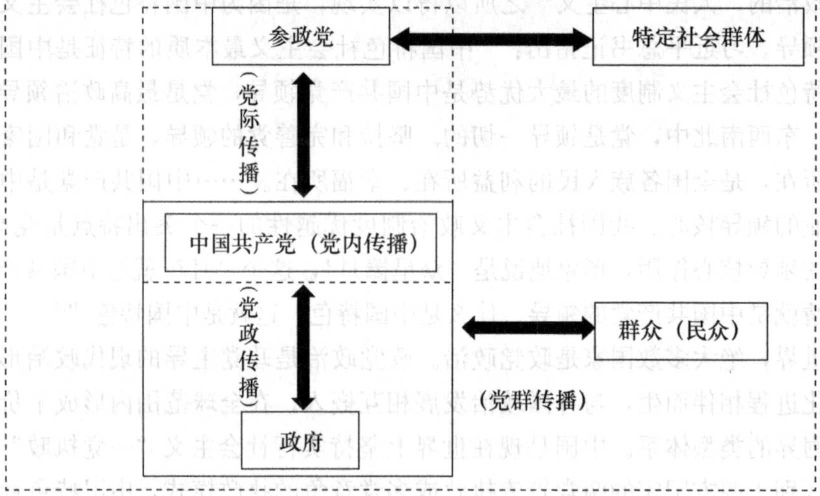

图 11－1 中国特色社会主义政治传播的基本格局

二、主体、途径、受众深度契合构筑传播形态

中国特色社会主义政治传播的基本要素和环节可展现如下。

1. 传播主体

中国共产党是中国特色社会主义政治传播的主导者和领导者，其他社会组织和团体作为补充，是政治传播的协商者或执行者。首先，党和国家具有自觉的政治传播意识。无论是革命时期动员群众，还是建设、改革和新时代实践过程中建构政治合法性，提高政治认同，党和国家对于政治传播活动的目的都有清晰的认知。其次，党和国家拥有雄厚的政治传播实力。一是具有雄厚的财政实力，能够通过政府投资实现对主流媒体的打造升级，实施先进技术；二是传播资源丰厚，拥有遍布全国的囊括人际传播、组织传播、大众传播和新媒体传播的复合型政治传播网络；三是拥有专门的人才队伍，包括数百万从事传媒工作的专业人员和从事传播理论创新研究的智库学者。最后，党和国家具备强大的传播行动力，既能针对重大事件发声奠定基调，又能依据智库的创新理论实现战略高度的长远规划。同时，互联网的社会组织和个体传播主体，在党的领导下，成为中国

特色社会主义政治传播的协同力量。

2. 传播途径

除了党内传播、党政传播所赖以实施的党组织和行政科层体系以及与之相链接的人际传播外，媒体是中国特色社会主义政治传播的重要途径。根据我国的实际，媒体可以分为主流媒体和非主流媒体。主流媒体是指党和政府领导下的报刊、广播电视和新兴媒体平台等，非主流媒体是指社会力量主办和经营的具有社会生活属性的媒体。习近平总书记在党的新闻舆论工作座谈会上强调，党的新闻舆论工作坚持党性原则，最根本的是坚持党对新闻舆论工作的领导。党和政府主办的媒体是党和政府的宣传阵地，必须姓党[①]。换言之，直接归属党和政府领导的媒体，是党、国家和人民的喉舌，其报道精神和内容要始终遵循党和国家意志、反映党的主张、坚持正确的舆论导向，即“党媒姓党”。主流媒体之外的非主流媒体，虽然并非党和政府的直接宣传阵地，其报道主题和内容相对具有较大的空间和自由，但在党的领导之下，也必须遵守基本的行业规范和价值底线，也要树立起正确舆论导向。在党的领导下，中国特色社会主义政治传播形成了组织传播、人际传播和媒体传播三种途径互相耦合，分别着力于不同受众的传播架构。

3. 传播受众

在中国特色社会主义政治传播体系中，对于党和国家而言，群众“不只是媒介的使用者、接受者和消费者，而是以历史主体和主人身份来使用媒介的，是我国新闻事业的主人”[②]，这一点决定了“群众”作为中国特色社会主义政治传播的“受众”具有整体性和不可分割性，而具体到特定的传播过程，要进行有针对性的差异化传播。根据受众的不同“定势”，采取不同的传播“规则”也是中国特色社会主义政治传播的优势之一。

第三节　中国特色社会主义政治传播的本质特征

中国特色社会主义政治传播以其鲜明的特征区别于西方国家的以竞选性政治为基础的政治传播。这种选择，既是中国共产党百年奋斗的历史经验，也是新时代中国特色社会主义的实践需要。其本质特征有以下几点。

一、坚持党管媒体的原则

“媒体”是任何传播过程和形态的无以替代的主体要素。一定意义上，“媒体”的地位和属性决定着政治传播的基本性质。在现代政治的演变中，西方国家曾以“媒体”不独立为靶标，否定和攻击中国特色社会主义政治传播。但中国特色社会主义政治传播中

---

① 本书编写组．习近平新闻思想讲义（2018 年版）．北京：人民出版社，2018：2．

② 蔡惠福，顾黎．中国共产党新闻思想的“读者观”与西方“受众观”之比较．新闻大学，2014（4）．

的党管媒体，经风雨见世面，保证了中国特色社会主义政治传播对中国特色社会主义伟大事业的“保驾护航”，它以辉煌的历史成就，回击了所有别有用心的攻击。

在中国特色社会主义政治传播中，媒体作为新闻报道和舆论引导的主要执行者，是党和人民的耳目喉舌，始终在党的领导下发挥反映党和人民的意志、传播党的主张和政策的重要作用。党管媒体原则是贯穿于中国特色社会主义政治传播过程的最根本的不可动摇的原则。

自中国共产党成立，党就始终坚持马克思主义新闻观，确立和发展了党管媒体的原则。中共一大通过的决议，曾对党的新闻出版活动提出明确要求，即无论中央或地方的出版物均应由党员直接经办和编辑，任何中央或地方的出版物均不能刊载违背党的方针、政策和决定的文章①。这为党对媒体的管理指明了方向。

在革命过程中，党通过对党报属性和文风进行改造，着重强调报刊的党性问题，将党报党刊定位为“建立无产阶级的革命的思想之机关，反对资产阶级思想及一切反动妥协思想之机关”②。新中国成立后，党一边着手清理和改造西方国家和旧中国所遗留下来的新闻媒体，一边建立和完善以通讯社、报纸、广播所组成的党和国家的新闻事业系统，由党和国家的相关部门主管新闻传播事业及各类媒体，完善了党对媒体管理的政策和措施。

改革开放之后，党管媒体原则继续被多次强调，1980 年和 1981 年中共中央连续发出《关于党内政治生活的若干准则》和《关于当前报刊新闻广播宣传方针的决定》等文件，强调党的报刊必须无条件地宣传党的路线、方针、政策和政治观点③。近年来，习近平总书记再次对党管媒体原则进行了明确说明，指出党管媒体原则不仅仅是针对党和政府主办的重点新闻媒体，对于其他媒体同样适用。在互联网时代，更是要将党管媒体的原则贯彻到网络媒体领域④。总之，百年征程中，党管媒体、党媒姓党、坚持政治家办报办媒体、坚持新闻传播媒介的党性和人民性等原则，不仅始终被遵循，而且也随着时代的发展而丰富和完善。要深刻全面把握中国特色社会主义政治传播，必须正确认识党管媒体原则在其中的重要地位。

第一，党管媒体规制着中国特色社会主义政治传播的基本结构。从传播主体看，党管媒体将中国政治传播主体分为直接执行者和统筹管理者。其中，党和国家作为领导与统筹的角色存在，而媒体则是具体的执行者，在政治属性、价值取向、内容选择、人员培育以及具体的建设和发展方面都要贯穿党性原则。在此基础上，党和政府通过新闻媒体传达意志与发布政策，而民众通过新闻媒体表达意见和诉求。从传播过程看，党管媒体是党和政府通过制定法律法规来规约媒体，具体包括对媒体资格准入的考察、信息发布流程的规定、具体内容的审核以及新闻事业改革发展政策的制定等。从传播功能看，党管媒体意味着中国特色社会主义政治传播的服务对象是人民，即新闻媒体要作为党和人民的“喉舌”，为党的意识形态的巩固和方针政策的发布服务，也要作为连接党和人民

① 中国社会科学院新闻研究所. 中国共产党新闻工作文件汇编：上. 北京：新华出版社，1980：1.

② 同①25.

③ 中国共产党新闻工作文献选编（1938—1989 年）. 北京：人民出版社，1990：46.

④ 本书编写组. 习近平新闻思想讲义（2018 年版）. 北京：人民出版社，2018：133-134.

沟通的桥梁，加强二者之间的联系与互动。

第二，党管媒体彰显出中国特色社会主义政治传播的独有特色。在西方的政治传播理念中，新闻媒体是独立于行政权、立法权、司法权，作为独立的“第四权力”而存在的。但实质上，在西方现实政治传播中，媒介既不能完全独立于政治力量，更不能摆脱资本的控制，而是始终处于与政治经济权力相互博弈或互相合谋的状态之中。在中国，政治传播事业是党的伟大事业的重要组成部分，媒体必须接受党的领导和管理，具有明确的政治属性。这种党与媒体之间的关系，打破了西方长久以来所形成的政治传播模式，更富有活力和政治成效。

二、坚持“从群众中来，到群众中去”的路线

“人民至上”是中国政党中心主义政治的根本宗旨和核心理念。基于“人民至上”的群众路线，是中国共产党将马克思主义基本原理与中国具体实际相结合的产物，是党的根本工作路线，也是党在政治传播中始终秉行的基本方针。正是这一方针，彰显着中国特色社会主义政治传播区别于世界其他政治传播形态的显著特征。

1943 年 6 月 1 日，毛泽东在《关于领导方法的若干问题》中完整系统地阐发了群众路线：“在我党的一切实际工作中，凡属正确的领导，必须是从群众中来，到群众中去。这就是说，将群众的意见（分散的无系统的意见）集中起来（经过研究，化为集中的系统的意见），又到群众中去作宣传解释，化为群众的意见，使群众坚持下去，见之于行动，并在群众行动中考验这些意见是否正确。然后再从群众中集中起来，再到群众中坚持下去。如此无限循环，一次比一次地更正确、更生动、更丰富。”① 1981 年 6 月，《关于建国以来党的若干历史问题的决议》将群众路线概括为“一切为了群众，一切依靠群众，从群众中来，到群众中去”②。

2016 年 4 月，习近平总书记在网络安全和信息化工作座谈会上提出了“网络群众路线”的新说法，要求各级党政机关和领导干部“学会通过网络走群众路线，经常上网看看，潜潜水、聊聊天、发发声，了解群众所思所愿，收集好想法好建议，积极回应网民关切、解疑释惑。善于运用网络了解民意、开展工作，是新形势下领导干部做好工作的基本功”③。这是新时代从理论上赋予群众路线新的时代内涵，是“互联网＋”时代群众路线的延伸。

中国特色社会主义政治传播的核心和基础，是以中国共产党为传播主体的、以媒介为中介的“党群互动”机制。在理论上，群众路线实质上涵盖了输入、转换、输出、反馈等一系列政治信息流动环节，蕴含着党群相互联系、相互作用的价值观念。在实践中，群众路线具体体现为党群之间的多种互动形式，在政治决策、国家治理以及民主发展中都扮演了不可或缺的角色。

得民心者得天下，这是中国政治文明的历史逻辑。中国共产党自建党之始，就深谙

---

① 毛泽东. 毛泽东选集：第 3 卷. 2 版. 北京：人民出版社，1991：899.

② 中共中央文献研究室. 三中全会以来重要文献选编：下. 北京：人民出版社，1982：834.

③ 习近平. 习近平谈治国理政：第 2 卷. 北京：外文出版社，2017：336.

此理，多次阐发以人民为本、以群众为基的思想，并始终坚持以此思想作为最终的行动准则。从“为人民服务”[①] 到“‘把人民拥护不拥护’、‘人民赞成不赞成’、‘人民高兴不高兴’、‘人民答应不答应’作为制定各项方针政策的出发点和归宿”[②]，从“代表中国最广大人民的根本利益”[③] 到以人为本、“坚持以人民为中心的发展思想”[④] 都离不开“一切为了群众”的价值逻辑。从把群众路线作为党的政治传播理念来看亦是如此，即其价值旨归是“一切为了群众”。这个宗旨规约、统摄了中国特色社会主义政治传播的各个环节。党的十三届六中全会通过的《中共中央关于加强党同人民群众联系的决定》，以党的文件的形式对加强党群关系作出了规定：“党要密切同人民群众的联系，领导人民群众胜利前进，首要的问题是必须保证决策和决策的执行符合人民的利益。”[⑤] 党的十八大以来，以习近平同志为核心的党中央更是要求全党同志把人民放在最高位置，心中常思百姓疾苦，脑中常谋富民之策[⑥]。

中国特色社会主义政治传播活动最终是为了群众的根本利益。这是因为，党既是“人民群众的政治领袖”，更是“人民群众在特定的历史时期为完成特定的历史任务的一种工具”[⑦]。保持党的先进性的最终目的是“一切为了群众”。在中国特色社会主义政治传播实践中，“一切为了群众”成为其不忘的初心。

从政治传播的学理来看，群众路线既不是单向的政治宣传模式，也不是单回合的政治沟通模式，而是一个内嵌政治宣传和党内政治沟通的复合模式（见图 11－2）。在这一模式中，群众可以不断地提出诉求，政党必须持续关注并且予以回应，群众继而还可以针对回应提出新的看法和建议。在这样的循环往复中，实现着党和国家与人民群众的血肉联系。

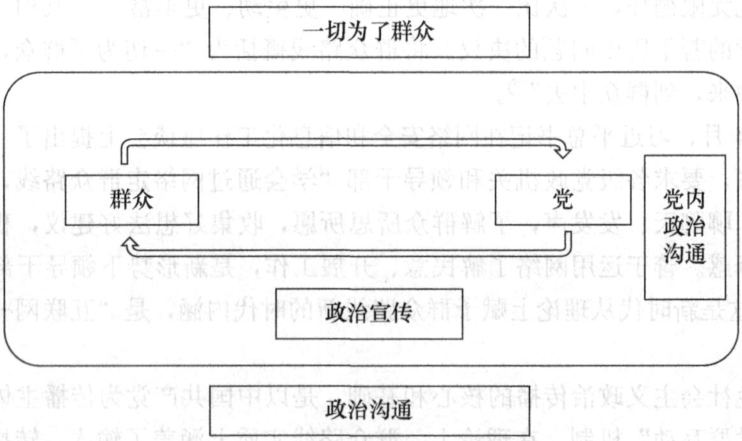

图 11－2　政治传播中的群众路线

① 中国共产党章程．北京：人民出版社，2022：21.
② 江泽民．论党的建设．北京：中央文献出版社，2001：116.
③ 同①1.
④ 同①9.
⑤ 中共中央文献研究室．十三大以来重要文献选编：中．北京：人民出版社，1991：929.
⑥ 习近平．习近平谈治国理政：第 2 卷．北京：外文出版社，2017：53.
⑦ 中共中央文献研究室．建国以来重要文献选编：第 9 册．北京：中央文献出版社，1994：124.

三、坚持以正面宣传为主的方针

以正面宣传为主的方针是指“要准确、及时地宣传党的路线、方针、政策，实事求是地反映社会现实生活的主流，让人民群众用创造新生活的业绩教育自己，形成鼓舞人们前进的巨大精神力量，在当前就是要造成一个有利于稳定局面的舆论环境”①。

在中国特色社会主义政治传播中，“日常新闻宣传”是重要的组成部分，“正面宣传”“正面报道”“舆论引导”“舆论监督”都是人们耳熟能详的新闻宣传方针，这些方针体现了中国特色社会主义政治传播在内容把控上的正向、清晰的特质。

特别是在改革开放初期，中共中央做出《关于当前报刊新闻广播宣传方针的决定》，明确提出以表扬为主的新闻宣传方针，鼓励报刊、新闻、广播、电视“大张旗鼓地宣传建设社会主义的高度精神文明”“宣传共产主义的理想和道德；宣传奋发图强的爱国主义思想……；宣传党群团结、军民团结、全国各族人民大团结的思想……”② 这奠定了中国特色社会主义政治传播主要内容的光明向上的总体基调。

除日常新闻传播和新闻发布外，政府信息公开、思想政治教育以及文学创作等政治传播活动中的政治信息也均以正向、清晰为主。就政府信息公开而言，无论是政府网站，还是各媒体平台上的官方账号所公开的信息，政府对其内容的及时性、准确性、清晰性和引导性均有明确的规定。在思想政治工作中，正面、积极的信息基调也一直存在。“坚持表扬与批判结合，以表扬为主”是党的思想政治工作的主要原则之一。这一原则要求善于发现被教育者的优点和长处，如果展开批评，则要注重将消极的因素转变为积极的因素，即批评必须是从团结的愿望出发，必须是积极的、说理的和讲分寸的，必须把批评的严肃性同科学性结合起来。就文学创作而言，在 1942 年延安文艺座谈会上，毛泽东提出要使文艺很好地成为整个革命机器的一个组成部分，作为团结人民、教育人民、打击敌人、消灭敌人的有力的武器。这要求文艺工作者站在无产阶级和人民大众的立场上，对以人民的劳动和斗争、人民的军队、人民的政党为对象的创作秉持积极和赞扬的态度，同时对于人民的缺点的描述则应侧重于改造过程③。

上述几种政治传播活动，其正向、清晰的内容主要有两类表现形式：一类是对中国发展成就的展示与解读、对党的方针政策的阐释、对典型人物的塑造等信息。这一类信息本身就是正面的信息，以真善美为主题，旨在通过成就报道和典型引领使民众关注和理解国家发展和党的方针政策，感受社会主义制度的优越性，鼓舞和启迪民众为国家富强、民族复兴和自身幸福而奋斗。另一类是对特定事件进行正面解读的信息。与上一类信息相区别，这一类信息本身并不具有正向的意义，或是对客观事实的描述，或是对问题的揭露。但是，无论何种性质的信息，其传播框架都是积极、肯定的。因此，在正向性的框架下对特定事件进行解读也是我们所说的正向、清晰信息的题中之义。

当然，以正面宣传为主的方针与舆论监督并不是矛盾的。在中国特色社会主义政治

---

① 中共中央文献研究室. 十三大以来重要文献选编：中. 北京：人民出版社，1991：730.

② 中共中央文献研究室. 三中全会以来重要文献选编：下. 北京：人民出版社，1982：685.

③ 毛泽东. 毛泽东选集：第 3 卷. 2 版. 北京：人民出版社，1991：848-849.

传播中，舆论监督虽然是以反映问题为主题，但既注重问题的反映，更注重解决问题的方式与对策，力图达到的传播效果是引人走向光明与美好，而不是“在群众中制造令人失望的情绪和黑暗的感觉”。因此，中央一直在强调：讲究分寸，注意效果，达到以正压邪、增强信心的目的。

值得特别强调的是，进入新时代后，习近平总书记对于坚持以正面宣传为主与舆论监督的关系有过一系列重要的论述。关于必须坚持以正面宣传为主，他指出：“团结稳定鼓劲、正面宣传为主，是党的新闻舆论工作必须遵循的基本方针。”① 如何做好正面宣传？“正面宣传要用心用情做，让群众爱听爱看，不能搞假大空式的宣传，不能停留在不断重复喊空洞政治口号的套话上，不能用一个模式服务不同类型的受众，那样的宣传只能适得其反。”② 关于舆论监督，习近平总书记说道：“开展新闻舆论监督，应该始终坚持重在建设，站在维护党和人民利益的立场上，以改进工作、解决问题为目的，发挥新闻舆论监督在统一思想、凝聚力量、促进改革发展、维护社会稳定中的积极作用。”③ 这些重要论述，是贯穿于中国特色社会主义政治传播过程的根本方针，也是彰显于其中的显著特征。

第四节　中国特色社会主义政治传播的基本功能

进入新时代，中国特色社会主义政治实践所创造的政治文明展现出强大的生命力。中国特色社会主义政治传播在其中发挥着强大的功能。

一、维护社会的政治稳定

党的十九届四中全会通过的《中共中央关于坚持和完善中国特色社会主义制度 推进国家治理体系和治理能力现代化若干重大问题的决定》指出：“新中国成立七十年来，我们党领导人民创造了世所罕见的经济快速发展奇迹和社会长期稳定奇迹，中华民族迎来了从站起来、富起来到强起来的伟大飞跃。”社会长期稳定奇迹主要体现在：新中国成立之后，特别是改革开放新时期和党的十八大以来，我们国家既经历了巨大的经济社会变迁，也经受了不少重大政治考验。改革开放之前，经受了抗美援朝战争、三年困难时期、“文化大革命”重大考验。改革开放之后，又经受了 1989 年国内政治风波、2003 年非典疫情、近些年的新冠疫情等重大考验。在党中央坚强领导下，依靠全国各族人民共同努力奋斗，我们党和国家不但胜利渡过了这些难关，而且有力巩固了人民政权、持续保持了国家政治和社会大局稳定，并取得革命、建设、改革的一系列重大成就。

党的十八大以来，在以习近平同志为核心的党中央坚强领导下，面对世界经济复苏乏力、局部冲突和动荡频发、全球性问题凸显的外部环境，面对我国经济发展进入新常

① 习近平．习近平谈治国理政：第 2 卷．北京：外文出版社，2017：333.
② 习近平．习近平新闻思想讲义．北京：人民出版社，2018：81.
③ 同②88.

态，面对重大风险考验和党内存在的突出问题，坚持迎难而上、开拓进取，取得改革开放和社会主义现代化建设的历史性成就。

总体而言，中国经济发展、政治稳定、文化繁荣、社会安宁、民族团结、人民幸福，与世界上一些国家社会分裂不断和严重的政治动荡形成了极为鲜明的对比。这些成就的取得，缘于中国特色社会主义政治传播在其中发挥的强大功能。

社会稳定的重心是政治稳定。政治稳定主要包含两大要素：秩序和持续性。秩序指政治体系不存在暴力、高压和分裂；持续意味着政治体系中的关键成分不发生变化，政治发展不中断。中国政治系统庞大而复杂，由众多子系统组成，并且通过交叉并存的自上而下、自下而上以及平级的信息流而链接。政治稳定，既依赖信息在各系统中和各系统间的顺利流通，又表征为政令和诉求的平稳输出和输入。如果长时间出现信息阻塞、回流、冲击等现象，则意味着政治的不稳定。

第一，政治稳定取决于政治系统的合法性和有效性。合法性具有评价的属性，有效性也需辅以传播。中国特色社会主义政治传播，既能够持续地向民众传递党和政府“全心全意为民，鞠躬尽瘁做事”的良好形象，也能够不断地对社会进步的政治绩效进行评价和诠释，加强民众对党和国家的认同，还能够有效管理政治信息的内容、流量及传播渠道和过程，维护政治稳定。

第二，政治稳定需要“社会安全阀”机制。中国特色社会主义政治传播，十分注重广开言路，尤其是利用互联网技术，持续建设和发展民众直接与各地党政机关领导沟通的平台，为民众反映问题和监督政府提供了合法渠道。这一做法起到了“政治安全阀”的作用。

第三，政治稳定离不开政党之间的通力配合。依据中国共产党领导的多党合作和政治协商制度，共产党和各民主党派之间存在制度化的政治传播渠道和协商沟通平台，保证了中国共产党能够及时吸纳各种意见和建议，团结各民主党派力量。各民主党派也能够顺利地参政议政、建言献策。这种政治传播的制度设计，有力地避免了西方国家多党竞争中由于互相攻讦、互泼脏水、恶性党争等所引发的政局动荡。

二、凝聚民众的政治共识

进入新时代，中国的发展和改革开放已经进入深水区和攻坚期，许多深层次结构性问题导致社会利益矛盾凸显。在互联网时代，随着传播技术的迅猛发展，普通民众的政治参与积极性得到极大的提升，与此同时，民众的政治诉求比之以往也更加复杂和强烈。在这种时代背景下，鼓励民众的政治参与，反映民众的政治诉求，回应民众的政治关切，消解民众的政治疑惑，凝聚民众的政治共识，就成为中国特色社会主义政治传播的基本职责，也是其在社会主义政治文明进步中的基本功能。

第一，通过多种媒介渠道阐释社会主义价值观，引领社会思潮、凝聚基本共识，削减改革开放以来多元信息和思想交织给民众所带来的政治信仰迷失。就此，针对中国的新闻舆论亦即中国特色社会主义政治传播的基本功能，习近平总书记强调指出，要“高举旗帜、引领导向，围绕中心、服务大局，团结人民、鼓舞士气，成风化人、凝心聚力，澄清谬误、明辨是非，联接中外、沟通世界”①。

第二，通过多种渠道和方式增加民众的政治认同感。通过党的各个层级的大会报告、每年的政府工作报告和不同场合领导人的讲话，系统总结和展示中国特色社会主义建设的辉煌成就，体现中国特色社会主义特有的制度优势，“使人们产生和坚持现存政治制度是社会的最适宜制度之信仰”②。

第三，除了传统的政治参与渠道外，通过非制度化的社交媒体和制度化的电子政务形式，积极调动民众参与的积极性，为民众提供多样的表达政治诉求、反映社会问题、积极建言献策的平台。

三、传播中国特色社会主义政治文明

中国特色社会主义政治传播在“对外传播”或“国际传播”中更是发挥着强大的功能。

1. 通过政治效能的国际延展，讲好中国故事，塑造良好的中国国家形象

国际传播是国家操持的全方位的国家间的交往行为。从宏观视角看，国际传播的行为中，首先“出场”的是彼此感知和体验中的所谓国家形象，在理论思考逻辑和实践行进次序上，国家形象可能是国际传播的出发点。但是，所谓的国家形象，顾名思义是国家的“形”与“象”，它是对国家的“外观感知”，而真正形塑或支撑国家形象的，是它的实质性的、实践性、具体的、可观察的、可体验的具体行为。也就是说，国家形象的本质，似乎并不在于国家的整体性的、模糊性的、抽象性的“形”与“象”，相反，支撑国家形象这个大厦的是历史的、具体的、生成性的国家的种种行为。

长期以来，人们在国际传播中所构筑的“国家形象大厦”，更多的是经济、文化、历史、社会生活等等方面的“质料”，有意无意地忽略了支撑这个大厦的“政治”基柱。然而，国家形象是多维度的复合体，思考国家形象仅有整体思维是不够的，要将研究推向深入、提升高度，就必须对整体加以剖析。推向深入、提升高度就会指向国家的“政治”。

“政治”并不是一种静态的要素堆积，而是实际地发挥效能、产生效果的具体活动。这就是说，在国家形象中观察和判断一个国家的“政治”，并不能只停留在其整体性的“印象”上，而是需要进一步“下沉”到在国家交往过程中彼此“可视可感”的政治效能上。

在政治学的研究中，有“政治效能感”之说。顾名思义，政治效能感就是对客观的政治效能的感知和体验，这种感知和体验无疑可以通过“传播”而获得。但是，从本质上讲，政治效能感的物质基础是政治效能。这就是说，国际传播中其他国家对某一个国家的政治形象的观感、认知和体验，最终还是要落实到这个国家的“政治”发挥了怎样

① 习近平. 习近平谈治国理政：第2卷. 北京：外文出版社，2017：332.

② 李普塞特. 政治人：政治的社会基础. 张绍宗，译，上海：上海人民出版社，1997：55.

的作用、取得了怎样的效果。随着全球化的迅猛进展，随着国家间交往的全面拓展，这种政治效能越来越需要融入国家形象中向全球展示，以使政治效能所支撑的政治合法性的辐射和覆盖范围从国内向国际延展。政治效能也是一个发展着的事物，进入国际传播领域的政治效能，也有一个从国内形态向国际形态转化的问题。从现代国际政治和现代国际传播的要求看，国家治理体系和治理能力现代化，可能是一种超越“国别差异”求得“国际认同”的政治效能的理论表达范式。这是因为，随着人类社会的发展、人类政治范围的不断拓展、人类政治文明的进步，人类“政治”的性质正在由统治功能向治理功能转化。与此相应，其政治效能也由统治的单一形态，逐步向治理的国家综合事务形态转化。国家治理体系和治理能力现代化的程度，已然成为国际传播中展示国家的政治效能的主要标志和依据。

中国特色社会主义事业的辉煌成就，就实实在在地浓缩在我们几十年的政治效能上，基于此的丰富而饱满的“中国故事”的国际传播，塑造了良好而坚实的中国国家形象。

2. 形成强大而有力的平台，致力于中国特色社会主义政治文明的国际传播

如果说，政治效能所支撑的国家的“政治”问题，还只是国家形象中的局部问题，或者说，仅是国际传播的政治维度，那么，进入国际传播的“至高境界”，则就进一步涉及政治文明的国际传播问题。

所谓政治文明，是人类各民族各国家历史悠久的政治文化中所积淀的积极因素的总和。比如，关于民主，资本主义制度和社会主义制度都认为在规范价值意义上是个好东西，但是，民主要运转起来必须具体地转化为不同的民主制度运行机制。如此一来，不同的国家具有不同的政治文化和具体国情，有些国家实行选举民主，有些国家实行协商民主，它们都各自取得了人类政治民主的成功的经验，据此构成了不同类型的政治文明。

中国特色社会主义全过程人民民主，已经取得了保持几十年长期稳定的世所罕见的奇迹，是值得其他国家经验借鉴和价值共享的文明基因。改革开放以来，中国特色社会主义建设取得了巨大的成功，这种成功包含政治的成功。任何国家都是一个融合政治、经济、文化等要素的有机综合体，如果政治失败，其经济、文化、社会发展是不可能取得巨大进步的。所以，在理论上，必须肯定政治文明是人类文明体系中不可或缺的重要组成部分，在实践上，必须肯定各国政治的积极成果和积淀于其中的共享价值。

现在国际传播中有关政治文明传播存在的问题是，个别国家出于其特殊的政治目的，倒过来把政治文明“意识形态化”。一些国家站在所谓“文明优越”的“道义制高点”上，用意识形态作为思想和理论武器，用“抹黑”“污名”等手段，把其他文明视为“洪水猛兽”加以排斥、打击。它们把意识形态的国别差异，拉升到“文明冲突”的高度，对其他国家进行否定和打击，以达到其“独霸世界”的目的。

2021 年 5 月 31 日，习近平总书记在中共中央政治局第三十次集体学习时针对加强和改进国际传播工作明确地讲道：“从政治、经济、文化、社会、生态文明等多个视角进行深入研究，为开展国际传播工作提供学理支撑。”在此之前，他就从政治学理支撑角度，讲过国际传播要传播好当代中国价值观念。他指出：“当代中国价值观念，就是中国特色社会主义价值观念，代表了中国先进文化的前进方向。我国成功走出了一条中国特色社会主

义道路，实践证明我们的道路、理论体系、制度是成功的。要加强提炼和阐释，拓展对外传播平台和载体，把当代中国价值观念贯穿于国际交流和传播方方面面。”①

习近平总书记的讲话，为中国特色社会主义政治传播的进一步发展和壮大指明了方向。进入新时代以来，中国特色社会主义政治传播进入了一个新阶段和新境界，越来越以昂扬的姿态，改变着全球的传播格局，辐射和影响着整个世界。

① 习近平．习近平谈治国理政：第1卷．北京：外文出版社，2014：161．

延伸阅读文献

一、哲学综合类

1. 康德. 未来形而上学导论. 庞景仁，译. 北京：商务印书馆，1978.
2. 黑格尔. 历史哲学. 王造时，译. 北京：生活·读书·新知三联书店，1956.
3. 加达默尔. 哲学解释学. 夏镇平，宋建平，译. 上海：上海译文出版社，1994.
4. 马基雅维利. 佛罗伦萨史. 李活，译. 北京：商务印书馆，1982.
5. 道森. 宗教与西方文化的兴起. 长川某，译. 成都：四川人民出版社，1989.
6. 福柯. 必须保卫社会. 钱翰，译. 上海：上海人民出版社，1999.
7. 胡克. 历史中的英雄. 王清彬，译. 上海：上海人民出版社，1964.
8. 杜兰. 世界文明史：第2卷. 幼狮文化公司，译. 北京：东方出版社，1999.
9. 阿伦特. 人的条件. 竺乾威，译. 上海：上海人民出版社，1999.
10. 郭湛. 社会公共性研究. 北京：人民出版社，2009.

二、政治学类

11. 达尔. 现代政治分析：第6版. 吴勇，译. 北京：中国人民大学出版社，2012.
12. 达尔. 论民主. 李风华，译. 北京：中国人民大学出版社，2012.
13. 蒂利. 民主. 魏洪钟，译. 上海：上海人民出版社，2009.
14. 西瑟. 自由民主与政治学. 竺乾威，译. 上海：上海人民出版社，1998.
15. 海伍德. 政治学：第2版. 张立鹏，译. 北京：中国人民大学出版社，2006.
16. 伊斯顿. 政治生活的系统分析. 王浦劬，译. 北京：华夏出版社，1989.
17. 阿尔蒙德，小鲍威尔. 比较政治学：体系、过程和政策. 曹沛霖，郑世平，公婷，等译. 上海：上海译文出版社，1987.
18. 米诺格. 政治的历史与边界. 龚人，译. 南京：译林出版社，2008.
19. 阿普特. 现代化的政治. 李剑，郑维伟，译. 北京：中央编译出版社，2011.
20. 罗斯金，科德，梅代罗斯，等. 政治科学：第6版. 林震，等译. 北京：华夏出版社，2001.

21. 米勒，波格丹诺. 布莱克维尔政治学百科全书. 邓正来，译. 北京：中国政法大学出版社，1992.

22. 波齐. 国家：本质、发展与前景. 陈尧，译. 上海：上海人民出版社，2007.

23. 萨托利. 政党与政党体制. 王明进，译. 北京：商务印书馆，2006.

24. 乔纳蒂. 自我耗竭式演进：政党一国家体制的模型与验证. 李陈华，许敏兰，译. 北京：中央编译出版社，2008.

25. 夸克. 合法性与政治. 佟心平，王远飞，译. 北京：中央编译出版社，2008.

26. 沈大伟. 中国共产党：收缩与调适. 吕增奎，王新颖，译. 北京：中央编译出版社，2011.

27. 米歇尔斯. 寡头统治铁律：现代民主制度中的政党社会学. 任军锋，译. 天津：天津人民出版社，2003.

28. 莫斯科维奇. 群氓的时代. 许列民，薛丹云，李继红，译. 南京：江苏人民出版社，2003.

29. 伯恩斯. 领袖论. 刘李胜，郑明哲，陆震纶，译. 北京：中国社会科学出版社，1996.

30. 拉斯韦尔. 政治学：谁得到什么？何时和如何得到？. 杨昌裕，译. 北京：商务印书馆，2003.

31. 摩根索. 国家间政治. 孙芳，李晖，译. 海口：海南出版社，2008.

32. 帕累托. 精英的兴衰. 刘北成，许虹，译. 台北：桂冠图书公司，1993.

33. 萨托利. 民主新论. 冯克利，阎克文，译. 上海：上海人民出版社，2009.

34. 克拉莫尼克. 意识形态的时代：近代政治思想简史. 章必功，译. 上海：同济大学出版社，2006.

35. 汤普森. 意识形态与现代文化. 高铦，文涓，高戈，等译. 南京：译林出版社，2005.

36. 曼海姆. 意识形态和乌托邦. 艾彦，译. 北京：华夏出版社，2001.

37. 穆尔扎. 论意识操纵：上. 徐昌翰，宋嗣喜，王晶，等译. 北京：社会科学文献出版社，2004.

38. 霍尔. 组织：结构、过程及结果：第 8 版. 张友星，刘五一，沈勇，译. 上海：上海财经大学出版社，2003.

39. 福克斯，米勒. 后现代公共行政：话语指向. 楚艳红，曹沁颖，吴巧林，译. 北京：中国人民大学出版社，2002.

40. 勒庞. 乌合之众. 冯克利，译. 北京：中央编译局出版社，2000.

41. 景跃进. 政治学原理. 北京：中国人民大学出版社，2010.

42. 张凤阳. 政治哲学关键词. 南京：江苏人民出版社，2006.

43. 俞可平. 权利政治与公益政治. 北京：社会科学文献出版社，2003.

44. 王长江. 政党论. 北京：人民出版社，2009.

45. 虞崇胜. 政治文明论. 武汉：武汉大学出版社，2003.

三、传播学类

46. 施拉姆，波特．传播学概论．陈亮，周立方，李启，译．北京：新华出版社，1984.

47. 麦格雷．传播理论史．刘芳，译．北京：中国传媒大学出版社，2009.

48. 麦奎尔．麦奎尔大众传播理论：第5版．崔保国，李琨，译．北京：清华大学出版社，2010.

49. 麦奎尔．受众分析．刘燕南，李颖，杨振荣，译．北京：中国人民大学出版社，2006.

50. 洛厄里，德弗勒．大众传播效果研究的里程碑．刘海龙，译．北京：中国人民大学出版社，2004.

51. 布赖恩特，汤普森．传媒效果概论．陆剑南，译．北京：中国传媒大学出版社，2006.

52. 张国良．20世纪传播学经典文本．上海：复旦大学出版社，2005.

53. 胡正荣．传播学总论．北京：清华大学出版社，2008.

54. 费斯克．关键概念：传播与文化研究辞典：第2版．李彬，译．北京：新华出版社，2004.

55. 淘涵．新闻学传播学新名词词典．北京：经济日报出版社，1997.

56. 邵培仁．传播学导论．杭州：浙江大学出版社，1997.

57. 福特纳．国际传播："地球都市"的历史、冲突与控制．刘利群，译．北京：华夏出版社，2000.

58. 程曼丽．国际传播学教程．北京：北京大学出版社，2006.

59. 卡斯特．网络社会的崛起．夏铸九，王志弘，译．北京：社会科学文献出版社，2006.

60. 莱文森．数字麦克卢汉：信息化新纪元指南．何道宽，译．北京：社会科学文献出版社，2001.

四、政治传播类

61. 麦克奈尔．政治传播学引论．殷琪，译．北京：新华出版社，2005.

62. 本奈特，恩特曼．媒介化政治：政治传播新论．董关鹏，译．北京：清华大学出版社，2011.

63. 查德威克．互联网政治学．任孟山，译．北京：华夏出版社，2010.

64. 姆贝．组织中的传播和权力：话语、意识形态和统治．陈德民，陶庆，薛梅，译．北京：中国社会科学出版社，2000.

65. 皮特沃克．弯曲的脊梁．张洪，译．上海：上海三联书店，2012.

66. 费尔克拉夫．话语与社会变迁．殷晓蓉，译．北京：华夏出版社，2003.

67. 阿特休尔．权力的媒介．黄煜，裘志康，译．北京：华夏出版社，1989.

68. 巴勒特．媒介社会学．赵伯英，孟春，译．北京：社会科学文献出版社，1989.

69. 麦克切斯尼．富媒体 穷民主．谢岳，译．北京：新华出版社，2004.

70. 邵培仁．政治传播学．南京：江苏人民出版社，1990.

71. 拉斯韦尔. 世界大战中的宣传技巧. 张洁，田青，译. 北京：中国人民大学出版社，2003.

72. 法兰克福. 论扯淡. 南方朔，译. 南京：译林出版社，2008.

73. 纽曼. 营销总统. 张哲馨，译. 上海：上海人民出版社，2007.

74. 刘海龙. 宣传：观念、话语及其正当化. 北京：中国大百科全书出版社，2013.

75. 赵可金，孙鸿. 政治营销学导论. 上海：复旦大学出版社，2008.

76. 祝基滢. 政治传播学. 台北：三民书局，1983.

77. 赵月枝. 传播与社会：政治经济与文化分析. 北京：中国传媒大学出版社，2011.

78. 李元书. 政治体系中的信息沟通：政治传播学的分析视角. 郑州：河南人民出版社，2005.

79. 张昆. 大众传媒的政治社会化功能. 武汉：武汉大学出版社，2003.

后　记

中国传媒大学政治传播研究所有一支人生信念坚定、研究方向明确、学术激情昂扬的研究团队。该研究团队一直聚力于中国特色政治传播理论研究。十几年来，该研究团队在科学研究、人才培养、学科建制、社会服务等方面，取得了丰硕的成果，全方位打造出中国政治传播教学和科研的重镇。

中国传媒大学政治传播研究团队，仰仗着中国传媒大学以廖祥忠书记为掌舵人的全力支持，依靠着学校学院诸多学术同人的相助，享受着中国传媒大学的优质学科资源，殷殷思索，恳恳钻研，不敢懈怠。

出版一本具有自己特色、凝聚自己心智的“现象级”教材，是整个研究团队的心愿。本教材虽然是我独著，但却饱含集体智慧。白文刚教授、谢进川教授、苏颖博士、于淑婧博士、邵梓捷博士，以及我的在读博士生赵洁、陈胜勇、李圆等，均有直接或间接的贡献。

特别感谢中国人民大学出版社的约稿。副社长郭晓明亲临寒舍商谈出版事宜，凿凿信任，令我奋发。

在海南岛历时两个月的写作，每天，大海边，翻卷的蛇形海浪，荡涤着我心中的杂念；绵湿的洁净空气，温润着我胸中的情怀；蜿蜒的沙滩脚印，记录着我脑中的思绪。感谢美丽的大海。

是为后记。

2023年6月18日

于海南海长流寓所

教学支持说明

（教学课件）

中国人民大学出版社政法分社秉承“出教材学术精品，育人文社科英才”的出版宗旨，多年来，出版了大批高质量的法学、教育学、政治学、政治理论公共课教材和学术著作。

我们为本教材制作了相应的 PPT 教学课件，任何一位采用本书作为授课教材的教师均可免费获得该课件。为了确保该课件仅为授课教师获得，烦请您填写如下材料，并将相关信息通过 E-mail 发送给我们，我们将在收到相关信息后通过 E-mail 给您发送该课件。欢迎您加入我们的 QQ 群（全国政管教师交流二群，群号为 648117133），或登录我社官方网站（www.crup.com.cn），注册并认证成为教师会员，以获得更好的服务。

我们的联系方式：

地址：（100872）北京市中关村大街甲 59 号文化大厦 1202 室

中国人民大学出版社政法分社

电话：（010）62515383　62514775（传真）

E-mail：ggglcbfs@vip.163.com

兹证明______大学/学院______院/系______专业______学年第______学期开设的______课程，采用中国人民大学出版社出版的______（书名、作者）作为本课程教材。授课教师为______，授课班级共______个、学生______人。授课教师需要与本书配套的教学课件。

联 系 人：______

通信地址：______

邮　　编：______

电　　话：______

E-mail：______

系/院主任：______（签字）

（系/院办公室章）

______年______月______日